LOS 5 PASOS PARA CAMBIAR TU VIDA DE FORMA EFECTIVA

DI ADIÓS AL MIEDO Y A LA ANSIEDAD

JONATHAN ALPERT
Y ALISA BOWMAN

LOS 5 PASOS
PARA CAMBIAR
TU VIDA DE FORMA
EFECTIVA

DI ADIÓS AL MIEDO Y A LA ANSIEDAD

Obra editada en colaboración con Editorial Planeta – España

Título original: *Be Fearless*

© 2012, Jonathan Alpert
© 2012, Traducciones Imposibles S.L. (Cristina Díaz Ramírez),
de la traducción
© 2012, Editorial Planeta, S.A. – Barcelona, España

Derechos reservados

© 2012, Editorial Planeta Mexicana, S.A. de C.V.
Bajo el sello editorial DIANA M.R.
Avenida Presidente Masarik núm. 111, 2o. piso
Colonia Chapultepec Morales
C.P. 11570, México, D.F.
www.editorialplaneta.com.mx

Primera edición impresa en España: septiembre de 2012
ISBN: 978-84-08-00836-1

Primera edición impresa en México: noviembre de 2012
ISBN: 978-607-07-1471-9

Impreso en los talleres de Litográfica Ingramex, S.A. de C.V.
Centeno núm. 162, colonia Granjas Esmeralda, México, D.F.
Impreso en México – *Printed in Mexico*

Índice

A mamá y papá, con amor

Agradecimientos

Detrás de cada sueño y cada objetivo siempre está la gente que te apoya. Los que me apoyaron a mí fueron mi familia, amigos, compañeros y algunos editores y agentes. Ellos siempre estuvieron ahí. Creyeron en mí y en la realización de este proyecto. Sin ellos, *Los 5 pasos para cambiar tu vida de forma efectiva* no habría pasado de ser una idea.

Gracias a mi editora de Center Street, Kate Hartson, por trabajar duro sometida a plazos de tiempo muy ajustados. Muchas gracias a todo el equipo de Center Street, incluyendo a Rolf Zettersten, editor; Harry Helm, editor asociado; Andrea Glickson, directora de Marketing; Jessica Zimmerman y Sarah Reck, publicistas; Adlai Yeomans, asistente del editor, y a todo el equipo de ventas.

Un buen día de marzo del año 2010 yo me encontraba hablando de la infidelidad en televisión junto a una escritora que acababa de publicar un libro sobre el matrimonio. No me imaginé que aquel día iba a cambiar mi vida. Aquella escritora resultó ser Alisa Bowman, autora de éxito de *The New York Times*. Hablamos de su libro y de mi método terapéutico. En seguida, me di cuenta de que Alisa era una de esas pocas personas a las que de verdad les importa lo que hacen. Intercambiamos el número de teléfono y más tarde me ofreció algunos consejos para escribir un libro. Afortunadamente, unos meses más tarde, me llamó para decirme que quería trabajar conmigo. Me hizo mucha ilusión contar con una colaboración tan prestigiosa para mi proyecto. Su experiencia, su dedicación, su apoyo y sus muchas palabras de ánimo la convierten en una colaboradora verdaderamente excepcional que sabe cómo hacer que las grandes ideas brillen sobre el papel. Alisa: se te pueden adjudicar muchas etiquetas, pero la que destaca es la de amiga. Gracias por creer en mí cuando mis ideas eran un mero concepto, y gracias por tu paciencia a lo largo de todo el camino.

A mi editora, Wendy Sherman, una avezada profesional que ha trabajado de manera incansable para que encajaran muchas cosas y para que este libro fuera una realidad. Gracias por tenerme como cliente y estar a mi lado durante este arduo y asfixiante proceso. Has sabido cómo tranquilizarme y allanarme el camino para conseguir mi sueño.

Al agente Michael Harriot, de Folio Literary. Gracias por aportar tu inestimable ayuda y asesoramiento para cuanto fue surgiendo a lo largo del proceso, y por creer en mí y confiarme a tu escritora Alisa Bowman sin ningún miedo.

Gracias a la agente Jenny Meyer por conseguirme tantos contratos editoriales por todo el mundo.

A Elizabeth Shreve, gracias por brindarme tu experiencia como relaciones públicas.

A mi sabio amigo, John Lane, que siempre ha logrado ver el lado bueno de las situaciones aunque yo no siempre lo viera. Gracias por revisar mis escritos de forma excelente, y por explicarme una y otra vez cómo y dónde usar la palabra «yo».

A mi hermana, Susan Scala. Gracias por tu entusiasmo por el libro, tu apoyo y el tiempo que has dedicado a ayudarme, y por asesorarme con los títulos y las fotos. Tu opinión importa de verdad.

A mi hermano, Matthew Alpert: agradezco infinitamente tu inquebrantable apoyo y que siempre estés dispuesto a escucharme, aunque dijera cosas sin sentido. Gracias por tu constante altruismo y generosidad, sobre todo en los momentos menos buenos. Sería imposible tener un mejor hermano y amigo.

A mi intrépida sobrina, Hanah Scala, gracias por ofrecer sugerencias de títulos y por el entusiasmo que mostraste con este libro.

A mis padres, Joseph y Sheila Alpert, os quiero con todo mi corazón. Vosotros me habéis mostrado la capacidad de bondad del ser humano. Incluso en vuestros momentos más difíciles sabéis cómo auxiliar a los demás. El amor que os dais el uno al otro y el que dais a la familia es excepcional. Os agradezco enormemente todo vuestro apoyo y el sacrificio que habéis hecho por la familia. Sin vosotros, mis sueños y objetivos nunca se habrían cumplido. Vuestro aliento, vuestra confianza en mí y vuestra capacidad para mantener mis pies en el suelo son inestimables. Gracias por seguir luchando contra los problemas y las desgracias a lo largo de los años. Aun en vuestra desesperación, habéis conseguido que la mía fuera un poco menos mala. A veces, escuchar vuestra voz era suficiente para ver el mundo de otra manera. Estoy muy orgulloso de este libro, pero nada comparable a lo orgulloso que me siento de que seáis mis padres.

Mamá, nuestras constantes conversaciones me recuerdan lo afortunado que me siento por tener una madre que me cuida como sólo tú lo haces. Admiro tu bondad y tu comprensión, y es que tú eres la psicóloga de la familia. Has sido tú quien ha colaborado a que sea la persona y el profesional que soy.

Papá, tus palabras sensatas que siempre me tranquilizan y me recuerdan que vaya paso a paso me han ayudado a escribir este libro, y seguirán ayudándome en cualquier meta que me marque en la vida. El modo como has alcanzado tus propios objetivos demuestra la fuerza que puede tener el optimismo y que ningún obstáculo es insalvable.

A los innumerables pacientes a los que he ayudado a lo largo de los años: gracias por creer y confiar en mis capacidades. Vuestros logros siempre me alegran, y sois vosotros los que capturáis la esencia de *Los 5 pasos para cambiar tu vida de forma efectiva*. Gracias, también, a aquellos que han contribuido con sus historias al resultado de este libro: éstas me han inspirado a mí, y con seguridad inspirarán a los lectores.

Introducción

Imagina cómo será tu vida dentro de un año. Si fuera igual que la que tienes ahora, ¿te parecería bien?

Esta pregunta se la he planteado a muchísimos pacientes, amigos y compañeros. A casi todos ellos les hace reflexionar, negar con la cabeza y responder: «No».

Después, les pregunto qué piensan hacer para cambiar su vida. Casi todos se quedan en blanco y musitan: «Nada».

Se sienten atrapados, incapaces de lidiar con su futuro. Quieren cambiar sus vidas, pero no saben cómo.

Es probable que tú también sientas lo mismo. Es probable que estés cansado de tu trabajo, de tu relación tormentosa o de amigos o familiares dañinos. O puede que siempre hayas querido hacer algo: volver a estudiar, cambiar de profesión, viajar por todo el mundo o correr una maratón… O puede que hayas querido escapar de un mal hábito como, por ejemplo, fumar.

Es posible que alguna vez hayas querido cambiar tu vida durante semanas, meses o, incluso, durante años.

Pero hay algo que te lo impide.

Ese algo es el miedo.

El miedo es lo que te hace pensar que ese sueño que tienes está fuera de tu alcance. Es lo que te hace obsesionarte con tu caótica vida, estar fuera de control, desbordado e insatisfecho. Aun así, no haces nada por evitarlo. Es lo que no te deja dormir plácidamente por las noches, moviéndote y dando vueltas en la cama, porque tienes la intuición de que tu vida no es como podría ser. Es lo que te impide avanzar en tu profesión, establecer relaciones satisfactorias y conseguir lo que quieres.

De hecho, el miedo es el epicentro de toda infelicidad. Es lo que se halla detrás de cada problema y es lo que te mantiene atrapado.

Reflexiona

¿Por qué algunas personas siguen con sus profesiones y relaciones, a pesar de que éstas les resultan insatisfactorias? Lo hacen porque tienen **miedo** a no ser capaces de encontrar algo mejor. ¿Por qué a algunas personas les da vergüenza hablar o mostrarse en público? Les da pavor que la gente no esté atenta o se ría de ellos. ¿Por qué las personas no piden lo que realmente quieren? Temen no conseguirlo. Piensa en las cosas que aplazas una y otra vez en tu vida. ¿Cuál es el miedo que te mantiene atrapado?

Tu miedo puede hacer que creas que estos sueños son imposibles:

- Llegar a puestos de dirección en tu profesión.
- Montar tu propio negocio.

- Ponerte a estudiar otra carrera.
- Encontrar a «esa persona».
- Viajar a un lugar que siempre habías querido conocer.
- Dedicar un brindis en una boda.
- Superar el miedo, la angustia, la depresión y las fobias.

Todos esos sueños, y muchos más, son posibles. No están fuera de tu alcance, sólo te parecen imposibles porque tienes miedo.

Como tú, muchos de mis pacientes pensaban al principio que sus sueños eran irrealizables. Luego, se dieron cuenta de que sólo había una cosa que les separaba de lo que realmente querían. No era mala suerte. No era falta de dinero. No era ninguna casualidad: era el miedo. Con mi ayuda, aprendieron a superarlo. Se dieron cuenta de que lo que diferenciaba a los frustrados de los realizados no era la ausencia o la presencia del miedo. Era cómo le hacían frente. Los frustrados sentían miedo y tiraban la toalla. Los realizados lo sentían y lo manejaban en su propio beneficio. He trabajado con innumerables pacientes para ayudarlos a enfrentarse a un miedo tras otro. Han avanzado para hacer sus sueños realidad y vivir con valentía.

Tú puedes hacer lo mismo.

Tú puedes vivir sin miedo. Tú puedes hacer tus sueños realidad. Tú puedes tener todo lo que quieras. Tú puedes superar los obstáculos que te separan del éxito, la felicidad y el amor.

Tú puedes crear la vida que estás destinado a vivir. Sabrás cómo hacerlo con estos 5 pasos. Sólo necesitas tener ganas de intentarlo.

Mi compromiso contigo

He escrito este libro porque siento el gran deseo de ayudar a los demás. Al igual que tú, yo también me sentí invadido por el miedo, un miedo que me dejó atrapado y que me hizo «olvidar» lo que realmente yo quería en la vida. Casi todos mis pacientes han luchado contra ese temor paralizador. Todos hemos estado donde tú estás ahora.

También he escrito este libro por la frustración que me provocaban los infructuosos métodos a los que se sometían mis pacientes para resolver el problema. Muchísimos pacientes me han hablado de todos los años que han estado en tratamiento psicológico, algo que, paradójicamente, sólo ha conseguido que tengan más miedo. Lo mismo ocurrió con otros libros y programas que empezaron: es una lástima que nada funcionara, pero ellos no son los culpables. Ellos me han transmitido innumerables quejas centradas la mayoría de las veces en la insistencia de los psicólogos en preguntarles qué era lo que les hacía sentirse así. Les frustraba que dichos profesionales les plantearan una y otra vez la misma cuestión, les resultaba exasperante e incluso ofensiva.

Se merecían algo mejor. Mejoraron con mi ayuda, y lo hicieron en muy poco tiempo. Tú harás lo mismo.

Quiero que sepas que mi método no es el que siguen otros psicólogos, ni en el que se basan muchos libros de autoayuda. Algunos de los consejos que aparecen en esta obra son contraintuitivos y paradójicos. Muchos de ellos también son controvertidos.

Pero funcionan.

Estos consejos, sorprendentes aunque prácticos, los he empleado con muchos pacientes, y todos ellos han seguido este programa en 5 pasos para dominar muchos tipos de miedo, incluyendo el miedo al fracaso, el miedo al rechazo, el miedo al cambio, el miedo a hablar en público e incluso el miedo a no satisfacer a su pareja en la cama. Todos ellos han reunido el valor para perseguir sus pasiones y ser lo que siempre han deseado ser: cocinero, profesor, abogado, médico, actor… Todos ellos han logrado dejar un trabajo o relación sin perspectivas de futuro, han encontrado el amor verdadero y han pasado a ser las personas más exitosas y felices que conozco.

Están construyendo y viviendo sus vidas de forma genuina.

Tú también puedes seguir su ejemplo y construir tu auténtica vida.

Según el tiempo que han tardado mis pacientes en ver los resultados, te aseguro que:

- **En sólo 24 horas,** estarás construyendo la vida que quieres vivir.
- **En cuanto pasen 7 días,** habrás roto los patrones de miedo que te han tenido atrapado durante tanto tiempo, y de resultas te sentirás exultante.

- **En unas 2 semanas,** estarás manejando el arte de no tener miedo, y ya sentirás que tienes el control de tu vida y la ilusión por vivirla.
- **En tan sólo 28 días,** habrás tachado un objetivo de tu *lista de sueños*, y habrás comprobado que **es más fácil avanzar que quedarse estancado.** Y no te darás cuenta únicamente de que tus objetivos merecen que lo intentes, sino que también es posible hacerlo.

Llegarás al éxito. Di adiós al miedo en 5 pasos para conseguir todos los objetivos que siempre has dejado de lado en tu vida. Entenderás por qué tus pensamientos, tus creencias, tus medicaciones, tu deseo de satisfacer a los demás, tus expectativas, tus reflexiones e incluso tu psicólogo te estaban frenando. Darás otra voz a tu conciencia, te relajarás y darás pasos cortos pero seguros hasta alcanzar tu meta. Así, llegarás a tener tan poco miedo y tanto éxito como mis pacientes, y también como yo.

Algo no va bien

¿Por qué evitamos el cambio? ¿Por qué llevas tanto tiempo atascado? Es muy posible que hayas estado buscando algún atajo, alguna manera de conseguir lo que quieres sin tener que enfrentarte a tu miedo. Puede que hayas recurrido a:

Esperar. En vez de ser proactivo y llevar la iniciativa, puede que hayas estado algún tiempo esperando a que la pareja perfecta apareciera por arte de magia en tu vida, que el ascenso en el trabajo fuera instantáneo o que, de repente, tu cónyuge dejara de comportarse de un modo irritante. Si esperas a que tus sueños se hagan realidad, éstos se quedarán en eso, en una esperanza sin posibilidad de llevarse a cabo. Si pasas a la acción, se convertirán en algo tangible. Este libro te ayudará a encontrar el valor para tomar la iniciativa.

Desear. No soy un gran admirador de *El secreto* ni de la supuesta ley de atracción en la que se basa. No puedo decirte cuántos pacientes han recurrido a mí tras desear insistentemente una vida mejor, si no hubiera sido porque sus vidas iban cada vez peor. Este libro te enseña a dejar de desear cosas en la vida para poder empezar a vivirlas.

Culpar. ¿Has culpado a otros de tus problemas? Quizá te hayas enfadado con tu jefe, con tu pareja o con otra persona, echándoles la culpa de tu infelicidad. Con estos 5 pasos, dejarás de prestar atención a lo que no puedes dominar, para poner toda tu energía en las cosas que sí están bajo tu control: controlar lo que tú dices y lo que tú haces.

Esperar, desear y culpar no te conducirán a la vida que realmente quieres. ¿Cuál es la solución? Estos 5 pasos.

5 pasos hacia el resto de tu vida

Este programa en 5 pasos te ayudará a vivir con tu auténtico potencial para poder encontrar el amor verdadero, la felicidad y el éxito. Aquí tienes un adelanto.

Paso 1: Diseña la vida de tus sueños. Para encontrar la pasión y la motivación que necesitas para enfrentarte a tu miedo, harás una lista de sueños. En ella, escribirás todo lo que podrías hacer si no te sintieras limitado por el miedo (estrés, desasosiego, lo desconocido, cambios…). Ahondarás en ellos, serás honesto contigo mismo y definirás lo que realmente quieres. Después de las tres horas escasas que tardarás en realizar las cinco tareas fáciles —pero no por ello menos importantes— que completan este paso, ya habrás conseguido el valor para cambiar tu vida. Ya no volverás a sentirte estancado, y podrás ver tus sueños y objetivos a tu alcance.

Paso 2: Rompe tu patrón de miedo. Muchas personas no se dan cuenta de hasta qué punto están limitados por el miedo. En este paso diagnosticarás, entenderás y rechazarás tu patrón personal de miedo, que es lo que te ha tenido varado en una vida insatisfactoria. Llevarás a cabo estas cuatro tareas en un breve período de una a tres horas, y te servirán para entender aquello que se ha interpuesto en tu camino. Y lo que es más importante: sabrás cómo superar los obstáculos que te impiden avanzar hacia el éxito.

Paso 3: Dale otra voz a tu conciencia. Durante una semana realizarás cinco tareas que cambiarán por completo tu visión del cambio. Superarás la negatividad y la desconfianza en ti mismo que te han frenado. Desarrollarás una conciencia positiva y alentadora. Aprenderás a convertirte en tu propio y mejor admirador.

Paso 4: Elimina tu reacción de miedo. En sólo dos horas adquirirás las habilidades necesarias para manejar los nervios, la ansiedad, la preocupación, el estrés y el pánico. Estos síntomas (pulso acelerado, manos sudorosas, sequedad en la boca y confusión) pueden llegar a darte más miedo que tu propio sueño. Para superarlos, realizarás seis tareas que te cambiarán la vida y te ayudarán a transformar el miedo en fortaleza.

Paso 5: Vive tu sueño. Cambiarás tu vida de forma inmediata cuando crees y lleves a cabo un «Plan de choque contra el miedo». Harás pequeños cambios, uno tras otro. De este modo, avanzarás decidido hasta conseguir tu objetivo. Cada cambio te reportará éxito, un éxito que refuerza tu pérdida del temor y allana el camino a la felicidad.

Siguiendo este programa en 5 pasos, conseguirás:

- Encontrar el valor para ser quien realmente eres, y dejar atrás a esa persona que los demás quieren que seas.
- Superar el impacto de las críticas o la necesidad de aprobación por parte de los demás.
- Actuar con determinación en casa, en el trabajo y en las relaciones en las que puedes alcanzar tu máximo potencial.

- Conseguir aquello que dabas por imposible, como enfrentarte a tu cónyuge o compañero de trabajo, socializar con gracia, hacer una presentación, tener un trabajo que te encanta o ser tú mismo en una cita.
- Tener el control en situaciones aparentemente incontrolables, como pueden ser la pérdida de un trabajo o los desengaños sentimentales.

Te sentirás realizado y te habrás desecho de todo aquello que no te dejaba dormir por las noches. Te acostarás feliz, dormirás profundamente y te despertarás preparado para afrontar el día sin miedo.

¡Cambia tu vida ya!

Este programa en 5 pasos te ayudará a superar el miedo al cambio, el fracaso, las críticas...; y te ayudará a hacerlo en sólo 28 días. Tú sí puedes conseguir el trabajo de tus sueños, encontrar el amor y tener una vida satisfactoria, pero tienes que comprometerte a ello. Coge tu calendario y marca los plazos siguientes:

Dentro de 1 semana: Acaba de leer este libro.
Dentro de 2 semanas: Inicia este programa en 5 pasos para cambiar tu vida.
Dentro de 3 semanas: Sigue moviéndote con soltura en todos los pasos y mantén el Paso 5 en tu punto de mira.
Dentro de 4 semanas: Crea tu plan de acción antimiedo e inicia el primero de muchos cambios en tu vida.

PRIMERA PARTE

Prepárate para cambiar tu vida

1

Así cambié yo mi vida...
¡y así cambiarás tú la tuya!

Puede que hayas intentado superar tu miedo y solucionar tus problemas. Es posible que hayas estado meses tumbado en el diván de un psicólogo. O tal vez la sección de autoayuda en las librerías te resulte familiar. Pero nada parece ir mejor.

¿Por qué yo estoy tan seguro de poseer la fórmula magistral que te ayudará a cambiar tu vida, mientras otros expertos, otros libros y programas ya te han fallado? Estoy seguro porque este programa en 5 pasos surgió de mi propia experiencia. Como habrás deducido del texto precedente no soy una persona temerosa, pero no siempre ha sido así.

Al igual que a ti, a mí siempre me frenaba el miedo, lo que hizo que dejara escapar numerosas oportunidades. Superándolo, conseguí convertirme en un psicólogo competente y entender mejor a mis pacientes. Sé, por ejemplo, por qué éstos se resisten al cambio y a lo desconocido, porque yo también me resistía a ellos.

Puedo aplicar todo lo que aprendí superando mi propio miedo para guiar a quien acude a mi consulta hasta el lugar que yo encontré, donde el miedo no existe.

Algunos de mis pacientes pasaron varios años en tratamiento psicológico antes de recurrir a mí. Ya habían intentado cambiar sus vidas muchas veces. Un gran número de ellos me confesaron en su primera visita a mi consulta que les quedaban pocas esperanzas, dudaban de que yo pudiera ayudarles. Puedes imaginar lo gratificante que fue para mí ver cómo dominaban sus miedos y cambiaban sus vidas en tan poco tiempo: normalmente, ya tenían una actitud más positiva justo después de dar por finalizada esa primera sesión. Casi todos ellos encontraron el valor para realizar el primero de muchos cambios en sus vidas con pocas consultas, en menos de un mes, tras unas cuantas visitas a mi consulta. Casi todos ellos, sin importar el nivel de dificultad e improbabilidad de sus objetivos, terminaron el proceso en sólo unos meses.

Sus objetivos y miedos eran diferentes, pero el proceso que experimentaron para cambiar sus vidas era idéntico. En seguida me percaté de que todos mis pacientes consiguieron enfrentarse a sus temores y cambiar sus vidas con esos 5 pasos, los cuales se han convertido en el programa que se sigue en este libro.

Me gustaría contarte la historia de cómo utilicé mi miedo para ayudar a los demás. Espero que, con la historia que estoy compartiendo, compruebes que tú también puedes experimentar esta transformación.

La chica a la que nunca besé

La historia de mi superación del miedo comienza en mi niñez. De pequeño llevaba aparatos en las piernas, como Forrest Gump. En primaria hablaba raro y no podía pronunciar algunas palabras, por lo que iba a un logopeda. Con el paso de los años, me convertí en el más alto de toda la clase.

Durante los años de instituto era tan terriblemente tímido y tenía tanto miedo a llamar la atención que no asistía a ninguna fiesta, ni iba a a ningún baile, ni partido de fútbol ni acontecimiento social. Mientras mis compañeros de clase celebraban el baile de graduación, yo estaba solo, conduciendo sin rumbo fijo la vieja ranchera de mi padre —sí, y el modelo tenía los bajos de imitación a madera.

Tenía miedo sobre todo a las chicas. Las veía como monstruos grandes y malos. Nunca se acercaban a un chico alto, flaco e introvertido como yo. Se reían de mí. Yo estaba seguro de ello. Pero había una que me gustaba de verdad: Katie. Era popular, tenía muchos amigos y se sentaba a mi lado en clase, pero sólo porque nuestros apellidos comenzaban por A.

Me da vergüenza admitir que, para llamar la atención de Katie, probé con todo tipo de estrategias tan extrañas como inútiles. En efecto, yo fui uno de esos perdedores que, desesperados, cayeron rendidos ante la contraportada de una revista en la que aparecía un anuncio de un espray de feromonas llamado Attractant 10. Supuestamente, ese espray me volvía «irresistible para las mujeres». Es curioso comprobar que dicho producto sigue a la venta hoy en día.

Lo compré, y empecé a usarlo en seguida. Me lo ponía justo antes de entrar a clase. Katie, sin embargo, no parecía notarlo. Para solventarlo, urdí un plan para que saliéramos del colegio a la vez. Y allí estaba ella, ¡justo a mi lado! Caminábamos en la misma dirección, no había nadie alrededor, estábamos solos…

Logré mascullar un tímido «hola» y hablar un poco con ella. Pero justo en ese instante, Katie cambió de dirección. Era en ese momento o nunca. Si quería pedirle que saliera conmigo, ésa era mi única oportunidad.

—Hasta mañana —dijo ella.

—Sí, hasta luego —respondí yo.

Se alejó. Yo lo había estropeado todo.

Fue después de cumplir los dieciocho años cuando conseguí ser lo suficientemente valiente para besar a una chica, y después de cumplir los veinte cuando logré salir con alguna: vencí mis miedos y recabé la confianza necesaria en mí mismo para atreverme a pedir a quien me gustara que saliera conmigo. Me di cuenta de que, cada vez que me enfrentaba a otros temores y los superaba, me iba haciendo más fuerte y seguro de mí mismo. Con el tiempo aprendí que el miedo no era algo de lo que esconderse, ni tampoco un motivo para abandonar mis objetivos y sueños. Tan sólo me provocaba una ansiedad transitoria; y, si la esquivaba, podría ponerme delante de él y conseguir cualquier objetivo que me marcara. El hecho de percatarme de ello me permitió acabar la universidad, tener mi propia consulta y desarrollar y aplicar un programa altamente efectivo, innovador y, probablemente, transgresor.

DI ADIÓS AL MIEDO: El cambio nos da miedo y suele provocar una ansiedad transitoria. Por ello, nuestra reacción natural es huir de él y escondernos. Aun así, dicha ansiedad permite posteriormente disfrutar de una serenidad y calidad de vida estables.

Me atreví a ser yo

Elegí esta profesión porque siempre me ha fascinado el comportamiento humano y la psicología. Aun siendo un niño tímido, me sentía atraído por las personas que se encontraban marginadas por desafiarse emocionalmente. Más adelante, en la adolescencia, todos los domingos escuchaba en mi *walkman* de Sony el programa de radio de la sexóloga Ruth Westheimer cuando se suponía que tenía que estar durmiendo. No sólo aprendía de ella, sino que aspiraba a convertirme en su versión masculina: quería dedicarme a una profesión que me permitiera ayudar a la gente haciendo algo diferente y llegando a las masas. Al igual que la doctora Westheimer, anhelaba utilizar los medios de comunicación como herramienta para auxiliar a cientos e incluso miles de personas. Quería contribuir a que la gente lograra superar sus desafíos emocionales y alcanzara la plenitud, y quería hacerlo a lo grande.

Sin embargo, poco después de convertirme en psicólogo, me di cuenta de que yo no era el tipo de psicólogo que me enseñaron a ser en la universidad; allí me instruyeron para ayudar a los pacientes por medio de preguntas intuitivas. Mis profesores también hicieron hincapié en que no diera mi opinión en ninguna sesión. En vez de decirle a quienes acudían a mi consulta lo que tenían que hacer, debía quedarme sentado, escuchando y planteando la misma típica y frustrante pregunta: «¿Y eso cómo te hace sentir?».

Yo no podía hacerlo.

En lugar de simplemente escuchar cómo se desahogaban los pacientes, no podía evitar expresar mi opinión una y otra vez, dándoles consejos y diseñándoles planes de acción y estructuras de conducta.

Por ejemplo, uno de mis primeros pacientes, lo llamaré Rick, recurrió a mí porque estaba viviendo una mentira y, en consecuencia, sufría depresión. Estaba casado, pero iba a establecimientos de artículos pornográficos y mantenía relaciones sexuales promiscuas con otros hombres.

Mientras escuchaba cómo me hablaba de sus escapadas, no podía dejar de pensar en la pobre esposa que aguardaba en casa. No sólo estaban exponiéndose ambos al riesgo de contraer alguna enfermedad venérea, sino que también él la estaba forzando a vivir una mentira. Era un homosexual que no había salido del armario, por lo que iba disfrazado de marido felizmente casado. Me pregunté si ella notaría algo raro en la cama, si se preguntaría por qué no podía satisfacer a su marido o si sería consciente de que él no se sentía atraído por ella.

¿Cómo no iba a decirle nada a Rick? ¿Cómo iba sólo a asentir con la cabeza y escuchar mientras él me hablaba de sus infidelidades? ¿Cómo iba a poder seguir tan tranquilamente sentado preguntándole: «¿Y eso cómo te hace sentir?».

No podía.

No pude evitar decirle que lo que hacía estaba mal, que era algo vergonzoso. Se quedó impresionado y me dijo que había acudido a otros ocho psicólogos, y que ninguno le había dicho que lo que hacía estaba mal. Al principio, a Rick le molestó mi comentario y abandonó airado la consulta, pero finalmente volvió. Intentó dejar de recurrir a la pornografía y de tener relaciones sexuales con extraños, a la vez que trataba de encontrar el valor para salir del armario y comenzar una relación sexual saludable.

Sentí rabia y frustración cuando me hizo aquella revelación sobre sus anteriores psicólogos. ¿De verdad ocho psicólogos habían estado sentados escuchando impasibles y, sin decir nada, mientras Rick les hablaba de lo que estaba haciendo?

Pero él no era el único.

Otros pacientes me comentaron también cómo sus anteriores psicólogos se quedaban dormidos o les llamaban por otro nombre. A veces se quejaban de haber ayudado a sus psicólogos más de lo que éstos les habían ayudado a ellos. «¿Y eso cómo te hace sentir?» era una pregunta que les hacía reír. Era genérica y absurda. Admitían haberles seguido el juego durante años y no haber llegado a ninguna parte.

¡Uno de ellos había estado diez años en tratamiento! Había acudido semana tras semana y pagado sesión tras sesión, *a pesar de no experimentar ninguna mejoría.*

—¿En qué te benefician esas sesiones? —le pregunté.

—Ésa es una buena pregunta —contestó él, mirándome.

Me avergonzaba de mi profesión, y comprobé que ese método, que consiste sólo en escuchar, no ayudaba a la gente a sentirse mejor. Sólo les frustraba. Entonces, recurrían a mí para quejarse de que habían pasado por más de diez psicólogos que lo único que habían hecho era sentarse y escuchar sin aportar ninguna solución, con la esperanza de que yo fuera diferente. Tenía que explicarles, una y otra vez, que yo no era uno de *esos* psicólogos.

DI ADIÓS AL MIEDO: Superarás el miedo no evitándolo, sino enfrentándote a él. Cuanto más te enfrentes a él, menos miedo tendrás después.

Recordé todo lo que había aprendido de mis padres. Mis padres me enseñaron a dar siempre lo mejor de mí y ser perfeccionista. Eran muy trabajadores y en ocasiones sacaron dos trabajos adelante. Me animaron a trabajar, y, desde muy joven, lo hice. Repartí periódicos, fui guardarropa de un gimnasio e incluso trabajé como limpiador en un motel de carretera. Me decían que la gente me pagaba para que yo hiciera lo que me pidieran, y que debía responder a sus exigencias. Me lo tomé muy en serio y supe que siempre tenía que dar el mejor servicio posible.

Escuchar y asentir con la cabeza no era dar un buen servicio. La gente recurría a mí para mejorar su vida, y querían que alguien les explicara cómo hacerlo. Así que un día decidí incumplir las normas establecidas por mi profesión y empezar a ayudar a mis pacientes a mejorar su vida como yo sabía hacerlo: dando consejos.

Terapia en la vida real

No sólo decidí dar consejos a muchas personas y explicarles lo que tenían que hacer, sino que opté por acompañarlos en la acción (en los momentos que sienten más miedo). En vez de tenerlos metidos en una habitación, tumbados en un diván para que se sintieran seguros y no tuvieran que ponerse a prueba, empecé a llevar a algunos pacientes con agorafobia al parque para que así pudieran pasear y hablar con los demás transeúntes. Acompañé a aquellos que tenían vértigo a la terraza de un edificio y, a los que tenían claustrofobia a un ascensor. Compartí sus momentos de miedo.

Les dije que una sesión o dos tendrían lugar en la consulta, pero que el escenario de casi todas las siguientes serían en parques, centros comerciales, cafeterías, terrazas… lo que les permitiría desarrollar importantes capacidades. Obviamente, se sentirían más seguros en el diván de la consulta, pero ¿ello les permitiría enfrentarse a la causa de toda esa ansiedad?

Tratar problemas de la vida real en la vida real (donde realmente aparecen) era posible.

Afortunadamente para mí, casi todos mis pacientes potenciales estaban dispuestos a probar ese nuevo método. David fue uno de ellos.

Reflexiona

Puede que ahora mismo te resulte imposible enfrentarte a tu miedo. Puede que te aterre la idea de hacerlo. Lo entiendo. Conozco esa sensación de impotencia porque yo también la experimenté, al igual que muchos de mis pacientes. Sólo te pediré que contestes a una pregunta:

Si yo te diera un millón de euros, ¿serías capaz de superar tu miedo?

Creo que sí. Con estos 5 pasos podrás conseguirlo.

Miedo al sexo opuesto

David me dijo que quería superar su timidez y su ansiedad, así que propuse el Central Park como punto de encuentro.

Nos sentamos en un banco, donde me percaté de que, a pesar de ser un exitoso abogado, era muy torpe con las mujeres. Cuando una lo miraba, él miraba hacia otro lado. Estaba en la treintena, y se mostraba convencido de que viviría solo el resto de su vida en su apartamento de Manhattan.

Inevitablemente, me di cuenta de que David sufría el mismo miedo que yo había sufrido hacía años.

DI ADIÓS AL MIEDO: Todos nacemos con algún miedo, pero, aun así, no existe una cura mágica para superarlo. Lo que distingue a los que tienen miedo de los que no lo tienen no es presencia o ausencia: la diferencia estriba en cómo lo manejan.

Le pedí que me hablara de sus crisis de ansiedad: cuándo aparecían, qué las ocasionaba, cuándo empezó a padecerlas, qué había hecho para tratarlas y qué pensamientos las provocaban. Igual que yo, David había sufrido de ansiedad y timidez desde su adolescencia. Los actos sociales le producían reacciones de pánico. El simple hecho de entrar en un bar le aceleraba el pulso y la respiración, y lo dejaba paralizado. En parte, ese miedo fue originado por sus fracasos sociales. Uno de ellos lo experimentó tras aplicar las técnicas para entablar relaciones amorosas de un libro, ya que se sintió muy avergonzado al proferir una serie de frases cursis a unas chicas que conoció en un bar. Se rieron de él.

Este hombre guapo, educado y triunfador se veía a sí mismo como un desagradable fracasado. Se obsesionaba con cualquier pequeño defecto y lo exageraba hasta el punto de no tener nada positivo que pensar o decir sobre él.

Le puse deberes. Así de simple: le pedí que volviera al parque, que buscara un lugar cómodo y estuviera allí un rato. Le sugerí que leyera un libro, que observara a la gente o que escuchara música. Le enseñé unos ejercicios de relajación y le aconsejé que los hiciera antes y durante su visita al parque.

Durante la siguiente sesión paseamos por el parque. Le pedí que sonriera a la gente y estableciera contacto visual. Habíamos progresado desde el momento en el que se acostumbró a ello. Después, le propuse que se acercara a unos desconocidos para preguntarles la hora.

Le dije que observara cómo yo me acercaba a alguien y le preguntaba por una dirección. Luego lo invité a él que hiciera lo mismo.

Quería que David experimentara algo que iba a aportarle seguridad. Recibir una sonrisa o una mirada de alguien sería un buen punto de partida que le ayudaría a minimizar el recuerdo negativo de las chicas que se rieron de él cuando utilizó aquellas frases para ligar.

Primero lo intentó con hombres y luego con mujeres por las que, deliberadamente, no se sentía atraído.

Cuando se empezó a sentir cómodo preguntando la hora o unas señas, supe que estaba preparado para un reto mayor: una cafetería.

Lo llevé a un pequeño establecimiento donde las mesas estaban muy juntas, por lo que podíamos escuchar la conversación de los de al lado y ver incluso lo que estaban leyendo. Le pedí, de nuevo, que observara cómo yo entablaba una conversación intrascendente con el desconocido que tenía a mi lado y que después él interviniera. Así fue.

Pasado un rato me disculpé para ir al baño aunque,

en realidad, no necesitaba hacer uso de él. Únicamente quería brindarle la oportunidad de quedarse solo. Cuando volví a la mesa, lo vi hablando con una camarera muy guapa. Cuando me senté de nuevo, me dijo que ella quería ser actriz; en menos de cuatro minutos había podido conocer sus aspiraciones y sus aficiones. Tenía un ligero brillo de confianza en los ojos y estaba ansioso por salir de allí y poner en práctica su renovada confianza en sí mismo.

Unas semanas más tarde recibí una llamada: David había conocido a alguien y habían comenzado una relación. Me contó que iba a deshacerse de los libros de autoayuda del estilo de *Cómo ligar con las mujeres* por dos razones: una, porque ya no los necesitaba; y dos, porque su recién estrenada pareja iba a ir a su casa para tener una cena romántica y no quería correr el riesgo de que ella encontrara esos libros.

Entendí que ya no necesitaba mis servicios. El tratamiento ya había finalizado, y yo estaba feliz por ello.

El miedo es necesario

Han pasado varios años desde que llevé a cabo aquellas sesiones con David. Desde entonces he visto a una innumerable cantidad de personas que tenían miedo: a las alturas, a los trenes, a los ascensores, al compromiso, al amor, al éxito, al rechazo, a hablar en público… Lo que hace que estas historias sean excepcionales es que todos ellos tenían una confianza innata en sí mismos, a pesar de que su comportamiento, sorprendentemente, revelara todo lo contrario. La explicación de dicha conducta se halla en que se sentían incapacitados por el miedo, igual que lo estuvo David e igual que lo estuve yo.

Les enseñé a todos que el miedo es una herramienta que deben usar en su propio beneficio. No se trata de una señal para que corramos a escondernos, sino para avanzar. Debemos enfrentarnos a los temores irracionales, al pavor a cosas que físicamente no pueden perjudicarnos.

Es muy gratificante ver el progreso que experimentan mis pacientes entre una sesión y otra. Siento una gran satisfacción al saber que alguien se dirige hacia su objetivo. Cuando éstos ya no están presos por el miedo, yo les pregunto: «¿Qué se siente al no tener miedo?».

Siempre contestan a esta pregunta con un brillo especial en los ojos. No hay nada más satisfactorio para mí que estar ahí con ellos cuando se sienten felices por alcanzar sus metas.

Tengo muchas ganas de que llegue el día en que tú consigas lo mismo. En menos de una semana ya estarás encaminado para dominar el miedo que hasta ahora te ha estado frenando y te ha dejado estancado. En tan sólo veintiocho días, habrás completado este programa en 5 pasos y te habrás convencido de que el miedo es parte imprescindible del éxito y la felicidad.

Me emociona que hayas encontrado el valor para emprender este viaje. Lo único que lamento es no poder ver ese brillo especial en tus ojos cuando te des cuenta de que, efectivamente, estás dejando de tener miedo. Sé que puedes experimentar un gran cambio porque yo lo he visto en mí y en innumerables pacientes.

Estoy ansioso porque lo compruebes por ti mismo. Confío en tus posibilidades. Puedes superar tu miedo. ¡Tú puedes! Claro que es posible. Sigue leyendo y verás cómo.

¡Cambia tu vida ya!

La valentía es una aptitud que puedes adquirir y reforzar con sabia destreza, constancia y motivación. Este programa te muestra las capacidades que yo utilicé para superar mi propio miedo y que he usado para ayudar a innumerables pacientes a que hicieran lo mismo. Es natural que quieras evitar el miedo, pero ello sólo te mantendrá estancado. Con la ayuda de los consejos de este libro, te enfrentarás a él en vez de esconderte. Finalmente lo superarás y, como resultado, experimentarás un gran triunfo. Para debilitar el miedo que padeces, haz lo siguiente:

Piensa en lo que te estás perdiendo por culpa del miedo. ¿Qué te gustaría hacer si no tuvieras tanto miedo? ¿Qué te has perdido en la vida por dejar que ese temor se interpusiera en tu camino? ¿A qué has renunciado por él?

Haz una *lista de arrepentimientos*. Escribe en ella todas las cosas que habrías hecho en tu vida si el miedo no hubiera sido un obstáculo. Lleva esta lista contigo y léela de vez en cuando. Úsala como motivación para el cambio.

2

Por qué todos
tenemos miedo al cambio

Tú no eres el único que tiene miedo. Conozco a gente que tiene miedo a no poder pagar el alquiler. Sé de una persona a la que le preocupa no llegar a conocer nunca al amor de su vida o no poder formar una familia y de otra a quien le perturba la posibilidad de que sus ingresos se reduzcan. Incluso conozco a alguien a quien le encanta liberar adrenalina, ya que le divierte hacer paracaidismo y carreras de motos. Sin embargo, ¿adivinas qué es lo que le da verdadero pavor? ¡Las serpientes!

El miedo es ubicuo. Todos lo sentimos.

No sólo compartimos la sensación, sino también el motivo que la ocasiona: lo desconocido. Cualquier miedo que puedas imaginar o nombrar (desde el miedo al fracaso hasta el miedo a hablar en público) surge de la incertidumbre, del desconocimiento del futuro: ¿te escuchará el público embelesado o se dormirá? ¿Se quedará la serpiente inmóvil o intentará morderte? ¿Te concederá tu jefe el ascenso que anhelas o te bajará de categoría?

Cuanto más incierto sea tu futuro, más miedo tendrás. Cuanto más predecible sea tu futuro, menos miedo tendrás. Hasta ahora, esta incertidumbre se ha interpuesto en tu camino al cambio que ansías, se ha ocupado de anular tu motivación y dejarte estancado.

Este programa te ayuda a vencer esa barrera para alcanzar el éxito, estableciendo seguridad en medio de la incertidumbre. Comienza a partir de la visualización del futuro que deseas tener y finaliza cuando éste se convierte en realidad. A lo largo del camino te esforzarás para superar la herencia genética que, hasta ahora, ha ido contra ti, haciendo que siempre esperaras lo peor y dudaras de que algo mejor fuera posible. Deshaciéndote de esa negatividad y elaborando un plan de acción realista lograrás enfrentarte al miedo a lo desconocido para al fin seguir el curso de tu vida.

Me gustaría contarte una historia personal sobre el miedo a lo desconocido para ayudarte a comprender mejor cómo funciona.

El miedo a un futuro incierto

Hace unos años hice un viaje en coche desde Nueva York hasta Connecticut, mi ciudad natal, para pasar un fin de semana tranquilo con mis padres. Mientras conducía iba escuchando música y disfrutando de la carretera, tal como acostumbro. Me disponía a salir de la autopista, muy cerca ya de mi destino, cuando sonó mi teléfono. Activé el dispositivo de manos libres y entonces supe que era mi madre quien me estaba llamando. Su voz estaba rota de dolor.

—Jonathan, las cosas no van bien. El informe confirma que papá ha sufrido lesiones cerebrales.

—¿A qué te refieres? —pregunté yo, con la esperanza de no haber entendido bien lo que me estaba diciendo.

Sabía que, en los últimos días, mi padre había tenido unos síntomas extraños que empezaron después de una visita al dentista. Tenía sensación de hormigueo y adormecimiento en el lado derecho de la cara. Pensaba que la limpieza dental podía haberle dañado el nervio, pero el dentista confirmó que era prácticamente imposible que dicho procedimiento provocara esos síntomas.

Aquel viernes, justo en la mitad del viaje de dos horas en el que yo conducía de Nueva York a Connecticut, el médico le dio a mi padre los resultados de la resonancia magnética que le habían hecho hacía poco.

—El médico le ha dicho que las lesiones han sido producidas por el proceso de metástasis —dijo mi madre—. Cuando papá le ha preguntado al médico qué significaba eso, él nos ha dicho que los resultados no son buenos, que quieren hacerle más pruebas. Tenemos que esperar a que nos den el resto de resultados, pero me temo que no serán buenos, Jonathan, me temo que no serán buenos.

Estoy seguro de que ella estaba intentando ser fuerte para mantener la calma y que no me preocupara. Me quedé desconcertado, profundamente triste y con mil preguntas rondándome por la cabeza: «¿Qué significa todo esto? ¿Cuáles son las opciones de tratamiento? ¿Qué puede ocurrir?».

Informé a mi madre de que me quedaban pocos kilómetros para llegar a casa. Le dije que llegaría pronto y aceleré cuanto pude, invadido por los nervios, con la mente puesta en mi destino.

En cuanto crucé la puerta, la abracé. Mi padre, tan responsable y diligente como siempre, ya había vuelto al trabajo. Más tarde, al llegar a casa, cocinó pasta para todos. Esa misma noche, mi madre y yo estuvimos buscando en Internet más información sobre los resultados. La red no hizo sino acrecentar nuestro miedo y ansiedad. «¿Tendría un cáncer en tan avanzado estado que se había metastizado hasta alcanzar su cerebro?» Cuanto más buscábamos en Internet, más destrozados nos sentíamos y más grave parecía el pronóstico.

Aquel fin de semana fue el más largo de toda mi vida, la de mis padres y la de toda mi familia. El recuerdo de ambos llorando y abrazándose es muy duro. Llevaban treinta y ocho años casados y habían estado juntos más de cuarenta. Eran inseparables. Eran el eje de la familia.

«No nos puede estar pasando esto», pensaba yo.

En una ciudad cercana, mi hermana Susan tenía la misma sensación de incredulidad y asombro. Se preguntaba, mientras combatía la ansiedad de la incertidumbre limpiando la casa a fondo, cómo podía ser cáncer si no había experimentado ningún síntoma.

En Washington, D.C., mi hermano Matthew también sentía una gran incredulidad.

Dos angustiantes días después, yo debía volver a Nueva York. Nunca olvidaré el abrazo que les di a mis padres antes de irme: un abrazo más largo y cercano de lo normal. Hubo lágrimas, y, tras ellas, me fui, temeroso de lo que estaba por llegar.

Mi padre volvió al médico a la semana siguiente. Le hicieron un tac, una prueba que consiste en generar un conjunto de imágenes seriadas de secciones de un órgano o tejido, más detalladas que las que genera una resonancia magnética. El tac revela, asimismo, las funciones moleculares y metabólicas de las células, lo que permitía a los facultativos determinar si eran de tipo normal o anormal (cancerosas).

El día en que mi padre tenía que ir al médico para conocer los resultados, yo estaba en Nueva York en una sesión con un paciente. Por mucho que lo intentara, no podía concentrarme en lo que éste me decía, algo que, por fortuna, le pasó desapercibido.

Después de la sesión fui a Central Park y estuve paseando durante un buen rato. Tenía muchísimas preguntas rondando en mi cabeza: «¿Qué pasará si papá se muere? ¿Podrá mamá superarlo? ¿Podré yo superarlo? ¿De verdad nos está ocurriendo todo esto a nosotros? ¿Será cáncer terminal? ¿Qué vamos a hacer?».

Sorprendentemente, el diagnóstico no fue cáncer. Las lesiones sí que estaban ahí, pero no parecían ocasionadas por una enfermedad neoplásica. Mi padre debía someterse a más pruebas, ya que el médico no estaba seguro de que esas lesiones fueran producto de un infarto, de hipertensión o de un desorden neurológico como podía ser la esclerosis múltiple (EM), de manera que lo derivaron a un neurólogo para que valorara todos esos resultados.

Aunque algunas pruebas no eran determinantes, los médicos diagnosticaron que se trataba de esclerosis múltiple. Fue muy extraño recibir la noticia con cierto alivio. Recuerdo que pensé: «¡Qué bien que no tiene un cáncer avanzado! ¡Las lesiones son consecuencia de la EM!».

Han pasado varios años y mi padre sigue sano y enérgico.

Te he contado toda esta historia para ilustrar lo siguiente: tenemos miedo a lo que no conocemos. Durante aquel larguísimo fin de semana, obviamente, le tuvimos miedo al cáncer, pero detrás de todo aquello estaba el miedo a lo desconocido. No sabíamos si mi padre iba a ponerse bien o no. Si no se ponía bien, no sabíamos cómo lo íbamos a soportar. ¿Iba a poder yo, por ejemplo, estar allí a su lado y, mientras, seguir con mi consulta en Nueva York, a dos horas de Connecticut? ¿Tendría yo la fortaleza emocional suficiente para ver cómo enfermaba mi padre hasta, posiblemente, llegar a la muerte? ¿La tendría mi madre? ¿Cómo iba a apañárselas mi madre con las cosas que confiaba a mi padre? ¿Sería capaz de estar sin él?

Incluso el presunto cáncer era impredecible, porque no teníamos la información suficiente. Mi madre y yo, como he comentado, intentamos encontrar alguna información en Internet que nos aportara cierta predictibilidad y control. Ansiábamos estar seguros de algo.

Queríamos saber qué tipo de cáncer era, cómo evolucionaría y qué podría ocurrir. Queríamos saber si debíamos esperar lo bueno o lo malo.

El miedo acabó cuando a mi padre le dieron el diagnóstico definitivo. Esto fue posible porque el futuro volvía a ser predecible. Sí, tenía EM, pero sabía qué podía esperar de la enfermedad y cómo tratarla. Podía suponer cómo iba a progresar, a qué tratamientos podía optar y hasta dónde iba a llegar. Las incertezas habían dejado paso a las certezas.

Lo mismo ocurre con cualquier otro miedo que podamos tener.

DI ADIÓS AL MIEDO: Céntrate en aquello sobre lo que tengas control, no en lo que escape a éste.

Tienes miedo a lo que no conoces

Es probable que pienses que el miedo contra el que estás luchando ahora —el miedo que te llevó a comprar y leer este libro— sea distinto al que yo sentí aquel fin de semana en el que estuve esperando el diagnóstico de mi padre, pero no es así.

Todo miedo, sea el miedo a ser malo en la cama o a hablar en público, surge de la incertidumbre, y, también, de la incapacidad para prever el futuro. Imagino que estarás pensando en algo así como: «¿De qué manera el miedo a las serpientes puede estar relacionado con la incertidumbre? Tengo miedo a las serpientes porque pueden morderme y matarme. No hay nada incierto en eso».

Pero no vayamos tan rápido. El miedo a las serpientes tiene que ver con lo desconocido, del mismo modo que el que se siente ante un inminente problema de salud. Ésta es la razón por la que, cuando tengas cerca una serpiente, te plantearás muchas preguntas que no podrás responder: «¿Es venenosa? ¿Moriré de una mordedura? Si me muerde y es venenosa, ¿podré conseguir ayuda? ¿Sabrá alguien qué hay que hacer?».

Si fueras la persona que se ocupa de los reptiles y anfibios en el zoo de tu ciudad, no tendrías ningún miedo a las serpientes, porque serías capaz de contestar a tales preguntas y sabrías cuáles de estos ofidios son venenosos y cuáles no. Sabrías cómo controlar a una serpiente para que ésta no te mordiera y sabrías qué hacer en caso de que así sucediera. También sabrías que toda la gente que te rodea ha aprendido a actuar correctamente en caso de mordedura, lo que se proporcionaría.

Es por esta razón por la que mucha gente no tiene miedo ni a los mosquitos ni a las abejas. Es normal que resulten molestos y que tratemos de evitarlos, pero no generan una reacción de pánico. Es probable que alguno de ellos te haya picado más de una vez, pero sabes exactamente lo que ocurre si te pican, y también sabes lo que tienes que hacer: aplicar hielo, bicarbonato o pomada sobre la picadura. No hay incertidumbre, por lo que tú no sientes temor.

Para convencerte de ello, he creado la siguiente tabla en la que se recogen varios miedos que probablemente para ti no tengan nada que ver con la incertidumbre.

Miedo	Relación con la incertidumbre
Miedo a acabar una relación sin perspectivas de futuro	No sabes si es mejor (o puede que peor) estar solo que tener una relación sin perspectivas de futuro. No sabes si eres capaz de estar solo. No sabes si puedes conocer a otra persona. ¿Y si esta relación sin perspectivas de futuro es lo mejor que puedes tener?
Miedo a decir sí a una propuesta de matrimonio	No sabes si puedes vivir el resto de tu vida junto a esa persona. No sabes si eres capaz de ser monógamo para siempre. No sabes si echarás de menos tu libertad. No sabes cómo será vuestro futuro juntos, ni si ese futuro será mejor que un futuro sin pareja.
Miedo a la excelencia en el trabajo y a los ascensos	No sabes si eres capaz de ascender y alcanzar la excelencia. No sabes si tener una mayor responsabilidad realmente te haría más feliz. ¿Y si acabas odiándola? No sabes si es mejor permanecer en un puesto aburrido pero fácil o aspirar a un puesto mejor pagado y más interesante que suponga un reto para ti.
Miedo a hablar en público	No sabes cómo reaccionará el público cuando hables. ¿Te interrumpirán? ¿Se irán? ¿Se dormirán? No sabes cómo te verán y te considerarán los demás.
Miedo a las alturas	No sabes si te sitúas en lugares seguros o si puedes mantener el equilibrio para no caer al vacío.

Miedo	Relación con la incertidumbre
Miedo a volar	No sabes si el avión se mantendrá en el aire. No sabes qué ocurrirá entre el origen y el destino. ¿Habrá retrasos? ¿Habrá muchas turbulencias? ¿Qué ocurrirá si son muy fuertes? ¿Te marearás? Y, si te mareas, ¿cómo reaccionarán los demás pasajeros?
Miedo a no satisfacer a tu pareja en la cama	No sabes si tu relación va bien o si es lo suficientemente fuerte para soportar que tu pareja no tenga un orgasmo. ¿Te dejará tu pareja si no eres un hacha en la cama?
Miedo a invertir en un negocio	No sabes si funcionará. ¿Te arruinarás? ¿Ganarás dinero? ¿Podrás pagar la hipoteca? O, de lo contrario, ¿perderás tu casa?

Incluso los trastornos de salud mental están relacionados con la incertidumbre. El trastorno de pánico, por ejemplo, se caracteriza por experimentar ataques repentinos de miedo que se suceden una y otra vez. Están relacionados con la incertidumbre porque generan todas estas dudas: «¿En qué momento me ocurrirá? ¿Me pillará trabajando? Si es así, ¿qué pensarán de mí mis compañeros? ¿Me pillará conduciendo? Si es así, ¿seré capaz de mantener el control del coche? ¿Estaré solo cuando me ocurra? Si es así, ¿qué pasará si no hay nadie para ayudarme?».

El trastorno obsesivo-compulsivo (TOC), a su vez, supone pensamientos y hábitos repetidos, involuntarios e indeseados que resultan imposibles de controlar. ¿En qué medida están relacionados con la incertidumbre? Las personas que lo padecen se preguntan lo siguiente: «¿Está cerrada la puerta? ¿Podrán entrar intrusos?». Y también: «¿He tocado alguna cosa contaminada? Tengo que lavarme las manos. ¿He tocado algo tóxico? Tendré que lavarme las manos». Todas esas preguntas, insisto, se basan en la incertidumbre.

Del mismo modo, en trastornos por estrés postraumático (TEPT) —que implican síntomas persistentes después de vivir sucesos traumáticos como, por ejemplo: guerras, violaciones, abuso de menores, desastres naturales o secuestros— los pensamientos que provoca el miedo también tienen su origen en la incertidumbre. Alguien con dicho trastorno puede pensar lo siguiente: «¿Tendré que vivir de nuevo ese suceso traumático? ¿Me violarán otra vez? ¿Me veré de nuevo envuelto en una guerra? ¿Volverá este recuerdo a hacerse realidad? ¿Tendré que revivirlo?».

Y asimismo el hecho de despertarte en mitad de la noche movido por una ansiedad infundada está relacionado con la incertidumbre. Es probable que no puedas dormir debido a una situación de incertidumbre en el trabajo, mientras te planteas estas preguntas: «¿Cómo voy a hacer lo que tengo que hacer? ¿Me despedirán? ¿Podré hacer lo que tengo que hacer?». Es probable que, incluso, sientas incertidumbre por el hecho de no saber si podrás volver a dormirte, planteándote esto: «¿Qué pasará si estoy toda la noche dando vueltas? ¿Me echarán del trabajo mañana? ¿Qué será de mí si me echan del trabajo mañana?».

Este programa contribuye a que superes esta incertidumbre ayudándote a planificar tu futuro. Podrás realizar las cinco tareas del Paso 1 en poco más de tres horas, pero sus efectos serán duraderos. Por medio de la visualización de un sueño y su posterior puesta en práctica, conseguirás eliminar gran parte de la incertidumbre que acompaña al cambio.

Te proporcionará, además, la seguridad que buscas, y esa seguridad te llevará allá a donde tú quieras llegar e incluso más allá de eso: también te ayuda a dar otra voz a la conciencia que influye en tus actos, aquella que, hasta ahora, ha estado procurando que evitaras cualquier cambio posible en tu vida.

Reflexiona

Párate a pensar, por un momento, en tus propios miedos. Piensa en el modo en el que están relacionados con la incertidumbre. ¿Qué desconoces en cuanto al futuro? ¿Qué no puedes prever? ¿Cuáles son las inconsistencias, y cómo éstas te producen más ansiedad?

La negatividad conduce al miedo

Tu cerebro prefiere predictibilidad, seguridad y control. Cuando algo en ti genera incertidumbre y no sabes qué ocurrirá después, éste siempre intenta inventarse un desenlace y dar su propia voz a tu conciencia. Existen dos problemas en cuanto a dicha conciencia: uno, que no es real; dos, que suele ser negativa y son precisamente estos pensamientos negativos los que condicen a pensar en el peor de los casos, catastrófico y destructivo.

Estos pensamientos suenan así:

- «Ella nunca saldría con un tipo como yo.»
- «La gente pensará que soy ridículo y aburrido.»
- «El puente se va a derrumbar.»
- «Nunca tendré éxito.»
- «Jamás encontraré pareja.»
- «Estaré siempre solo.»
- «Tendremos un accidente de avión.»

¿Puedes ver qué tienen en común todas esas afirmaciones? Todas ellas son malas predicciones. Se trata de la tendencia a la negatividad. Tendemos a ver y recordar los hechos negativos en vez de los positivos. Por ejemplo, para la mayoría de las personas, los malos recuerdos de la infancia se anteponen a los buenos. Este fenómeno, en parte, ¡es lo que da trabajo a gente como yo! Muchos matrimonios también recordarán los peores momentos —por ejemplo, las terribles peleas que han tenido— en mayor medida que los mejores. Además, casi toda la gente habla de un montón de malas experiencias en el trabajo, y sólo unos cuantos de las buenas.

La tendencia a la negatividad no únicamente afecta a nuestros recuerdos pasados, sino que también afecta a nuestra visión del futuro. Esta tendencia a la negatividad nos hace augurar desgracias, penas, caos y fracaso, lo que nos conduce al miedo y a quedarnos estancados.

Esta tendencia a la negatividad viene programada en nuestra herencia genética. Pero no culpemos a nuestras madres, ya que esta herencia se remonta a miles de años atrás. Los resultados, entonces, sí que *eran* malos. Muchos bebés se morían, muchos adultos fallecían prematuramente y las bestias salvajes merodeaban por todos los rincones.

Era lógico esperar malos resultados porque eran los más probables. Hace miles de años, los homínidos que sentían miedo al escuchar un estruendo eran los homínidos que sobrevivían. La tendencia a la negatividad garantizaba su supervivencia.

En la Edad Moderna, sin embargo, la tendencia a la negatividad es un obstáculo que reafirma nuestro miedo al punto de llegar a debilitarnos. Hasta ahora habías sido una víctima de tu tendencia a la negatividad, dado que ésta había dominado tus pensamientos y tus acciones. Este programa te ayudará a anular esta tendencia, ya que te enseña a observar y reemplazar tus pensamientos negativos habituales. Pondrás a prueba tus bajas expectativas, empezarás a pensar en el mejor de los casos y escribirás nuevos finales, más alegres y realistas. Cuando hagas esto, estarás más preparado para que tu final feliz se haga realidad.

Cómo superar los fracasos del pasado

A veces, la tendencia a la negatividad surge de una mala experiencia que hemos tenido en la vida real, a la que denominamos *referencia experiencial negativa*. Por ejemplo, mi buena amiga Alison ha cogido cientos de vuelos que se han desarrollado sin incidentes. No obstante, no hace mucho, el avión en el que viajaba empezó a perder combustible y tuvo que realizar un aterrizaje de emergencia, una experiencia horrible. Ahora, cada vez que coge un avión, ¡se acuerda de aquel episodio! Fue un solo vuelo de cientos, pero únicamente ése es el que le viene a la cabeza.

Yo tuve una experiencia parecida hace muchos años, cuando yo tenía seis años, sólo que en vez de con un avión, fue con un caniche. Sí, un caniche. Era fin de semana y salí a dar un paseo con mi padre. A medida que nos íbamos acercando a casa, hice lo que la mayoría de los niños traviesos hacen: me alejé de mi padre, corriendo, hasta doblar la esquina. A esa edad, empezaba a explorar el entorno por mi cuenta. Hasta aquí todo fantástico, pero, un minuto o dos más tarde, mi padre recuerda verme correr nervioso de nuevo hacia él con un caniche detrás de mí, persiguiéndome. Es una historia muy divertida con la que él se parte de risa, sobre todo ahora cuando incluso la cuenta exagerando algunos datos, como cuando afirma que yo tenía dieciséis años por entonces—. Todavía nos reímos mucho con ella, a pesar de que esta experiencia negativa me dejara traumatizado hasta casi acabar el colegio y provocara en mí fobia a los perros.

Las referencias experienciales negativas también pueden pasarse de padres a hijos. Por ejemplo, muchos padres enseñan a sus hijos a recelar de los desconocidos y las calles concurridas, lo cual está bien. También experimentamos muchos miedos por imitación. Mi amiga Heather, por ejemplo, tiene el mismo pavor a las alturas que su madre. Durante muchos años, no estuvo segura de haber adquirido aquel miedo a través de su madre o si éste, simplemente, era genético. Lo tuvo claro cuando tuvo a su propia hija, una niña que, desde muy pequeña, parecía no tener miedo.

Un día, la pequeña también empezó a sentir miedo a las alturas, y Heather se dio cuenta de que ésta estaba captando toda la ansiedad que ella expresaba. En efecto, cuando su hija intentaba subirse a algún sitio alto, Heather la reñía y le decía que no lo hiciera. Incluso a veces, cuando la niña hacía cosas totalmente normales, como subir y bajar una escalera, Heather se ponía nerviosa y empezaba a gritarle: en consecuencia, la pequeña aprendió a reaccionar de la misma manera.

Puede que recuerdes o no tu referencia experiencial negativa. Es posible que ésta tuviera lugar cuando aún fueras demasiado pequeño como para recordarla. O, quizá, lo que condicionó que empezaras a tener miedo fue algo tan sutil que no te diste cuenta o no lo recuerdas. No pasa nada. Saber por qué tienes miedo no es tan importante como saber cómo neutralizarlo. Saber hacia dónde te diriges es mucho más importante que saber desde dónde vienes. Muchas personas están muchos años estancadas en un tratamiento que consiste en hablar de cómo eran hace treinta años, sin salir de esa fase. No quiero que te quedes encallado en el pasado, quiero que aprendas a vivir el presente.

Con este libro descubrirás cómo avanzar. Este programa te muestra cómo superar las referencias experienciales negativas poniendo a prueba las bajas expectativas que generan y comprobando que éstas son erróneas. De este modo, te convencerás de lo contrario y podrás darle una voz más positiva a tu conciencia.

Reflexiona

¿Conoces ahora los motivos que te hacen tener miedo? ¿Has conseguido ya atar los cabos? ¿Puedes vincular ese miedo a alguna referencia experiencial negativa? ¿Has visto cómo esa experiencia ha forjado y fortalecido ese miedo?

Por qué nos ponemos nerviosos

Además de contribuir a superar la actitud negativa, este programa también te ayuda a manejar la sensación de miedo (que se manifiesta de diversos modos como, por ejemplo, las palpitaciones) en tu propio beneficio.

A pesar de la creencia popular, la sensación de nerviosismo puede ser muy provechosa. Data de hace miles de años, cuando lo que el ser humano todavía no conocía, no comprendía ni podía prever era la potencial causa directa de su muerte. Si a los primeros humanos no les hubiera perturbado pasear por una verde pradera sin haberla pisado antes, por ejemplo, habrían acabado convirtiéndose en la cena de alguna bestia salvaje que estuviera al acecho. Es por eso por lo que los hombres y otros animales desarrollaron un miedo innato a lo desconocido. En un mundo peligroso e incierto, la capacidad de reaccionar con rapidez y determinación ante un peligro era imprescindible para nuestros antepasados prehistóricos. Por ello, la reacción de «lucha o huida» estaba conectada al sistema nervioso. En este libro, de ahora en adelante, me referiré a esta reacción como tu *reacción de miedo*.

Esta reacción de miedo está diseñada para proporcionarte una gran fuerza, sentido común y agilidad ante cualquier peligro. Cuando los primeros humanos eran atacados por bestias salvajes, su reacción de miedo los ayudaba a emprender la huida y también a encontrar el valor para enfrentarse al animal y golpearlo. Incluso les ayudaba a fingir su muerte cuando era necesario.

Hoy en día ya no solemos enfrentarnos a bestias salvajes, pero todavía disponemos de esa reacción de miedo. Cuando estás asustado, nervioso o tenso, tu cerebro activa el sistema nervioso simpático, para así segregar hormonas como la adrenalina y la norepinefrina, lo que puede dar lugar a una gran cantidad de reacciones distintas, entre las que se incluyen:

- **Aumento de fuerza y energía.** Tu ritmo cardíaco y tu respiración se aceleran en un esfuerzo para transportar más sangre oxigenada a tus músculos y así bombear glucosa en el flujo sanguíneo para que tu cerebro y tus músculos puedan quemarla con facilidad y rapidez, permitiéndote huir o esquivar al agresor. Esta fuente de fuerza y energía ha hecho posible, por ejemplo, que algunas madres levantaran los coches que tenían atrapados a sus hijos.
- **Agudización de la vista y el oído.** Hace posible que tengas una mayor capacidad para ver y oír, y así detectar más fácilmente a los depredadores.
- **Mayor resistencia.** El cuerpo transpira como parte de su reacción de miedo, lo que actúa como mecanismo de enfriamiento antes de correr e impide un sobrecalentamiento.
- **Menos dolor.** Durante su reacción de miedo, el cuerpo elimina la percepción de dolor. Es probable que, por esta razón, la víctima de un disparo no llegue a darse cuenta de que le han disparado hasta tiempo después de recibir el impacto. El dolor no empieza a tomar una gran intensidad hasta el momento en el que el herido se encuentra a salvo y la reacción de miedo ha desaparecido.

Cuando tu reacción de miedo está activada, todo tu cuerpo queda inmovilizado para conseguir un solo y único propósito: sobrevivir.

DI ADIÓS AL MIEDO: A la hora de afrontar un miedo, aquel que tiene valor se crece, mientras que el que tiene miedo retrocede.

Mucha gente piensa que la reacción de miedo es negativa, por lo que desean eliminarla. Este programa te enseñará a replantearte dicha negatividad. Tu reacción de miedo puede convertirse en una fuerza que puedes aprovechar y utilizar en tu propio beneficio. ¿No es fantástico, por ejemplo, saber que eres capaz de generar más fuerza de la que pensabas? Si quedaras atrapado bajo un objeto pesado, esta fuerza adicional que tu reacción de miedo genera te sería de gran ayuda. Y, si una ola gigantesca se dirigiera hacia ti, ¿no te gustaría saber que tienes la capacidad de correr mucho más rápido que en toda tu vida? Pasaría lo mismo en caso de que alguien te persiguiera: Huirías más de prisa de lo que nunca imaginaste que serías capaz. Yo no soy atleta, pero si en algún momento me persigue un tipo con una sierra eléctrica, puedes estar seguro de que echaría a correr a más velocidad de la nunca pensé que alcanzaría.

Esta reacción de miedo también puede venirte bien en situaciones que no son de vida o muerte. Puedes convertir el miedo en fuerza a la hora de pronunciar un discurso o mantener una conversación en una primera cita. Este programa te mostrará cómo.

Cómo el efecto contagio provoca miedo

También nuestra naturaleza primitiva e instintiva es capaz de propagar el miedo. Cuando el peligro acechaba en tiempos primitivos, una persona iba comunicándoselo a la otra hasta que todo el clan estuviera sobre aviso. Esto sigue ocurriendo en el mundo animal. Por ejemplo, cuando un ciervo detecta un peligro, levanta y mueve la cola. Después, los demás ciervos hacen lo mismo para alertar a toda la manada del peligro que les acecha.

Esta reacción instintiva unida a las modernas tecnologías puede propiciar que el miedo se contagie. Con sólo pulsar una tecla, en un solo clic, el mundo entero puede compartir información. Recuerda lo que ocurrió con la epidemia de la gripe A o la psicosis del efecto 2000. Piensa en todo lo que has leído sobre ataques terroristas y demás. ¿O has reenviado a tus amigos un correo electrónico en cadena? ¿Alguna vez has contado una leyenda urbana? Si es así, has contribuido a propagar el miedo.

No todo este miedo contagioso se basa en la realidad. Recibimos correos electrónicos, mensajes de texto y otros tipos de comunicaciones que nos advierten de la existencia de jeringuillas infectadas en butacas de cine, de hormonas de crecimiento inyectadas en las alitas de pollo que provocan cáncer de ovarios, y de ladrones que roban a las mujeres y las dejan desnudas en los baños de los centros comerciales.

¿No sientes algo de aprensión al leer esta retahíla de

caos y destrucción? ¡Yo tengo pavor con sólo escribirlo! Este programa te ayuda a superar el efecto contagio de varias maneras: te enseña a vacunarte contra los mayores desencadenantes del miedo, aunque a lo que más te ayudará este programa será a enfrentarte a los *repartemiedos*, esas personas que transmiten miedo, imponen la negatividad e intentan provocar un estancamiento en tu vida. Aprenderás a protegerte de ellas para así poder vencer el temor y mejorar tu vida.

Cómo anularás tu tendencia a tener miedo

Que el miedo sea instintivo y hereditario no significa que tú no seas capaz de afrontarlo, debilitarlo o, incluso, utilizarlo en tu propio beneficio. Claro que puedes hacer algo contra él. Hay una solución.

Este programa y los 5 pasos que lo componen te ayudarán a crear un contexto de seguridad en medio de la incertidumbre, a planificar tu futuro para que puedas crear el mayor contexto de seguridad posible.

Además de crear dicho contexto, te indicarán cómo enfrentarte a tu miedo de manera sistemática, y a respetarlo y utilizarlo para hacerte más fuerte. Cada vez que te enfrentes a él, estarás reescribiendo esas referencias experienciales negativas que te condicionaban desde el pasado. En resumen, estarás configurando nuevos recuerdos que te inspiren la confianza que necesitas para seguir enfrentándote a tu miedo una y otra vez.

La valentía no es la ausencia de miedo, sino la capacidad para afrontarlo. El programa que se desarrolla en este libro te muestra cómo conseguirlo.

¡Cambia tu vida ya!

Todos sufrimos una tendencia a la negatividad que nos hace recordar los malos momentos en vez de los buenos y esperar malos resultados, y no buenos. ¡Empieza a desafiar a tu tendencia a la negatividad ya! Cuando te des cuenta de que estás creando bajas expectativas —*«No le gusto»*, *«Mi madre se va a enfadar»*, *«A mi jefe no le va a gustar este informe»*, *«Mis amigos se han enfadado conmigo»*—, analiza tus ideas. **Pregúntate:**

- ¿Existe otra explicación igual de convincente?
- ¿Cabe la posibilidad de que todo se solucione?
- ¿Por qué estoy tan convencido de que todo va a seguir yendo mal? ¿Estoy previendo el futuro basándose en una situación del pasado?

Además, haz una lista de las veces que se cumplen tus malas predicciones. Estoy seguro de que te quedarás gratamente sorprendido al ver que casi todas ellas no se cumplen y que todo lo bueno compensa lo malo.

3

Tener miedo es estar estancado

Antes de recurrir a mí, muchos de mis clientes estaban estancados. Querían cambiar sus vidas, pero algo les impedía avanzar. Al principio, pensaban que estaban destinados a vivir frustrados para siempre. Sin embargo, resultó que sus problemas no tenían nada que ver con el destino, aunque sí con el miedo, lo que les hacía someterse a sus propias pautas de comportamiento.

A lo largo de los años, he conseguido identificar las trece pautas de comportamiento ante el miedo que hacen que las personas queden estancadas y no puedan luchar por sus sueños. Sabrás más cosas sobre ellas a lo largo de las siguientes páginas. Curiosamente, la gente suele recurrir a estas tácticas en un intento de reducir o esquivar el miedo, pero éstas suelen fracasar y, paradójicamente, acaban incrementando esa sensación. Este programa te ayudará a escapar de esas pautas de comportamiento que generan más miedo para que puedas, al fin, avanzar y diseñar la vida que estás destinado a vivir.

Di adiós al miedo a cambiar tu vida

En la siguiente tabla encontrarás una descripción de las trece pautas disfuncionales de comportamiento, además de las respectivas estrategias, altamente efectivas, que recomienda el programa para superarlas.

Pautas de comportamiento ante el miedo	Recomendaciones del programa
Quejarte de los problemas	Decide adónde quieres ir en vez de quejarte del lugar en el que estás ahora. (Paso 1)
Seguimiento de terapias ineficaces	Emprende un programa que te ayude a liberarte de las constantes quejas y te anime a enfrentarte a tu miedo y cambiar tu vida. (Pasos 1-5)
Toma de medicación	Aprende a controlar y anular tu reacción de miedo. (Paso 4)
Tendencia a fantasear	Crea un plan de acción que te lleve desde el Punto A (ahora) hasta el Punto B (la vida que deseas tener). (Paso 5)
Resignación	Enfréntate a tu miedo en dosis pequeñas e inofensivas que permitan seguir cosechando logros, reunir valor y avanzar. (Paso 5)
Obsesión con los problemas	No dejes de buscar soluciones. (Paso 3)

Pautas de comportamiento ante el miedo	Pautas de comportamiento ante el miedo
Negativización	Reconstruye los pensamientos negativos en forma de afirmaciones positivas y motivadoras. (Paso 3)
Control de lo incontrolable	Controla lo controlable. (Pasos 2 y 3)
Tendencia a darse por vencido ante el fracaso	Reconstruye el fracaso para obtener pequeños logros. (Pasos 3 y 5)
Sensación de incomodidad ante el miedo	Toma las riendas para dejar de depender del miedo. (Paso 2)
Hiperreflexión	Emprende un plan de acción. (Paso 5)
Complacencia ante los demás	Aléjate de los repartemiedos. (Tarea n.º 3)
Lavado de cerebro societal	Protege tu lista de sueños contra el miedo. (Paso 1)

Quien tiene miedo se queja de sus problemas

Rachel estuvo yendo a un psicólogo durante años, pero no parecía mejorar. Seguía teniendo el mismo miedo y nerviosismo que tenía antes de comenzar su primera sesión.

No obstante, su amiga Linda también tenía problemas relacionados con el miedo y la ansiedad, y experimentó una mejoría a los pocos meses de empezar a visitarme. Rachel se preguntaba cómo Linda había logrado superar sus problemas con tanta facilidad.

«¿Será que mis problemas son peores? —se preguntaba—. Puede que yo esté más fastidiada que Linda.»

Sin embargo, ella sospechaba que algo estaba ocurriendo. ¿Sería posible que su terapia no funcionara?

Decidió averiguarlo, así que me llamó para hacerme unas cuantas preguntas. Me dijo que había estado yendo a su psicólogo desde hacía seis años.

—¿Cómo te va? —le pregunté.

—Pues… me viene bien desahogarme —respondió ella.

—¿Para qué te ha servido estar desahogándote durante seis años? —inquirí.

—Para no empeorar, al menos. Me gusta desahogarme —contestó.

¡«Me viene bien desahogarme»! No sé cuántas veces he escuchado esta frase, sobre todo cuando mis pacientes me hablan de su anterior psicólogo. El problema es que el hecho de desahogarse tan sólo supone un mero alivio temporal, ya que no muestra a quien padece un problema las estrategias que necesita llevar a cabo para experimentar una mejora. La prueba está en que, antes de recurrir a mí, estos pacientes ya han pasado varios años siguiendo otra terapia. Para ellos, la relación paciente-psicólogo era de codependencia: el primero dependía del apoyo emocional que le daba el segundo, y éste dependía del aquél por dinero. Los pacientes sentían una gran necesidad de que alguien les escuchara. Los psicólogos sentían una gran necesidad de pagar sus gastos e, incluso, sus vacaciones de verano. Para seguir recibiendo las visitas de sus pacientes, los psicólogos les advertían de las terribles consecuencias emocionales que tendría el hecho de no continuar con la terapia.

Resultado: estas personas nunca mejoraron.

He escuchado a mis pacientes contar demasiadas veces esa historia sobre sus anteriores psicólogos, y resulta frustrante. ¿No se supone que los psicólogos deben ayudar a la gente? ¿Por qué infunden miedo a quienes están en tratamiento diciéndoles que no pueden abandonar la terapia? ¡Menuda tragedia!

La primera vez que orienté a Rachel, le expliqué que había una gran diferencia entre sentirse mejor y efectivamente mejorar, y le dije que yo quería que mejorara.

Y ella también quería mejorar.

Le expuse que mi método era diferente, que yo no era uno de *esos* psicólogos, porque no me limitaba a asentir con la cabeza y escuchar cuando mis pacientes me contaban sus problemas, sino que los ayudaba a actuar para solucionar sus problemas. Mi método era original, era interactivo. Yo ponía deberes para que así mis pacientes tuvieran siempre claro su objetivo, que era mejorar.

Le propuse a Rachel que hiciera una sesión conmigo, y le pedí que me trajera una lista con los objetivos que quería lograr mediante la terapia.

Durante su primera sesión, me contó que se sentía desbordada por el estrés que estaba sufriendo en su trabajo en un departamento de ventas, que no se sentía a gusto en su relación, que tenía falta de autoestima y que le daba pavor el matrimonio debido al divorcio de sus padres. Ninguna de estas cosas parecía requerir una terapia de seis años. Hablamos un poco sobre un problema que había tenido ese día: no sabía cómo convencer a su novio para que la acompañara a sus cenas de empresa, lo cual le causaba cada vez más frustración y desánimo.

—¿Cómo se lo pides? —le pregunté.

—Le digo que tiene que venir conmigo porque es mi pareja. Su respuesta siempre es que está ocupado, que tiene que atender sus propias obligaciones y tareas, y que él nunca me ha obligado a mí a acompañarlo a donde él tiene que ir.

En seguida supe que se equivocaba con esa actitud, ya que ésta era exigente, negativa y poco estimulante. ¿Por qué *querría* acompañarla?

Le pregunté si lo acompañaría en caso de que él se lo pidiera del modo como ella lo hacía y la expresión que vi en su cara me dio la respuesta: ¡«Dios mío»!

Le di un papel para que escribiera todas las razones por las que quería que su novio la acompañara, aparte de «porque es mi pareja». Escribió cosas como: «Es encantador. Se lleva bien con todo el mundo. Sería una buena oportunidad para que conociera a mis compañeros de trabajo y entendiera mejor mi profesión. Puede que se lo pase bien y salga de la rutina…».

Y nunca le había dicho ninguna de ellas.

Luego hicimos una escenificación para que aprendiera a tener una actitud más positiva. Al final de la sesión, se llevó estos deberes:

1. Escribe tus puntos fuertes.
2. Escribe cómo crees que tu pareja te ve.

Le dije que yo sí estaba seguro de poder ayudarla, y también le pedí que me preguntara todo lo que quisiera. Me sonrió con una expresión de asombro.

—¿Va todo bien? —quise saber.

—Me ha ido mejor en una sola sesión contigo que en seis años con mi anterior psicólogo —me confesó.

—¿Qué te llevó a tomar la decisión de probar con una nueva terapia? —le pregunté.

—Hace unas semanas, le pedí a mi psicólogo que me diera algún consejo. Él me contestó: «Nos vemos la semana que viene». Entonces me di cuenta de que nunca íbamos a llegar a ningún sitio.

La suya, por desgracia, es una historia típica. Es la norma y no la excepción.

Compruébalo

Pide a diez de tus amigos que te expliquen cómo ven ellos la psicología. Supongo que nueve de cada diez te dirán que los psicólogos son como cajas de resonancia y que la psicología consiste en desahogarse un rato mientras tienes a alguien escuchándote.

Quien tiene miedo está estancado con su terapeuta

He escuchado como un paciente detrás de otro ha ido contándome que yo era el quinto, octavo o décimo psicólogo al que acudían. ¡He tenido pacientes que han estado yendo a otros psicólogos durante doce años y no han notado ninguna mejoría! Estos profesionales se dedicaban a asentir con la cabeza y no decir prácticamente nada, además de mirar el reloj una y otra vez durante toda la sesión, dormirse y estar más preocupados por cobrar que por resolver los problemas de quienes acuden a sus consultas.

La terapia que yo llevo a cabo está orientada a resultados, responde a un objetivo y mantiene el interés de mis pacientes en conseguir sus objetivos. Con todo, sigue siendo muy frecuente que los psicólogos sean los principales responsables de que mucha gente siga atrapada en su miedo, ya que prolongan sus problemas y reafirman su comportamiento negativo. En efecto, dado que los pacientes nunca reciben directrices para avanzar, permanecen esclavos de su terapia psicológica: los psicólogos les obligan a hablar de sus problemas y miedos sin cesar, en vez de persuadirlos para que intenten solucionarlos.

Es muy triste. Cada vez que escucho esas historias sobre psicólogos que no ayudan a mejorar a sus clientes, pienso: «¿Cómo es posible que haya gente que pague para eso?». Si tu peluquera te cortara mal el pelo una y otra vez, ¿seguirías siendo su cliente? Si un restaurante te sirviera una mala comida y tú te quedaras con hambre, ¿seguirías yendo a él? No seguirías con el mismo entrenador personal si no consiguieras ponerte en forma, ¿verdad?

No, seguro que no lo harías.

Aun así, la gente sigue acudiendo a psicólogos que no le ayudan. No continúan porque disfruten estando estancados; lo hacen porque no conocen a ninguno que lo haga mejor. No se dan cuenta de que hay métodos más efectivos, porque asumen que todos los psicólogos tienen que comportarse como cajas de resonancia. Es por ello que, semana tras semana, siguen volviendo, a pesar de no lograr sentirse independientes ni aprender a hacer frente a sus vidas y de ver cómo sus problemas se prolongan. Éste es uno de los motivos que me llevaron a escribir este libro: quiero que la gente mejore su vida y que no pierda tiempo y dinero con psicólogos que no los ayudan a conseguirlo.

Si estás acudiendo al psicólogo equivocado, entonces puede que te hagas más dependiente y no menos. Es probable que éste sea la única persona que te escuche y te preste atención, o que sea el único con el que tú puedas desahogarte. Esto te hará sentir especial, y por eso te sientes bien al acabar la sesión, pero lo que no sabes es que hay una gran diferencia entre sentirse bien y estar mejor, y esa diferencia es la que te separa del éxito.

Tu psicólogo te escucha, por lo que ya cuentas con un apoyo, pero ¡ese apoyo tiene un precio muy alto! Calculémoslo: si lo estás pagando de tu propio bolsillo, una sesión te costará unos ochenta euros. Multiplícalo por cincuenta y dos semanas, y luego por cinco años, y habrás pagado unos veintiún mil euros. Tú y un acompañante podríais haber viajado a París en primera clase y haberos alojado en el Four Seasons, uno de los hoteles más caros del mundo, durante una semana.

Pongamos, también, que tienes un seguro y que sólo tienes que pagar veinte euros por sesión: la terapia infructuosa seguiría saliéndote cara. Eso son 20 euros × 52 semanas × 5 años = 5.200 euros. ¡Piensa en qué otra cosa podrías haber gastado ese dinero!

Es mucho tiempo y mucho dinero por un servicio que no te ayuda a estar mejor. Podrías hacer lo mismo (aunque por menos dinero) contándole tus problemas a tu perro o a una de tus figuritas de porcelana.

No estoy en contra de la psicología. Al fin y al cabo, yo también la ejerzo. Pero es probable que existan más psicólogos incompetentes que competentes. La gente con miedo se queda atrapada en la consulta de los incompetentes. Quien no tiene miedo es capaz de cambiar de psicólogo si la terapia no le funciona.

Si estás yendo al psicólogo o quieres ir al psicólogo como complemento a la lectura de este libro, pero no quieres volver a uno que lo único que haga sea escucharte y no decirte lo que puedes hacer, y tampoco quieres volver a uno que te pregunte una y otra vez por «aquellos maravillosos años», entonces, entrevístate con varios psicólogos para hacerte una idea de sus principios y del método que utilizan. Pregúntales cosas como: «¿Cómo me puedes ayudar?» o «¿Qué procedimientos llevarás a cabo para ayudarme a superar mi miedo?».

Haz caso de estos consejos cuando busques un psicólogo:

- **Usa el método de citas rápidas.** Ve a conocer a muchos para preguntarles por su metodología y sus principios, y quédate con el que mejor se adapte a lo que buscas.

- **Busca a alguien que esté orientado a resultados.** Pregúntales: «¿Cómo piensas ayudarme?» «¿Cuánto suelen tardar tus pacientes en acabar la terapia?» «¿Qué estrategias me enseñarás para que pueda superar mi problema?».
- **Marca tus objetivos.** Dile a tus potenciales psicólogos qué es lo que deseas conseguir. Sé específico, sugiéreles que encuentren un modo de supervisar tu evolución y establece una fecha para valorar los resultados.

Quien tiene miedo busca la pastilla milagrosa

La idea de hablar en público genera una gran ansiedad en muchas personas. Algunas simplemente lo evitan, lo cual puede aumentar el miedo. Cada vez hay más gente que me dice: «Yo no tengo problemas para hablar en público. Me tomo un Xanax un rato antes y todo va genial».

¿Un Xanax?

El Xanax (alprazolam), el Ativan (lorazepam), y el Klonopin (clonazepam) son medicamentos que se usan para tratar la ansiedad y los ataques de pánico. Actúan calmando al cerebro, pero sus efectos secundarios más frecuentes incluyen cansancio, mareos, fatiga y dificultad de concentración. ¿De verdad quieres sentirte así antes de hablar en público? ¡Así es como yo no me querría sentir! Yo prefiero estar lúcido, enérgico y concentrado.

A la sociedad en la que vivimos le obsesionan las soluciones rápidas. Cuando ganamos peso, buscamos una pastilla milagrosa, un batido o una liposucción que nos devuelva a nuestra delgadez. En vez de ahorrar dinero a lo largo de los años, lo gastamos en lotería. En vez de intentar dormir más, tomamos cafeína.

Gracias, en parte, a la publicidad, la idea de las soluciones rápidas nos entra en la cabeza. Es raro que pongas la televisión a altas horas de la noche y no te encuentres un anuncio de Teletienda que prometa reducir la grasa, quitarte años de encima o hacerte rico de la noche a la mañana.

Aun así, como mi padre siempre dice: «Si parece demasiado bonito para ser verdad, probablemente no lo sea». Tomar ansiolíticos para enfrentarse al miedo es demasiado bonito para ser verdad. Es probable que las pastillas te tranquilicen, pero no aportan ninguna reflexión ni estrategia que te ayude a solucionar tus problemas.

Lo más preocupante es que sí pueden empeorarlos. Por ejemplo, ¿qué ocurriría si tuvieras que hablar en público y hubieras olvidado la pastilla en la que depositas toda tu confianza? Pongamos que estás en una reunión y tu jefe pide tu intervención. O pongamos que estás en un congreso y te solicitan que cubras la baja de un conferenciante. ¿Cómo te enfrentarías a ello? ¿Te derrumbarías, o perderías la oportunidad por no llevar esa pastilla que te ayuda a llevarlo a cabo?

Podría hacer la misma pregunta para casi todos los miedos que tú creas que la medicación pueda ayudarte a aplacar. Conozco a muchas personas que recurren a una pastilla antes de una cita, por ejemplo. Pero ¿qué pasa si conoces a alguien en algún evento? ¿Qué harías sin tus ansiolíticos? ¿Te daría un infarto? ¿Te pondrías de los nervios? ¿Te irías corriendo?

Del mismo modo, conozco a algunas personas que toman pastillas para superar el miedo a volar. Es probable que al principio pienses: «¿Dónde está el problema?». Al fin y al cabo, no todo el mundo está acostumbrado a volar todos los días. ¿Por qué no confiar en una pastilla para poder enfrentarte a una situación que sólo tiene lugar una o dos veces al año? Por lo siguiente: ¿Qué pasa si tu vuelo llega con retraso y despega justo cuando la pastilla deja de hacer efecto? Esto mismo le pasó a una amiga mía: su esposo la tuvo que obligar a subir al avión mientras ella gritaba, chillaba y pataleaba. Otra situación más: ¿Qué pasa si el avión tiene que hacer un aterrizaje de emergencia? ¿Qué pasa si algún pasajero tiene algún problema? ¿No te gustaría poder actuar de inmediato en estos casos? ¿De verdad te encontrarías en plenas facultades estando bajo los efectos de un tranquilizante?

Los medicamentos ansiolíticos no solucionan tus problemas, y tampoco te muestran cómo afrontar y vencer el miedo. No te hacen reflexionar sobre tus errores en la vida; hacen algo peor: crean un hábito y provocan efectos secundarios que incrementan el miedo. Por ejemplo, ¿crees que podrías mantener una conversación interesante durante una primera cita habiéndote quedado aturdido tras tomar ansiolíticos?

Los pacientes que antes de recurrir a mí tomaron Xanax y otros medicamentos ansiolíticos se lamentan por no haber sido capaces de pasar de la primera cita y confiesan que se sienten desagradables y despreciables. En cualquier caso, hemos comprobado que lo desagradable no eran ellos, sino su estrategia para enfrentarse a la situación. Cuando consiguieron encontrar el valor para apartarse de los fármacos, dejaron de comportarse como unos torpes aburridos y apagados y empezaron a ser ellos mismos. La primera cita pronto se convirtió en la segunda y en la tercera…

Del mismo modo, el hecho de recurrir a una pastilla antes de hablar en público te garantiza un discurso mediocre y la reacción del público irá acorde con él, lo que fortalece el miedo. Por otro lado, si aprendieras a hablar en público sin recurrir a ningún medicamento, serías capaz de hacerlo con energía y lucidez. Además, las probabilidades de captar la atención de la gente serían mucho mayores. Como resultado, el público reaccionaría prestando atención, haciendo preguntas, riéndose, aplaudiendo y dándote las gracias. Todo esto te hará pensar: «No sé por qué me daba tanto miedo hacerlo. No es tan malo». Ése es el estímulo positivo que necesitas.

Por desgracia, los médicos recetan estas pastillas demasiado a la ligera y la gente las pide también demasiado a la ligera. Todas las semanas, un paciente nuevo me cuenta que su médico de cabecera le ha recetado sin problemas medicación para la ansiedad.

Así es nuestra sociedad. A veces pregunto a los médicos cómo solucionarían el problema si no les fuera posible extender recetas. Se quedan estupefactos, porque, cuando sólo dispones de un martillo, todo lo que ves a tu alrededor te parece un clavo. Cuando sólo dispones de un bloc de recetas, resulta que todos los pacientes que van a tu consulta necesitan una pastilla.

Reflexiona

¿Qué crees que ocurriría si acudieras a tu médico de cabecera para decirle que te sientes triste, que no puedes ni levantarte de la cama, que te sientes bajo presión y estás desorientado? ¿Cuánto crees que tardaría en recomendarte tomar medicación? Estoy seguro de que saldrías de la consulta con una receta en la mano.

Cuando tengo un paciente que toma varios medicamentos, uno de mis mayores objetivos es ayudarlo a que deje las pastillas. Lo consigo, siempre y cuando esté motivado y dispuesto a hacer un esfuerzo.

Evidentemente, existen algunos casos en los que la gente sí que necesita esos medicamentos; sin embargo, para la mayoría de las personas esto no es así. En muchos casos, el médico los receta para tratar lo que podría ser el equivalente de un resfriado psicológico. Es como inyectar morfina en un corte hecho con un papel. Es innecesario e incluso contraproducente.

Si en estos momentos te encuentras tomando medicación, no la dejes sin consultar antes a tu médico. Tan sólo debes saber que pueden no ser la solución. Para vencer el miedo de verdad, debes estar abierto a otro tipo de soluciones.

Reflexiona

Si tomas ansiolíticos para enfrentarte a los momentos de miedo, piensa en cómo te enfrentarías a ese miedo si los ansiolíticos no fueran una opción. ¿Qué harías? Si algún amigo tuyo tomara medicación para controlar un miedo en concreto, ¿qué consejo le darías para que lo combatiera sin recurrir a ninguna medicación?

Quien tiene miedo sólo desea mejorar

En el gran bestseller *El secreto*, Rhonda Byrne habla de lo que ella denomina Ley de la Atracción. Según esta ley, eres tú quien tiene el poder para atraer lo bueno o lo malo. Puedes «manifestar» todos tus deseos siempre y cuando sepas lo que realmente quieres y te lo plantees con determinación. Según *El secreto*, sólo tienes que visualizar lo que quieres, desearlo, creer que ya lo tienes y comportarte como si ya lo tuvieras en tu vida.

Si quieres ser millonario, por ejemplo, tendrías que visualizarte siendo millonario. Tendrías que pedirle al universo que te hiciera millonario. Tendrías que enmarcar un cheque falso de un millón de euros, colgarlo en la pared y mirarlo todos los días. Y harías todo lo que suelen hacer los millonarios, como, por ejemplo, comprarte bolsos de diseño. El dinero no tardaría en aparecer en tu cuenta bancaria.

Nos gustaría creer que conseguir aquello que queremos es así de fácil y asequible, pero no es verdad. Es cierto que los cambios se consiguen a base de voluntad, pero también de pericia, esfuerzo y perseverancia.

DI ADIÓS AL MIEDO: Quien no tiene miedo no desea el cambio, lo emprende.

Cuando yo era niño, solía meter la cabeza bajo la almohada, cerrar los ojos con fuerza e imaginar que era Superman o Luke Skywalker. Así, conseguía ser un héroe. En estas fantasías, me ponía a volar para acudir al rescate de las Lois Lanes que en aquel momento había en mi vida. Funcionaba, y las rescataba una y otra vez, pero sólo mientras mantuviera la cabeza bajo la almohada y apretara los ojos.

En cuanto abría los ojos y me enfrentaba a la vida real, volvía a ser tan cobardica como siempre. Desear ser un héroe no me convertía en tal.

Con el paso del tiempo he sido consciente de que, ya no importa durante cuánto tiempo enterré la cabeza bajo la almohada, lo que tiene importancia es que nunca conseguí volar ni rescatar a esa damisela en apuros.

Del mismo modo, estuve años y años deseando tener unos bíceps voluminosos y tonificados. Imaginé esos bíceps *durante años*. Hoy por hoy, siguen siendo ridículos. ¿Será que no los deseé lo suficiente? No lo creo. Supongo que si les hubiera dedicado más tiempo, si hubiera contratado a un entrenador personal y hubiera hecho pesas, habría conseguido unos bíceps más definidos. No puedes desear que tus bíceps se desarrollen; tú haces que tus bíceps se desarrollen. Lo mismo ocurrirá con otras cosas que desees. *El secreto* te invita a tener ilusión, algo imprescindible, pero también es imprescindible seguir una estrategia y un plan de acción: dos significativos ingredientes que *El secreto* no incluye.

Compruébalo

No estoy diciéndote que tienes que renunciar a tener ilusión, pero sí te digo que deberías empezar a considerar otras opciones. Si te gusta La Ley de la Atracción, me gustaría que reflexionaras sobre estas cuestiones:

- ¿Para qué te sirve tener ilusión por algo?
- ¿Alguna vez has conseguido que alguno de tus sueños se hiciera realidad gracias a tu ilusión, sin haber realizado ningún esfuerzo por tu parte?

Supongo que no. Si hubiera sido así, todavía confiarías en esas técnicas y no estarías leyendo este libro.

Para que puedas comprobar la diferencia, hablemos de mi deseo de publicar este libro. Como cualquier escritor, siempre he querido que mi libro tuviera un gran número de lectores. Sueño con llegar a millones de ellos y ofrecerles mi ayuda, y con verlo en la lista de los más vendidos de *The New York Times*. Según *El secreto*, lo único que tengo que hacer es desearlo y confiar en que se va a cumplir. Lo logré durante un microsegundo, y después me di cuenta de que tener ilusión, fantasear y esperar milagros no era lo mismo que realizar un sabio esfuerzo para llevar a cabo una estrategia. Si yo únicamente hubiera hecho lo primero, ahora mismo tú no estarías leyendo esta obra.

Lo que sí hice fue lo siguiente: me propuse realizar un plan consistente en unos pasos concretos para poder alcanzar mi verdadero objetivo. Por supuesto, todo empezó con una fuerte visualización. Visualicé los pasos que tenía que dar para conseguirlo, y no el resultado final. Me vi, por ejemplo, esculpiendo una idea fascinante, colaborando con una escritora profesional, rodeándome de gente inteligente que me podía guiar, firmando la realización del proyecto, escribiendo el resto del libro y proponiendo un plan de marketing. Con este programa, tú también podrás visualizar y confeccionar un plan de acción que te permita vencer tu miedo y alcanzar tus objetivos.

Compruébalo

En la universidad, ¿con cuál de estos métodos crees que podrías obtener una nota media de 10?

- ¿Mirando fijamente un papel en el que puedas leer un enorme 10 escrito?
- Yendo siempre a clase, estudiándote los apuntes y asistiendo a tutorías con el profesor cuando fuera necesario.

Con el segundo, ¿verdad? Es aplicable a cualquier objetivo que te marques. Esfuerzo equivale a éxito.

Los deseos suelen ser el producto de un miedo. La gente no recurre a ellos porque se vayan a cumplir rápidamente, sino porque les permiten esquivar su miedo. Los deseos ayudan a eludir el desasosiego, el nerviosismo, el cambio, la ansiedad y la presión. Es mucho más fácil y menos angustioso mirar fijamente un cheque falso de un millón de euros, que pedirle a tu jefe una subida de sueldo o esforzarte más en el trabajo. Pero ¿qué método puede resultar más lucrativo para tu cuenta bancaria? El más angustioso.

Recurrimos a la religión, la ilusión y la imaginación cuando tenemos miedo de que ocurra algo malo. Por ejemplo, evitamos ir al médico por miedo, pero rezamos para tener buena salud. No queremos comprobar el saldo de nuestra tarjeta de crédito, pero deseamos tener mucho dinero. No nos acercamos a las personas con las que nos gustaría salir, sino que continuamente idealizamos a nuestra pareja perfecta y deseamos que nos corresponda, pensando de forma constante en ella. Tememos no tener éxito, y por ello recurrimos a desear escribir un libro en vez de empezar a escribirlo.

Es normal que, frente al miedo, nos resulte más fácil recurrir a la fantasía que a la realidad.

Reflexiona

Visualiza todos los pasos que crees que tienes que dar para alcanzar tu objetivo. Cierra los ojos y verás lo que debes hacer primero, lo que debes hacer después, y después. Por ejemplo, si quieres mostrarte más seguro de ti mismo a la hora de hablar en público, visualízate organizando tu discurso, practicando día a día, esperando tu turno y, finalmente, pronunciándolo. No pienses sólo en el final, que sería el aplauso del público. Asegúrate de que también visualizas el principio y el desarrollo del discurso.

Asimismo, piensa en cómo podrías conseguir que lo que deseas se hiciera realidad. ¿Cómo puedes hacer realidad tus sueños? ¿Cuáles son los miedos que te provocan tener ilusión por conseguir el éxito en vez de buscarlo?

Quien tiene miedo huye de lo que le asusta

Así es como, normalmente, la gente se enfrenta al miedo, y parece ser que tiene su lógica. Después de todo, ¿por qué, si no, te acercarías a algo que te asusta o te hace daño? Por ejemplo, no te tirarías por un puente por mucho que yo te pidiera que lo hicieras, aunque te garantizara que todo iba a salir bien. Tampoco te pegarías fuego. En estas situaciones, tu miedo te detendría *por un buen motivo*: impediría que optaras por la muerte segura en una cuestión de vida o muerte.

No obstante, el problema es que la mayoría de los miedos no tienen nada que ver con situaciones de vida o muerte. Por ejemplo, no conozco a nadie que haya muerto por pronunciar un discurso, por obligarse a salir a la pista de baile o por acercarse a una chica para pedirle una cita.

Estas situaciones no nos matan. La ansiedad, sobre todo si evoluciona en ataques de pánico, puede darte la sensación de estar muriéndote, pero nadie se ha muerto de un ataque de pánico. Tarde o temprano, el pánico desaparece.

Como nos asusta tener miedo, mucha gente corre en la otra dirección mientras se dicen cosas tales como: «No soy capaz de hablar en público», «No soy capaz de bailar» y «No soy capaz de pedir que me suban el sueldo».

Sin embargo, lo cierto es que sí eres capaz. En la gran mayoría de las situaciones, el miedo no se fundamenta en la realidad. Está todo en tu cabeza, y no es tan horrible como en un principio lo vemos.

DI ADIÓS AL MIEDO: Ponerse nervioso es algo normal. Es peor huir del miedo que enfrentarse a él para así poder vencerlo.

Puede que pienses que tú no necesitas enfrentarte a esos miedos, que sortearlos no te hace ningún daño, pero estamos ante un doble problema. Por un lado, debe de ser muy difícil librarte de ese miedo. Es evidente que, si tienes miedo a las serpientes, sí que podrás pasar toda la vida sin enfrentarte a él. Pero otros muchos miedos no tienen nada que ver con esto. Por ejemplo, yo tengo miedo a bailar, y nunca me he enfrentado a él porque no he visto la necesidad de hacerlo, dado que no voy a una pista de baile todos los días. No hace mucho tiempo, estuve en la boda de mi prima y ella me sacó a bailar. Me puse tan nervioso, que me negué a hacerlo. ¡La novia me sacó a bailar y yo me negué a hacerlo! ¿Qué clase de persona soy? Unos días más tarde, deseé haberme enfrentado a ese miedo.

Por otro lado, cuanto más evites enfrentarte a tu miedo, más se incrementará éste. Al hacerlo, te estás diciendo a ti mismo que *es una situación horrible.* Eludirlo y ponerte a pensar refuerza el propio miedo, lo que provoca que éste aumente y resulte más agotador.

Reflexiona

Piensa en todo lo que estás perdiéndote al evitar ciertas situaciones. ¿Acaso no sería tu vida más satisfactoria si no sintieras la necesidad de huir de tu miedo? ¿Qué harías para que así fuera? Imagina una vida sin miedo, ¿cómo sería?

Quien tiene miedo percibe problemas

Hace muchos años, mientras estudiaba en la universidad, viví en el Bronx. Todos los días de delincuencia, solía coger el metro para trasladarme a Manhattan. En él pasaba por algunas de las zonas con más delincuencia de la ciudad de Nueva York. Mi casero me aconsejó que no cogiera el metro a esas horas, debido a los altos índices de criminalidad. De resultas, llegué a sentir un miedo terrible. Me preocupaba, y tal vez no era en vano, que alguien intentara atracarme.

No podía dejar de hacer ese trayecto. Necesitaba ir y volver a Manhattan, y no tenía dinero para mudarme a cualquier otro barrio o para coger taxis. Por eso, decidí idear varias maneras de aparentar ser intocable. Quería ser la clase de pasajero con el que nadie querría meterse. Soy larguirucho, por lo que la intimidación física estaba descartada. Sabía que ni en un millón de años podría hacer pensar a la gente: «Ese tipo podría patearme el trasero».

Me pregunté: «¿Cuáles son mis puntos fuertes?». El conocimiento de las enfermedades. Sabía mucho sobre este tema gracias a mis estudios, a diferencia de la mayoría de gente. Era consciente de que a la gente le asustaba lo que no conocía y de lo incomprendidas que eran las enfermedades mentales. A pesar de que los enfermos mentales suelen ser inofensivos, a muchos le dan miedo, bien por desconocimiento, bien por incomprensión. Me basé en esta incertidumbre para elaborar mi estrategia.

«¿Qué suele hacer la mayoría de la gente cuando ve a alguien que parece un enfermo mental? ¿Qué hace cuando ve que alguno de ellos le habla?»

No se acercan, ¿a que no? Nadie podría meterse con alguien así.

Por eso, mientras esperaba en el andén, yo caminaba de un lado a otro sacudiendo la cabeza, hablando solo y realizando la mejor interpretación de alguien que escucha voces y ve cosas y personas que no pueden ver los demás.

Funcionó. ¡Nadie se acercó a mí! De hecho, la gente me *rehuía*. Me tenían miedo. Imagina la escena.

Sin embargo, puede que ésa no sea la estrategia que

tú elijas para enfrentarte a una situación similar. Aun así, a mí me funcionó, y ése es un ejemplo de pensamiento orientado a resultados. Podía haber pensado: «Soy un cobardica, un blanco fácil. Tengo que mudarme a otro barrio». También podía haberme obsesionado con el problema y permitir que éste me anulara por completo. Pero, en vez de hacer eso, me centré en encontrar una solución. Tú también aprenderás a hacer eso con este libro.

Reflexiona

¿Te parece que tu miedo es un problema insoluble? ¿Serías capaz de usar tu miedo para encontrar una solución? Abre tu mente. Sé creativo. Cambia tu modo de pensar para poder encontrar soluciones allí donde sólo veías problemas.

Quien tiene miedo se centra en lo negativo

Como iba diciendo, el miedo tiene que ver con lo desconocido, con la incertidumbre. Nuestra mente no tiene todas las respuestas, por lo que intenta cubrir los espacios en blanco por medio de cualquier historia plausible que sea un adelanto de los acontecimientos. Para aquel que es esclavo de su miedo, esta historia suele ser negativa. Si una mujer no recibe ninguna llamada de un hombre con el que ha estado quedando varios días, por ejemplo, pensará: «Seguro que está casado» o «No le gusto». Su incertidumbre la lleva a pensar en el peor de los casos.

Como ya hemos visto anteriormente, esto se debe a tu tendencia a la negatividad. La información negativa tiene un mayor impacto sobre el cerebro que la información positiva, además de que la procesamos más rápido.

Compruébalo

Dibuja varias caras en un papel o en el ordenador. Deben tener diferentes expresiones: de felicidad, de enfado, de tristeza... Enséñaselas a varias personas a la vez. Te darás cuenta de que verán antes las caras de enfado (negativas) que las de felicidad (positivas).

Entonces, ¿qué tiene que ver todo esto con dejar de tener miedo? ¿Puedes superar tu tendencia a la negatividad? Sí, y eso es exactamente lo que la gente que no tiene miedo ha aprendido a hacer. Cuando se dan cuenta de que están previendo malos resultados, se preguntan: «¿Es una previsión acertada?» «¿Hay otra explicación posible?» «¿Cómo sé que realmente pasará esto?».

DI ADIÓS AL MIEDO: La gente que no tiene miedo se enfrenta a su negatividad. Cuando se ponen en el peor de los casos, se preguntan: «¿Dónde está la evidencia?».

El pensamiento negativo no es malo. Es normal, natural y forma parte de nosotros. Lo único que te pido es que seas consciente de él. Cuando te des cuenta de que te vuelves negativo, procura no preocuparte por ello u obsesionarte. Simplemente reconócelo y luego intenta positivizarlo. Por ejemplo, el diálogo interno de alguien que siente miedo en medio de un atasco será así: «Lo que me faltaba: un atasco. Esto es horrible. Voy a llegar tarde y todos se van a enfadar conmigo. Espero que no me despidan. ¿Y si me despiden? ¿Qué voy a hacer?».

Una persona que no tiene miedo, sin embargo, habría desarrollado un diálogo interno diferente. Habría sido así: «Me fastidia estar en medio de un atasco y llegar tarde al trabajo. No me gusta llegar tarde, pero puedo llamar a la oficina y avisar de lo que ocurre».

Para aprender a positivizar tu pensamiento negativo, lee esta conversación que mantuve con una clienta. A Kristen le daba miedo hablar en las reuniones de trabajo. Cuando le pedían que lo hiciera, le daba vergüenza y la voz le temblaba. Así fue mi primera conversación con Kristen.

Yo: ¿Qué te pasa por la cabeza cuando te piden que hables?

Kristen: Que no tengo nada inteligente que decir, que van a juzgarme.

Yo: ¿Por qué crees que piden tu intervención en las reuniones?

Kristen: No lo sé… tal vez porque quieren escuchar lo que tengo que decir.

Yo: ¿Por qué otras razones crees que lo hacen?

Kristen: Puede que quieran conocer mi opinión, escuchar mis ideas.

Yo: No se trata del colegio, no te está poniendo nota ningún profesor. Se trata del trabajo. Creo que tienes razón, que lo que quieren es escuchar lo que tienes que decir. Quieren escuchar tus ideas y tener en cuenta tus opiniones. No te ponen nota.

Kristen: Pienso que tienes razón.

Le dije que las reuniones no eran para ponerle nota a ella, sino que eran para compartir información, que no juzgaban sus intervenciones, que simplemente las escuchaban.

Le aconsejé que cuando se pusiera a pensar «Me van a juzgar», se repitiera a sí misma una y otra vez: «Me han pedido que hable porque creen que puedo aportar algo. Les gusta lo que yo digo. Tienen en cuenta mi opinión».

Esto se denomina reformulación. Este programa te anima a que reformules, lo que no quiere decir que debas ignorar lo negativo. Está ahí por alguna razón, y si tratas de ignorarlo, aumentarás tu miedo. Por lo tanto, debes aceptar lo negativo. Esto satisfará la parte de tu cerebro que se ocupa de calcular el riesgo en caso de que te encontraras en una situación de vida o muerte y necesitaras huir.

Reflexiona

Lee los pensamientos siguientes. ¿Con cuáles de ellos sentirías más miedo? ¿Con cuáles de ellos sentirías menos? Te he ayudado a realizar algunas reformulaciones. Intenta com-

---

pletar los otros cinco pensamientos negativos con reformulaciones propias.

Pensamientos negativos	Pensamientos positivos
Van a juzgarme.	Quieren escuchar lo que tengo que decir.
Me estoy poniendo nervioso. Esto es horrible.	Qué bien, tengo muchas ganas de hacerlo. Puedo hacerlo porque estoy muy motivado.
Estoy fuera de mi círculo de protección. ¿Y si me ahogo?	Es una gran oportunidad para mí. Tengo ganas de hacerlo lo mejor que pueda.
Soy un cobardica.	Soy una persona dulce y sensible.
No me gustan las citas.	Cada cita es una aventura.
Nunca querrá salir con alguien como yo.	
La gente pensará que soy ridículo y aburrido.	
El puente se va a derrumbar.	
Nunca tendré éxito.	
Voy a parecer idiota.	

Quien tiene miedo va siempre en el asiento del copiloto

¿Alguna vez te has montado en un coche con un conductor inexperto al volante? Si es así, entonces sabrás la impotencia que se siente cuando el conductor no frena a tiempo ante un semáforo en rojo o cualquier obstáculo. Es probable que incluso hayas pisado en vano alguna vez el freno imaginario del asiento del copiloto.

Quien tiene miedo vive su vida como un pasajero que va en un coche fuera de control. En vez de hacer algo para controlar la situación —como ir en el asiento del conductor—, intenta manejarla como pasajero. Estas personas intentan controlar aquello que no pueden controlar, y no lo que sí pueden. Por ejemplo, se preocupan por la economía y por la efectividad de las medidas del gobierno, a pesar de que prácticamente no pueden intervenir en la situación.

Como resultado, se sienten víctimas.

Las personas que no tienen miedo hacen justo lo contrario: cuando se encuentran en medio de una situación que en principio resulta incontrolable, son capaces de cambiarse a una posición que les permita actuar.

Por ejemplo, si tu empresa está recortando la plantilla y a ti te asusta perder tu trabajo, no podrás llevar el control de los puestos que se han eliminado o saber si el tuyo es uno de ellos, pero sí puedes hacer algo para que tu puesto sea menos prescindible. Puedes, por ejemplo, controlar tu relación con el supervisor, tu productividad y la formación continua que puedes adquirir en tu tiempo libre con el fin de mejorar tus aptitudes y tu especialización de cara al mercado laboral.

Si ya has perdido tu trabajo, es probable que no puedas controlar el tiempo que tardarás en encontrar uno nuevo, pero sí puedes controlar tus hábitos diarios y mantenerlos igual que antes. Por ejemplo, puedes seguir levantándote a la misma hora todos los días, ducharte y vestirte como parte de una misma rutina. Puedes repasar todas las ofertas de trabajo y responder a todas las que te sea posible. Puedes aumentar la red de contactos de tu misma profesión. Puedes aprender cosas nuevas que te ayuden a mejorar tu empleabilidad. Puedes, incluso, aprovechar esa oportunidad única para hacer todas esas tareas de la casa que nunca te daba tiempo a hacer.

Reflexiona

¿Qué aspecto de tu vida crees que eres capaz de controlar menos? ¿De qué manera puedes ejercer más control sobre ese aspecto de tu vida? ¿Qué puedes controlar? ¿Qué no puedes controlar? Escribe tus ideas en la siguiente tabla:

No puedes controlar...	Puedes controlar...
Si aceptará tener una cena contigo o no.	La ropa que llevas, las palabras que empleas y cómo se lo planteas a la hora de pedírselo.
Si te ascenderán o no.	Tu productividad en el trabajo, para así convencer a tus supervisores de que te mereces el ascenso.
Si morirás de un infarto o no.	La comida que consumes, con qué frecuencia haces qué tipo de ejercicio y la acumulación de estrés en tu vida.

Quien tiene miedo se frena ante el fracaso

Anteriormente he hablado del caso de David y por qué le asustaba hablar con las mujeres que le parecían atractivas: justo antes de acercarse a una, pensaba en la última vez que lo habían rechazado, y esto le hacía pensar: «Me va a dar calabazas».

Su problema era que estaba obsesionado con aquel rechazo. ¿Recuerdas la tendencia a la negatividad de la que te hablaba antes? Pues bien, aquí tienes un ejemplo. Es probable que él haya tenido muchas experiencias positivas con mujeres antes de ese rechazo, pero su tendencia a la negatividad hizo que se centrara solamente en este último, que se convirtió en una referencia experiencial negativa para él.

La suya es una historia típica. Ya me la habían contado otras personas que tienen miedo a aspirar a ciertos puestos de trabajo después de haber sufrido un despido. Muchos adultos tienen miedo a conducir por carretera después de haber tenido un accidente. Mucha gente empezó a tener miedo a volar después de los atentados del 11 de septiembre de 2001. Hay gente que tiene miedo a bailar después de la mala experiencia que tuvo en su fiesta de graduación, en la que sus compañeros se burlaron de su torpeza.

Una sola mala experiencia del pasado influye en cada nueva experiencia y causa un miedo incontrolable que puede permanecer durante años si no se afronta de un modo efectivo.

Si sigues centrándote en una experiencia negativa del pasado, no serás capaz de avanzar en el futuro. Sólo se puede avanzar sustituyendo esos recuerdos negativos por una etapa de logros positivos. Y, precisamente, en eso consisten estos 5 pasos. Ayudándote a aprender del pasado, este programa te aportará la capacidad de vivir grandes logros en el presente y en el futuro, para que consigas liberarte de tus miedos y fracasos.

Compruébalo

El miedo que surge de la tendencia a la negatividad suele surtir un efecto profético autoinducido, ya que afecta a los gestos, el tono de voz y el lenguaje corporal. Tú mismo puedes comprobarlo. Durante una hora, prueba a sonreír y conversar con la gente, mostrando tu cara más amable, alegre y cercana. Durante otra hora, prueba a fruncir el ceño, mostrando tu cara más triste y esquiva. Verás cómo reaccionan las personas de tu entorno.

Esto hizo que David se diera cuenta de que tenía que dejar de atribuirse el rechazo. Para ello, le pedí que interiorizase: «Yo soy más fuerte que cualquier rechazo. Un rechazo no significa que yo sea malo, antipático o feo, o que nunca vaya a encontrar el amor. Significa que esa persona no estaba hecha para mí».

Además, hice que desechara ciertas ideas, como que todas las mujeres del mundo iban a hundirle, y eso le ayudó. Logré que cambiara su monólogo negativo por afirmaciones tan positivas como ésta: «Soy un profesional guapo y competente».

Por último, le animé a proponerse la consecución de pequeñas metas. Empezó por relacionarse con una mujer a la que no encontraba atractiva, alguien con quien nunca antes habría salido. Le pedí que se acercara y hablara un rato con ella. Sólo eso. Cuando lo hizo, ya alcanzó una meta. Y llegamos a más. ¡Consiguió acercarse a una mujer que le gustaba y pedirle una cita! Ella dijo que sí. Obtuvo la respuesta positiva que necesitaba para avanzar.

Reflexiona

¿Recuerdas alguna mala experiencia que hace que vivas con miedo? ¿Qué pequeños pasos hacia adelante podrías dar para superar esa mala experiencia? ¿Cómo puedes alcanzar pequeñas metas que te ayuden a saber que tienes menos miedo del que pensabas?

Quien tiene miedo
huye de lo desconocido

Si alguna de tus amistades ha establecido alguna vez una relación tempestuosa, probablemente habrás pensado: «¿Por qué no le deja?». Puede que alguna amiga tuya haya pasado por la misma situación en su ámbito laboral: su amiga siempre está quejándose de su jefe, de sus compañeros e incluso del propio trabajo. No encuentra nada gratificante en él y, aun así, no lo deja.

¿Por qué no escapan?

Por miedo.

El ser humano, por naturaleza, tiene miedo al cambio. Cuando te acomodas en alguna situación, te sientes más protegido manteniendo ese statu quo que sobrepasando los límites, aunque sobrepasar los límites sea lo que realmente necesites.

La mayoría de nosotros tenemos cierto temor al cambio y damos pasos en falso para evitarlo. Sin embargo, cuanto menos reacciones, más miedo al cambio acumularás, y más difícil te resultará después avanzar. En cambio, cuanto más te esfuerces por avanzar, más fácil te resultará adaptarte al cambio en el futuro.

Sí, a corto plazo, el cambio es angustioso. No será fácil dejar un trabajo bien remunerado, una relación duradera o un barrio en el que has estado viviendo mucho tiempo, aunque no te guste. Lo desconocido te aterrará y angustiará. Será difícil. Sin embargo, la recompensa será excepcional. Tener el valor de enfrentarte a la angustia que causa un cambio a corto plazo te impedirá soportar el sufrimiento que provoca el estancamiento a largo plazo.

DI ADIÓS AL MIEDO: ¿Te has acomodado en tu propia incomodidad? Si es así, es hora de actuar.

Además del miedo, es probable que haya al menos otro factor que esté frenándote. A pesar de lo mala que pueda ser la situación en la que te encuentres, puede que estés beneficiándote de ella en algún aspecto. Por ejemplo, la gente sigue desempeñando trabajos sin perspectivas de futuro porque ya conocen la rutina, están conformes con su sueldo y saben cómo funciona el sistema hasta cierto punto. Si lo dejaran, tendrían que volver a aprender desde cero, y eso a muchos les resulta desalentador.

También hay personas que permanecen en una relación porque así no se sienten obligadas a establecer contacto con más gente. No tienen que preocuparse de conocer y hablar con personas necias a quienes ni siquiera conocen, y así no se sienten obligados a exponerse al fracaso. De este modo, sólo deben relacionarse con el necio que ya tienen en su vida.

Reflexiona

¿Qué cambios en tu vida puede que estés evitando en este momento? ¿Por qué los estás evitando? ¿En qué te beneficia el hecho de estar estancado? ¿Qué ganas dejándote llevar por tu miedo? ¿Qué estás perdiéndote al no arriesgarte?

Quien tiene miedo piensa demasiado

Conozco a una escritora superventas de *The New York Times* que es una gran profesional: ha cosechado una gran cantidad de éxitos, que se han reflejado en diversos medios de comunicación entre ellos la televisión. A pesar de haber aparecido en programas de la repercusión de «Today», ella desea fervientemente que la inviten al «Daily Show with Jon Stewart», que considera la plataforma ideal y definitiva.

Le pregunté qué significaba para ella la posibilidad de asistir a ese programa. Me respondió diciendo: «Sería el acontecimiento más importante de mi vida, pero todavía no estoy preparada. ¿Por qué intentarlo? Me van a decir que no».

Había idealizado la posibilidad de participar en este programa hasta tal punto que se había impuesto una enorme presión sobre sí misma. Su manera de enfrentarse a tal cúmulo de emociones era dejarlo para más adelante, con lo que evitaba lo que ella suponía que iba a salirle mal. En vez de hacer algo para conseguir su sueño se quedó de brazos cruzados.

—Creo que estás dándole más importancia de la que verdaderamente tiene —le dije—. ¿Por qué no lo haces sin más? ¿Qué es lo peor que podría ocurrir?

—Que me rechacen —me contestó.

La empujé cariñosamente a hacerlo. Estuve meses intentando convencerla para que intentara ir al «Daily Show» e incluso le conseguí el número de teléfono de uno de los productores del programa. Ella se excusaba diciendo que no era el momento y que tenía un representante que ya estaba por la labor.

Al final, tras varios meses de prórrogas y excusas, mi amiga envió la solicitud para participar en él, tras lo cual recibí un correo electrónico en el que me confesaba que le había resultado más fácil de lo que pensaba. Todavía no ha conseguido su objetivo, pero aprendió una lección muy importante: aplazar las cosas no hace que el miedo desaparezca.

El suyo es un mecanismo de defensa al que recurre mucha gente temerosa. Hay muchas personas que nunca pasan a la acción. Se quedan mirando el teléfono, pero no marcan ningún número. Escriben el correo electrónico, pero no lo envían. Quieren algo, mueven todas las fichas, pero no son capaces de dar el paso definitivo. Piensan en todos los motivos que los frenan en vez de pensar en los que les empujan a actuar. Se centran en todas las razones por las que potencialmente serían rechazados en lugar de considerar las contrarias. En un constante aplazamiento, dicen una y otra vez «Todavía no» en vez de decir «allá voy».

Esta estrategia de aplazar las cosas surge de nuestro instinto de supervivencia o quizá de nuestra tendencia a pensar y analizar demasiado las cosas. También es probable que pensemos y analicemos demasiado las cosas. Si estás dudando y esperando a que llegue el momento perfecto para pasar a la acción, puede que estés sobreanalizando. Si sólo piensas y nunca actúas, jamás alcanzarás tu objetivo. Por ejemplo, si yo hubiera aplazado ciertas cosas, no habría escrito ninguna columna en los periódicos, no habría salido en televisión, ni escrito este libro.

DI ADIÓS AL MIEDO: Cuanto más dudes, más difícil será pasar a la acción. No lo pienses, simplemente actúa.

Lo malo de dejar las cosas para más adelante es que la ansiedad aumenta. Cada vez que aplazas algo, estás huyendo de la ansiedad temporal que te produce hacerlo. Eso te hace sentir mejor, lo que refuerza la idea de que pensar más y hacer menos es una buena idea y no es así: cuanto más pienses, menos posibilidades habrá de que puedas convertir todos esos pensamientos en acciones.

A la hora de enfrentarse a los retos, sean reales o imaginarios, las personas que no tienen miedo son las que más perseveran. Saben que enfrentarse a su ansiedad es desagradable y doloroso, pero también son conscientes de que ese sufrimiento es temporal: una vez superado, se sienten más fuertes. En su vida, su máxima es una frase que yo suelo decir muy a menudo a mis clientes: «No lo pienses, simplemente hazlo».

Reflexiona

¿Pasas a la acción con facilidad? O, de lo contrario, ¿tiendes a convencerte a ti mismo de que tienes motivos para no avanzar? Piensa en las razones por las que debes actuar, quieres actuar y vas a actuar. Deja de pensar en todos los motivos que te impiden hacerlo y céntrate en los que te animan a hacerlo. Y hazlo.

Quien tiene miedo
puede ser demasiado sociable

Carol vino a verme porque sufría estrés y una leve depresión. Con treinta y nueve años, casada y dos hijos, trabajaba de comercial para una gran empresa. Recurrió a mí por indicación de su hermana, que se dio cuenta de su trastorno. Carol era muy educada, comedida, correcta, amable y respetuosa, como pude comprobar de inmediato.

Le pedí que verificara si su seguro cubría la terapia y lo hizo en seguida. Estuvo mucho tiempo hablando por teléfono con la aseguradora, a pesar de su apretada agenda. Averiguó todo lo que yo le había preguntado, algo que pocos de mis pacientes hacen, por lo que me sentí muy satisfecho. A medida que iba conociéndola, sin embargo, empecé a ver cuál era su problema.

Carol siempre estaba dispuesta a remover cielo y tierra para ayudar a los demás. Era una *complaciente total*. Los complacientes totales van mucho más allá de la llamada del deber, y lo hacen sistemáticamente. Si muere alguno de sus seres queridos y tienen que cumplir algún inminente plazo de entrega en el trabajo, serían capaces de no asistir al funeral. No obstante, podrían hacer ambas cosas (siempre a costa de sus horas de sueño, su sosiego y su calidad de vida): anteponen a todos y a todo a ellos mismos y sus propias necesidades.

Me di cuenta de que Carol era la clase de persona que me gustaría contratar para dirigir mi oficina. Los complacientes totales como Carol son empleados modelo: siempre están dispuestos a hacer cualquier cosa por la empresa, por hacer feliz a alguien o por ayudar a quien lo necesite.

Pero estas personas no deben ser explotadas, porque, aunque la amabilidad sea una gran virtud, no debe primar frente a las propias necesidades y la felicidad personal. Carol estaba tan desbordada que prácticamente no tenía nada de tiempo para ella misma.

Le estuve haciendo preguntas durante toda una semana para poder determinar dos cosas:

1. Sus necesidades
2. Sus aficiones

El resultado fue increíble: tenía muchísimas necesidades, pero casi nunca podía satisfacerlas. Le encantaba leer, pero casi nunca lo hacía. Le gustaba quedar con sus amigos, pero casi no los veía. Estaba apuntada a clases de yoga, pero no asistía desde hacía meses, y solía quitarse horas de sueño para poder hacer más cosas. No tenía vida privada, ni tampoco tiempo libre.

En el trabajo, paralelamente, era una supercumplidora, y también una supermamá en su hogar. Cuidaba de los niños, cocinaba, limpiaba… y lo hacía sin ningún tipo de ayuda externa. Tal era la dinámica en casa que su marido esperaba que fuera ella quien cuidara de los niños, quien preparara las comidas, quien limpiara, quien ayudara a hacer los deberes a los niños y lidiara con los asuntos escolares, aun cuando Carol trabajaba a tiempo completo, al igual que él.

Se había acostumbrado a asumir todas esas responsabilidades. La hacían sentirse bien, se sentía útil.

Desde fuera, parecía una persona competente y con éxito. En su interior, sin embargo, era un desastre: se comportaba como la persona que los otros veían, y no como realmente era. Se había creado una imagen de supercumplidora, y trabajaba muy duro para seguir manteniéndola a expensas de su propia felicidad. Tenía miedo a parecer vulnerable o mostrar debilidad, a pedir ayuda y a decir «no».

¿Eres un complaciente total?

Para saber si eres un complaciente total, escribe lo siguiente en un folio o en una libreta:

Descríbete: _____

Desbríbete como te ven los demás: _____

Descríbete como te gustaría que te vieran los demás:

_____

Una gran diferencia entre cómo te ves tú y cómo crees que los demás te ven puede provocarte ansiedad. Lo más probable es que el hecho de ser un complaciente total venga de tu deseo de que los demás te vean de un modo diferente al que de verdad eres.

Era el momento de realizar la tarea «Y si digo que no, ¿qué pasa?» con Carol. Fue así:

Yo: Supón que alguien te pide que te quedes más tiempo en el trabajo para realizar algo en concreto y que tú te niegas. ¿Qué pasaría?

Carol: No le gustaría a nadie. Todo se iría al garete porque no se quedaría nadie.

Yo: Supón que dices «no», ¿puedes dar otra alternativa?

Carol: ¿A qué te refieres?

Yo: Por ejemplo, si te piden que hagas horas extras coincidiendo con tu clase de yoga, podrías decir: «No, no puedo hacer horas extras hoy, pero sí otro día».

Carol: Entonces, si mi marido me avisa de que su familia viene la semana que viene y me pide que limpie la casa, puedo decirle: «No puedo hacerlo hoy, pero podemos planear hacerlo juntos el fin de semana».

Yo: ¡Así es!

Después, le pregunté qué pasaría si le pidiera ayuda a su esposo. Era evidente que tenía miedo a su respuesta, ya que pensaba que podría dejar de quererla. Así que la animé a pensar en los motivos por los que éste la amaba. Después, le pedí que pensara en otras opciones que le permitieran obtener el mismo resultado sin tener que sacrificar su propio tiempo.

Poco a poco, Carol consiguió realizar algunos cambios. Los primeros eran pequeños. Por ejemplo, una noche le pidió a su marido que fregara los platos mientras ella acostaba a los niños y después, iba a las clases de yoga que invariablemente se había perdido en los últimos tiempos. Al cabo de un tiempo, Carol ya no basaba su valía en lo que hacía por los demás. Aprendió a saber cuándo decir que sí y cuándo decir que no: había dejado, en definitiva, de ser una complaciente total y conseguido que sus necesidades prevalecieran sobre las demás.

Lo que demuestra la historia de Carol es que se puede ser amable y agradable con la gente en exceso, sobre todo a cambio de las necesidades y el bienestar de uno mismo. Este programa te ayudará a superar tu miedo a decepcionar a los demás. Estos consejos también pueden ser útiles:

- **No pienses en lo que crees que «debes» hacer.** Piensa en lo que tú *quieres* hacer.
- **Comprométete a hacer lo que sea mejor para ti, aunque a los demás no les parezca bien.** Tu felicidad es tan importante como la felicidad de los demás.
- **Ten una lista de estas dos cosas a mano: tus necesidades y tus aficiones.** ¿Dedicas tiempo a complacer tus necesidades? Si la respuesta es negativa, reorganiza tu tiempo para hacerlo.
- **Pregúntate una y otra vez: «Y si digo que no, ¿qué pasa?».** ¿Qué pasaría si dijeras que no cuando alguien te pide ayuda? ¿Qué pasaría si te dedicaras tiempo a ti mismo? ¿Qué pasaría si le pidieras a alguien ayuda para poder dedicarte más tiempo a ti mismo?

Quien tiene miedo
ha sufrido un lavado de cerebro

Hace años, yo pensaba que tenía que trabajar para
otros con el fin de encajar en la sociedad y ser feliz.
Pensaba que necesitaba recibir un sueldo con regularidad para poder sentirme seguro. Después de todo, eso
es lo que la sociedad nos dicta: ir al colegio, estudiar
una carrera, conseguir un trabajo y mantenerlo durante treinta años.

A lo largo de los años y de múltiples trabajos que no
me fueron bien, me di cuenta de yo era el que no enca-
jaba. La sociedad me había lavado el cerebro dictándo-
me lo que necesitaba en mi vida: ir al colegio, conocer
a una chica, casarme, tener hijos, comprar una casa y
vivir feliz para siempre. Eso era lo que todo el mundo

hacía. No obstante, me percaté de lo frustrante que podía ser todo esto para mí si, para conseguirlo, tuviera que sacrificar mis sueños, aun sin estar preparado para ello.

Veo esto constantemente en mis clientes, y lo llamo *lavado de cerebro societal*. Cuando me cuentan que odian su trabajo, les propongo que se planteen dedicarse a otra profesión. Entonces, me dicen que son incapaces de renunciar a su sueldo, a su estilo de vida, a su prestigio y a todo lo conseguido hasta el momento. Básicamente, se habían acomodado en su incomodidad.

El lavado de cerebro societal va más allá de la cuestión profesional, ya que también lo veo en algunas relaciones de pareja. Por ejemplo, he asesorado a pacientes que podían haber sido más felices si se hubieran quedado solteros dado que se casaron sin estar todavía preparados para ello o lo hicieron con alguien que quedaba lejos de ser su pareja ideal.

DI ADIÓS AL MIEDO: No pasa nada si no haces lo mismo que los demás. No necesitas representar el papel que la sociedad te pide que representes. Márcate tus propios objetivos con libertad.

El lavado de cerebro societal nos hace sentirnos obligados a hacer las cosas de cierta manera sólo porque todos los demás actúan así. Estas afirmaciones están formuladas en virtud de ese lavado de cerebro societal:

«Tengo que casarme antes de cumplir los treinta.»

«Tengo que tener hijos antes de cumplir los treinta y cinco.»

«Tengo que tener seis cifras en la cuenta antes de cumplir los cuarenta.»

«Tengo que comprar una casa.»

«Tengo que estudiar una carrera de las de toda la vida.»

«Tengo que trabajar de nueve a cinco.»

«Tengo que encajar en la sociedad.»

Cada vez que un paciente me hace una afirmación de este tipo, pienso: «¿En serio? ¿De verdad lo crees así?». Por ejemplo, a los que dicen que tienen que casarse antes de llegar a cierta edad, les digo que el matrimonio no tiene límite de edad y que, para hacerlo, primero tienen que encontrar a la persona adecuada. Después de todo, es mucho mejor estar felizmente solo que desgraciadamente acompañado.

Cuando sufrimos el lavado de cerebro societal, nuestras dos mitades se declaran la guerra mutuamente. Nuestro yo idealista lucha contra nuestro yo práctico. En efecto, nuestro yo práctico nos da todas las razones para aspirar a mantener el statu quo (convenciéndonos de nuestra necesidad de seguridad, por ejemplo), mientras que nuestro yo idealista quiere que persigamos nuestros sueños y nuestra felicidad (algo que a veces no es práctico, según la sociedad).

Es probable que ignorar lo práctico en aras de lo ideal nos provoque miedo. Por esa razón, este programa te ayuda a definir tu futuro ideal para luego crear ese plan *práctico* que te encamine hacia él. Así es como encontrarás el valor para dar pasos pequeños pero seguros hacia tu objetivo.

¡Cambia tu vida ya!

¿Estás estancado en alguno de estos patrones de miedo? ¿Te quejas, sobreanalizas, haces una terapia que no funciona, tomas medicamentos que te anulan, evitas el miedo o simplemente quieres que desaparezca, eres un complaciente total, te obsesionas con lo negativo, con anteriores fracasos y con lo que no puedes controlar? Si es así, coge una hoja de papel. Divídela en dos columnas. En una, haz una lista con las razones por las que quieres dejar de recurrir a este mecanismo de defensa. En la otra, haz otra lista con las razones por las que este mecanismo de defensa está frenándote a la hora de perseguir tus sueños. ¿Qué razones son más importantes para ti? ¿Necesitas sentirte seguro y continuar en un statu quo en el que no encajas o tu deseo es cambiar y probar desde otra perspectiva?

4

Por qué querer cambiar
tu vida es avanzar

¿En qué piensas cuando ves a un escalador? ¿Y cuando ves a un paracaidista? ¿Y a un adicto a las relaciones sociales? ¿Y a alguien que se muestra cómodo hablando en público?

Es probable que pienses que ya nacieron sin miedo y que no se ponen tan nerviosos y tensos como tú.

¿Y si yo te dijera que estás equivocado? ¿Y si yo te dijera que sí tienen miedo? ¿Y si yo te dijera que nacieron con la misma respuesta ante el miedo que tú?

Supongo que, al principio, no me creerás. Aun así, es verdad: la gran mayoría de las personas que nosotros consideramos que no tienen miedo sufren de ansiedad y nervios de vez en cuando. Sus corazones laten igual que el tuyo. Experimentan, como tú, esas sensaciones que solemos asociar con el nerviosismo (sudor de manos, sequedad de boca…).

Tienen miedo, igual que tú.

En realidad, lo que diferencia a los que tienen miedo

de los que no lo tienen no es la presencia o la ausencia de esa sesación: lo que los distingue es su interpretación de la misma. Así cuando los que no sienten temor experimentan lo que muchos de nosotros llamamos «nervios», no piensan: «Ay, esto es horrible. Me estoy poniendo nervioso». Al contrario: aceptan los nervios como una parte imprescindible de la vida. Hay personas que no tienen miedo que incluso *disfrutan* de todas las sensaciones que tú temes: todos esos nervios las hacen sentir vivas, son lo que las ayuda a levantarse cada mañana, utilizan esa reacción en su propio beneficio: hacen de esas manos sudadas y ese pulso acelerado un punto fuerte.

Decir adiós al miedo es una actitud, una creencia y un modo de vida. Cuando lo hagas, ya no tendrás que desear dejar de sentirlo. Al contrario, lo que harás será adoptar los siete principios y conductas para no tener miedo que aparecen en este capítulo. Este programa está basado en éstos, que te ayudarán a desarrollar y reforzarlos. Una vez lo hagas, empezarás a sentirte uno más de los que no tienen miedo, porque habrás pasado a ser uno de ellos.

Quien dice adiós al miedo dialoga con el miedo

Durante un concierto que celebró en el Central Park en 1967, Barbra Streisand olvidó la letra de tres canciones. Una vez finalizado, rememoró esa angustiosa sensación una y otra vez, preguntándose de continuo: «¿Y si me vuelve a pasar?».

Barbra es ahora una de las cantantes con más éxito de toda la historia, pero, en aquel momento, tuvo tanto miedo de volver a equivocarse, que redujo sus apariciones públicas durante ¡veintisiete años!

Supongo que, durante ese prolongado período, Barbra aprendió la lección que aprende la gente cuando pierde el miedo: esconderse no hace que el temor desaparezca, sino que lo alimenta y lo vuelve más dañino.

Barbra consiguió enfrentarse a su miedo y finalmente accedió a cantar en un gran acontecimiento público. Su actuación tuvo tanto éxito, que hasta realizó una gira por todo el país y actuó ante millones de espectadores a través de la televisión.

En una entrevista con Oprah, hablando de su miedo escénico, Barbra hizo esta confesión: «Me preguntaba qué diablos hacía sobre el escenario. Luego me di cuenta de que el miedo aporta una gran energía y que es básico superarlo, porque sé que estoy cantando por una buena causa».

Es probable que pienses: «Por supuesto que Barbra Streisand puede enfrentarse a su miedo. Tiene el dinero suficiente como para pagar a un equipo de expertos para que la ayuden. ¿Qué pasa con la gente menos privilegiada? ¿Acaso no nos resulta más difícil y menos posible conseguirlo?».

No creo que sea así. Tengo un amigo —una persona normal— que no dispone de tanto dinero en su cuenta bancaria como para poder contratar a un equipo de terapeutas que cuiden de su salud mental. Aun así, al igual que Barbra, también ha conseguido superar un miedo terrible a hablar en público. Se ha dado cuenta de que lo experimentaba con más intensidad durante los años en que se resistía a hacerlo. Empezó a vencer su miedo desde el momento en que se atrevió a enfrentarse a él. En otras palabras: enfrentarse a él lo atenuó.

He asesorado a innumerables personas que tenían el mismo miedo que tú, y todas coincidían en lo mismo. Después de unas cuantas sesiones, todos llegaban a la misma conclusión que Barbra Streisand, una independencia de sus ingresos, su estatus social o su nivel de vida: es más fácil conversar con el miedo que esperar a que éste desaparezca. No desaparece a menos que te enfrentes a él, y aumentará si te escondes de él.

Reflexiona

¿Cuánto tiempo llevas evitando aquello que te da miedo? ¿Alguna vez ha desaparecido ese miedo al haberte escondido de él? ¿Te das cuenta de que evitar aquello que te da miedo se vuelve contra ti aumentándolo?

Quien dice adiós al miedo siente emoción

Cuando conocí a Alisa Bowman, coautora de este libro, los dos estábamos esperando a salir en televisión para hablar de la infidelidad de Tiger Woods. No pude evitar ver como ella se movía con nerviosismo de un lado para otro.

—¿Te pones nerviosa antes de salir en televisión? —me atreví a preguntarle.

—Sí, un poco. Lo peor es que a veces me da un tic nervioso en la mejilla. Me preocupa que la gente se dé cuenta —me contestó ella.

Entonces, me mostró con un gesto cómo percibía ella aquel tic nervioso. Al comprobar cómo le preocupaba, la aconsejé:

—Cuando te notes nerviosa, en vez de convencerte a ti misma de que estás nerviosa, convéncete de que realmente estás sintiendo emoción. Es la misma sensación, pero, si la interpretas como si se tratara de pura emoción y no de nervios, podrás enfrentarte a ella con más facilidad.

Unos años más tarde, cuando ya nos conocíamos mucho mejor y empezamos a trabajar juntos en este libro, ella misma me recordó esta conversación. Me confesó que nunca hubiera imaginado que existiera una solución tan sencilla, asequible y, sobre todo tan efectiva.

Me explicó que lo probó aquel día y pareció funcionarle. Al principio, pensó que había sido una casualidad, pero lo intentó otra vez, y otra vez. En poco tiempo, consiguió sentirse al control de la situación y segura de sí misma.

Funcionó porque el miedo y la emoción funcionan igual desde un punto de vista psicológico. La diferencia no está en cómo lo sientes físicamente, sino en cómo lo interpretas psicológicamente. Cuando te convences de que tienes un problema con los nervios, incrementas el miedo y acabas provocando una experiencia negativa. En cambio, si te convences de que lo que estás experimentando es pura emoción, debilitas ese miedo, y esa experiencia negativa acaba siendo positiva.

Descubrí el poder de esta simple técnica cuando intentaba superar mi propio miedo a aparecer en la televisión de ámbito nacional tras una primera experiencia no demasiado satisfactoria, en la que sufrí más nervios de lo que esperaba.

¡Me prometí a mí mismo que nunca en la vida volvería a aparecer en televisión de esa manera! Estuve un tiempo reflexionando sobre aquello, ya que era consciente de la increíble oportunidad que suponía y de lo privilegiado que era porque esos productores, reporteros y programas de televisión se pusieran en contacto conmigo para pedirme *mi* opinión. No iban a interrogarme como testigo de nada, y tampoco era el abogado de ningún asesino, por lo que no tenía por qué estar nervioso. Me habían dado la oportunidad de opinar sobre noticias de actualidad, querían saber lo que yo pensaba sobre algunos temas porque la gente así lo pedía. ¡Mi opinión contaba! Me dije: «Es una gran oportunidad para mí. De todos los cientos de miles de psicoterapeutas que hay en Estados Unidos a los que podían haber llamado, me han llamado a mí. A mucha gente le encantaría estar en mi lugar, pero soy yo el que está aquí. ¡Es emocionante!».

Claro que era emocionante. Cuanto más pensaba en lo emocionante que era, más emoción sentía.

Y así fue como me percaté de que aquella sensación de emoción era idéntica a la de miedo. La única diferencia estribaba en que yo percibía el miedo como algo malo, lo que me hacía desmoralizarme y agobiarme al pensar cosas como: «¡Esto es increíble! ¡Me están juzgando! ¡Soy un desastre!». Por el contrario, veía la emoción como algo bueno, lo que me llevaba a tener pensamientos positivos semejantes a: «Mi cuerpo está preparado. Mi mente está agudizada. Soy listo y tengo los pies en la tierra». Si me hubiera adaptado al miedo hasta el punto de decir que era fantástico, ¿habría controlado la situación? Quise averiguarlo.

En las siguientes ocasiones en las que aparecí en televisión hice algo paradójico. En vez de intentar estar lo más tranquilo posible, procuré mentalizarme para ello. Me convencí a mí mismo de lo fantástico que era estar en el Rockefeller Center, en el mismísimo edificio en el que la doctora Ruth, mi heroína en la adolescencia, había comenzado su carrera. A medida que iban apareciendo efectos fisiológicos tales como notar la boca más seca y el pulso más acelerado, intentaba no pensar en lo desagradables que eran y en mi necesidad de pararlos. En vez de eso, pensé: «No me extraña estar sintiéndome así. Estoy entusiasmado por estar aquí. Así es como tengo que sentirme». Y, de inmediato, supe que era capaz de estar bien, con independencia de cómo me sintiera físicamente, y que ninguna sensación corporal podía interferir en mi capacidad para dar lo mejor de mí.

Me di cuenta de que las personas actúan así con total naturalidad. Sienten aquello que muchos de nosotros llamamos nervios, pero ellos interpretan esas sensaciones como entusiasmo. Por ejemplo, conozco a una persona a la que le gusta practicar paracaidismo, escalada y *mountain bike* por terrenos escarpados. Siempre da la impresión de que no tiene ningún miedo. Cuando le pregunté por qué hacía todas esas cosas y si sentía temor, me contestó que era algo muy emocionante, que le encantaba descargar adrenalina.

Lo que él denominaba como «descarga de adrenalina», para otras personas eran «nervios».

He enseñado esta misma técnica a cientos de personas temerosas, y ha funcionado en todas ellas. Una de ellas fue Stephanie. Cuando cumplió los treinta años, anhelaba conocer a un hombre y empezar una relación estable. Estaba harta de flirteos y frustrada por las mentiras que le contaban los hombres que conocía a través de páginas web de contactos: menos kilos y años, más centímetros… incluso algunos colgaban fotos de tiempos pasados, en los que aparecían con una imagen que nada tenía que ver con la que mostraban en el presente… nunca podía estar segura de si esos hombres realmente se correspondían con sus propias descripciones.

Para que pudiera conocer a varios hombres, le propuse que asistiera a un evento de citas rápidas. Allí conocería a veinte hombres en tan sólo una hora y tendría la oportunidad de hablar con cada uno durante tres minutos, para así decidir si quería conocerlos más a fondo. Suelo recomendar a mis pacientes que vayan a este tipo de experiencia, a mi modo de ver, te dan el tiempo suficiente para saber si esa persona es tu tipo en cuanto a físico, además de poder decidir si estás interesado en planear una auténtica cita.

A Stephanie le encantó la idea, pero también me dijo que lo veía como algo violento y agobiante. El simple hecho de planteárselo ya le causaba ansiedad y se preguntaba cosas como: «¿Y si no le gusto a nadie? ¿Y si son aburridos? ¿Y si son feos?». Esta ansiedad surgía del miedo y estaba basada en lo desconocido. Tenía muchas preguntas, muchas dudas y muy poca confianza en sí misma. Aun así, lo intentó.

En la siguiente sesión, me dijo que había experimentado mucho miedo y ansiedad durante el evento, ya que había sufrido palpitaciones, inquietud y las manos le sudaban. Uno de aquellos hombres incluso le preguntó por qué tenía las manos así, a lo que ella contestó que hacía mucho calor.

Estuve toda la sesión ayudando a Stephanie a replantearse su visión de las citas rápidas. El objetivo era ayudarla a ilusionarse con esas oportunidades, en vez de seguir teniendo miedo de cosas que probablemente no ocurrirían nunca. Contribuí a que se percatara de que aquélla era una muy buena oportunidad para establecer contacto con hombres interesantes sin tener que preocuparse por si estaban mintiendo en cuanto a su edad o apariencia, ya que ella controlaba la situación. Le dije que no había otra manera de conocer a veinte hombres en sólo una hora.

Cuando volví a verla después de su segunda asistencia a un evento de este tipo, vislumbré un destello de ilusión en sus ojos. Aquello por lo que antes sentía miedo, se había transformado en una gran oportunidad. Esta vez sí pudo bromear sobre sus manos sudorosas.

—Saltaron tantas chispas con aquellos hombres, que empecé a sudar —me confesó.

Ahora sí que se sentía segura de sí misma, ya que era consciente de poder controlar la ansiedad y los nervios, además de ser ella misma.

Reflexiona

Piensa en una actividad que te parezca emocionante. Puede que se trate de subirte a una montaña rusa. O puede que sea el *rafting*. Tal vez, jugar con tus hijos. O puede que se trate de un videojuego que consideres un auténtico desafío.

Sea lo que sea, piensa en lo que sientes cuando realizas esa actividad. ¿Qué notas en tu cuerpo? ¿Se acelera tu corazón? ¿Sientes un cosquilleo? ¿Gritas de la emoción? Ahora quiero que reflexiones acerca de todo lo que ocurre en tu cuerpo cuando sientes miedo. ¿Hallas semejanzas entre la sensación de emoción y las sensaciones de miedo?

Quien dice adiós al miedo
se levanta antes de caer

Michael Jordan es considerado uno de los mejores jugadores de baloncesto de todos los tiempos. En su trayectoria deportiva, ganó cinco premios MVP al mejor jugador, jugó durante catorce temporadas en la NBA y ganó una cantidad de títulos y premios imposibles de enumerar.

Probablemente, tú ya sabías todo eso, pero hay algo que la mayoría de la gente desconoce sobre Michael Jordan: lo expulsaron del equipo de baloncesto del instituto.

Que te echen de un equipo es un gran golpe para el ego de cualquier deportista. Muchos de ellos no vuelven a practicar esa disciplina después de algo así, dado que asocian esa experiencia a la idea de que no valen, y por eso se rinden.

Michael Jordan, sin embargo, nunca se rindió. Se negó a pensar que para él fuera imposible llegar a convertirse en un gran jugador de baloncesto. Para conseguir volver al equipo, se pasaba horas y horas practicando en la cancha. De ahí viene esta cita suya: «Cuando estaba entrenando y me sentía tan agotado que deseaba parar, cerraba los ojos y veía la lista del vestuario en la que faltaba mi nombre, y eso era lo que me hacía seguir adelante».

No sólo consiguió volver al equipo, sino que también logró competir en la liga estatal.

Hay algo más sobre Jordan que puede que no sepas. A lo largo de su trayectoria como jugador de baloncesto, falló nueve mil tiros. También perdió trescientos partidos. Además, le pasaron la pelota justo antes de acabar el partido —en la última oportunidad para ganar— en veintiséis ocasiones, pero no encestó.

Como decía en un anuncio de Nike: «He estado fracasando durante toda mi vida, por eso ahora tengo éxito».

La historia de Jordan nos muestra a la perfección cómo las personas que no tienen miedo perciben el fracaso de un modo diferente. Ni él ni el resto de las personas valerosas ven el fracaso como un error, como algo de que avergonzarse o como un castigo personal. Simplemente, no se sienten aludidos.

DI ADIÓS AL MIEDO: Un fracaso no te convierte en un fracasado.

Y está claro que ellos no lo interpretan como una señal de que sus sueños son imposibles. No. Simplemente, ven el fracaso como una oportunidad para aprender, para crecer y para ser mejores personas.

En caso de que estés asintiendo con la cabeza y pensando que Jordan debe de ser una excepción, me gustaría contarte unas cuantas historias más sobre personas que veían posible lo que todo el mundo consideraba irresistible.

Uno de ellos es Babe Ruth. Se le considera uno de los mejores jugadores de béisbol de todos los tiempos. Hizo 714 cuadrangulares en toda su carrera. También bateó 1.330 veces. De ahí viene esta cita suya: «Cada golpe me acerca un poco más al siguiente cuadrangular».

No sólo los deportistas fracasan y vuelven a intentarlo. También lo hacen los empresarios. Henry Ford fracasó una y otra vez —acabó arruinándose cinco veces— antes de fundar la Ford. R.H. Macy fundó siete empresas que quebraron antes de que finalmente fundara los grandes almacenes que todavía llevan su nombre. Walt Disney fue despedido de su trabajo como editor de un periódico aludiendo «falta de imaginación». Muchos científicos famosos —incluyendo a Isaac Newton y Albert Einstein— no fueron buenos alumnos en el colegio. Thomas Edison construyó un millar de bombillas que no funcionaban antes de construir la que sí lo hizo. Oprah Winfrey fue despedida de su primer trabajo como reportera de televisión porque «no valía para la televisión».

Además, Vincent Van Gogh sólo consiguió vender un cuadro en vida. Su obra hoy en día alcanza cifras astronómicas y se encuentra entre las más codiciadas del mundo.

No obstante, es importante saber que las personas que no tienen miedo no vuelven a probar suerte después de un fracaso sin una previa reflexión. Si lo hubieran hecho, nunca habrían tenido éxito. Al contrario, ven en el fracaso una oportunidad que:

- Les ayuda a determinar lo que hacen bien y lo que hacen mal.
- Les permite comprender qué aspectos de su estrategia funcionan y cuáles no.
- Les motiva a superarse a sí mismos.
- Les anima a contar con cierto apoyo y determinados recursos.
- Les estimula para reinventarse a sí mismos.

Si no paras de darle vueltas a un fracaso del pasado, presta atención a estos consejos para atreverte a reinventarte:

- **Cambia tu perspectiva.** Pasa del «Todos piensan que soy un fracasado» a «Estoy ante una gran oportunidad para crecer».
- **Sé inteligente.** Explora la situación. Busca estrategias que puedan servirte en un futuro para aprender de los errores del pasado y no volver a cometerlos.
- **Piensa en lo que sí has hecho bien.** Seguro que no todo ha sido un error. Cuenta con tus éxitos y con tus puntos fuertes.
- **Márcate objetivos realistas.** Asegúrate de que cumplen con los parámetros del Paso 1 de este programa.

Quien dice adiós al miedo
no se atribuye el rechazo

Me gustaría contarte mi historia personal y la de mi columna de consejos en publicaciones periódicas. Yo quería lograr una mayor difusión a pesar de que ya publicaba en Nueva York, Boston y Filadelfia. Eso fue lo que me llevó a contactar con publicaciones de gran tirada como *The New York Times*, *The Washington Post*, y el *Chicago Tribune*. También me puse en contacto con revistas de tirada nacional como *Ladies' Home Journal*, *Men's Health*, y *Cosmopolitan*.

Lo intenté. Me rechazaron. Lo intenté otra vez. Me rechazaron. Lo intenté una vez más. Me rechazaron.

Podría haber interpretado todos estos rechazos así: «Tendría que conformarme con la columna que ya estoy escribiendo. Ya llego a un millón de lectores. Con eso ya me siento afortunado. Tendría que dejar de intentarlo. Nadie más me va a contratar. Redactaba tan mal en el colegio, que el profesor llamó a mis padres para hablar con ellos. Tendría que haber aprendido la lección. Soy un escritor horrible».

No lo era. De hecho, nunca se me ocurrió atribuirme ese rechazo y no me molestó, en parte, porque ya me lo esperaba. Ya había aprendido esa lección tan importante en la vida cuando superé mi miedo a acercarme a las mujeres, ya que, para conseguir que una de ellas me aceptase, primero tenía que acercarme a muchas.

DI ADIÓS AL MIEDO: Espera el rechazo. Tendrás que intentarlo cien veces para conseguirlo sólo una.

Me dije: «Puedo afrontar el rechazo. Es normal que me rechacen. Tenía que haberme puesto en contacto con ochenta periódicos. No me importa que setenta y nueve me digan que no, mientras uno de ellos me diga que sí.» Supe que tenía que obtener muchísimos noes por respuesta para poder obtener un solo sí. Sabía que ser rechazado no era lo mejor del mundo, pero era una etapa impresdindible del viaje. Me lo esperaba.

El rechazo tampoco me afectaba por una razón: no me lo tomaba como algo personal, nunca pensé: «No lo hago bien. Ni siquiera sé lo que buscan».

Supuse que me habían descartado porque no me necesitaban o porque no era lo suficientemente bueno. De no ser así, también supuse que me habían descartado porque no tenían espacio para una nueva columna, por falta de presupuesto o cualquier otra razón. Sabía que por un rechazo, por diez o por cien, no debía sentirme fracasado, no me acobardaba.

Únicamente me hubiera sentido rechazado si nunca lo hubiera intentado.

No me esperé el rechazo, sino que también me acostumbré a él y aprendí de él. En uno de mis días libres, me dispuse a comprobar mi buzón de voz. Una publicación periódica a la que me había ofrecido para trabajar me había dejado un mensaje. El editor me dijo que rechazaba mi propuesta, y también me explicó por qué: «Tienes que ir al grano para dar el consejo. Estoy leyendo lo que nos has enviado y no sé dónde diablos está el consejo en cuestión».

Sí, esas palabras me dolieron, y sí, ese hombre no tenía por qué hablarme de aquella manera. Aun así, lo vi como una oportunidad para aprender. Me di cuenta de que la columna con la que me daba a conocer tenía que ser más contundente, más específica y más centrada en los consejos. La volví a enviar reescrita junto con varias columnas más. A partir de entonces, mis consejos llegarían antes a los lectores.

DI ADIÓS AL MIEDO: Tú eres más importante y más fuerte que cualquier rechazo.

El siguiente en mi lista de contactos era *Los Angeles Times*. Busqué el teléfono en la cabecera del periódico y me dispuse a llamar a la directora. Me salió el buzón de voz. Volví a llamar y dejé otro mensaje. Llamé y llamé. Un buen día, cogió el teléfono. Le hablé del proyecto de la columna.

—No deberías estar llamando a la Dirección del periódico. Podrías haber enviado un correo electrónico y ya está —me recriminó.

—Prefiero que me digas que no a la cara en vez de no recibir respuesta. De todos modos, ya estamos hablando. Ya me has atendido —le repliqué yo.

Estuvimos hablando de las necesidades del periódico y de cómo yo, como psicoterapeuta, podía cubrirlas. Se quedó impresionada. Me dio la columna y ésta tuvo una gran acogida.

Aquel día podían haberme rechazado fácilmente. Aun así, yo hubiera seguido sin sentirme rechazado. Vi cada rechazo como una nueva oportunidad para mejorar la siguiente acometida. Mientras que los que no tienen miedo aceptan el rechazo y se acostumbran a él como parte indispensable de la vida, los que tienen no lo hacen. Tienden a acumular rechazos y a interpretarlos como muestras de su mediocridad. Para ellos, cada uno de ellos se convierte en una referencia experiencial negativa (véase el apartado «Cómo superar los fracasos del pasado» para leer más sobre referencias experienciales). Las referencias experienciales negativas empiezan a limitarlos, inmovilizándolos dentro de la percepción de sí mismos. Para los medrosos, cada rechazo evidencia que son mediocres, incapaces, inútiles y perdedores. Alguien así siempre se mostrará convencido de que, en caso de intentarlo, será un fracaso seguro. En este sentido, se convierten en acumuladores de referencias experienciales negativas. Cada rechazo, cada crítica, cada dificultad o resultado inesperado les hará pensar que son unos fracasados y que nunca serán capaces de conseguir sus metas. Por consiguiente, su autoestima se desploma, y empiezan a sufrir de ansiedad y depresión, lo que les incapacita para alcanzar sus sueños.

Los que no tienen miedo, por el contrario, se hacen más fuertes y valientes con cada rechazo que sufren. Claro que el rechazo duele, pero no les hace sentirse excluidos, y tampoco les impide seguir intentándolo cada vez con más fuerza.

Para afrontar el rechazo con determinación, sigue estas indicaciones:

- **Espera el rechazo.** En vez de buscar formas de evitar el rechazo, considéralo como parte de la vida y como parte imprescindible del éxito. Cuantas más personas reciban tu propuesta, más posibilidades tendrás de que te rechacen y también, más posibilidades tendrás de que te digan que sí. Inténtalo muchas veces para conseguirlo una.

- **Sólo si conoces el rechazo podrás conseguir una aprobación.** Si no lo intentas nunca, nunca conseguirás lo que quieres.

- **Convéncete de que eres más fuerte que el rechazo.** Piensa en los rechazos del pasado. ¿De verdad fueron tan perjudiciales para ti?

- **Recuerda: ¡no es nada personal!** No quiere decir que seas una persona mala o antipática, sólo que no encajas a la perfección en ese trabajo, en esa relación o en esa coyuntura.

- **Aprovecha cada rechazo para aprender.** ¿Podrías cambiar tu estrategia? ¿Podrías cambiar tus objetivos? ¿Existe más de una ruta para llegar al mismo destino?

Quien dice adiós al miedo encuentra seguridad en medio de la incertidumbre

Como ya he mencionado antes, el miedo surge de la incertidumbre, de la incapacidad de prever lo que va a ocurrir. Esta imprevisibilidad genera ansiedad.

Y, en medio de la incertidumbre, las personas valientes reaccionan de un modo diferente a las temerosas. Podríamos tomar como ejemplo los altibajos de la bolsa. Cuando estaba preparando este libro, la bolsa estadounidense era extremadamente inestable, dado que la economía del país estaba en baja forma. Asimismo, tres países se hallaban al borde de la bancarrota. Como consecuencia, el Promedio Industrial Dow Jones solía desplomarse 300, 400, 500 o más puntos al día.

No era de extrañar que mucha gente tuviese miedo ante estas circunstancias. Al fin y al cabo, la inestabilidad hacía prácticamente imposible realizar predicciones mercantiles. La gente se hacía estas preguntas: «¿Seguirán cayendo los índices? ¿Perderé mis ahorros de toda la vida? ¿Volverá Estados Unidos a entrar en recesión? ¿Estamos ante la segunda Gran Depresión?».

Lo que me pareció más interesante fue que la gente reaccionó de maneras diferentes ante la inestabilidad de la bolsa. Las personas que tenían miedo manifestaban dos reacciones distintas. Una de ellas era la negación: no querían que nadie hablara de la bolsa porque lo que estaba ocurriendo les parecía demasiado angustioso; básicamente, se dedicaban a hacer oídos sordos. La otra se centraba en cotillear: hacían comentarios sobre ello en su perfil de Facebook, y luego mostraban su inquietud ante sus amigos.

La gente que no tenía miedo, sin embargo, hacía todo lo contrario. No se precipitaban ni en sacar sus propias conclusiones ni en dejarse llevar por el pánico; al contrario, procuraban leer noticias de economía de fuentes fiables, llamaban a sus corredores de bolsa y contrastaban estadísticas. Intentaban ser objetivos. Recababan toda la información posible sobre la economía mundial y la bolsa en general. El hecho de disponer de toda esta información les permitía tener cierta seguridad en medio de una situación incierta.

Ocurre lo mismo con todos los tipos de incertidumbre. Por ejemplo, cuando alguno de mis pacientes me dice que tiene miedo a volar, les pido que lean todo lo que puedan sobre el mecanismo de los aviones. Cuantas más cosas conocen, más cosas entienden y menos sensación de incertidumbre padecen. Algo parecido ocurre con los problemas de salud. Cuanto más te informes sobre un posible diagnóstico, menos sensación de incertidumbre y menos miedo experimentarás.

Quien dice adiós al miedo demuestra no tener miedo

El 15 de enero de 2009, el vuelo 1549 de US Airways procedente de Nueva York se cruzó con una bandada de pájaros noventa segundos antes del aterrizaje. El piloto C. B. Sullenberger, *Sully*, no tuvo tiempo para reaccionar, por lo que unos instantes más tarde, el avión sufrió una sacudida y se empezó a escuchar el fuerte ruido que hacían los motores al atrapar a los pájaros. Después, se hizo el silencio: ambos motores habían fallado. Sullenberger sabía que sería imposible pilotar un avión sin motores de vuelta al aeropuerto, por lo que decidió realizar un aterrizaje de emergencia en una zona lo más llana posible: el río Hudson. Como seguramente recordarás, consiguió que el avión se posara sin sufrir ningún desperfecto y los 155 pasajeros que iban en el avión sobrevivieron.

Cuando escuchamos esta noticia, la mayor parte de la gente seguro que se preguntó: «¿Cómo demonios pudo mantener la calma este hombre a medida que el avión iba descendiendo?».

Estoy seguro de que Sullenberger perdió la calma hasta cierto punto, por supuesto que perdió los nervios. Él mismo confesó lo siguiente en relación con los momentos previos al accidente: «Era una sensación enfermiza, como si me agujerearan el estómago y a la vez me sintiera atravesando el suelo». Si no hubiera experimentado tales sensaciones, no sería humano. Como ya he explicado, sin embargo, posiblemente las interpretó de un modo diferente a como lo hubiera hecho alguien que sí sintiera miedo. Como ya sabes, la reacción de miedo puede sernos muy útil en cualquier situación de vida o muerte, como en el caso de Sullenberger. El miedo le aportó exactamente lo que necesitaba en aquel momento: más fuerza, más reflejos y la capacidad de pensar y reaccionar con rapidez.

Pero probablemente haya otra razón por la que no perdió los nervios: era un piloto con mucha experiencia, ya que llevaba más de cuarenta años volando, con más de diecinueve mil horas de vuelo. También había pilotado aviones de combate F-14 en el ejército y había investigado acerca de accidentes aéreos. Sabía perfectamente lo que tenía que hacer, y lo hizo.

Puede que tú no puedas hacer aterrizar con seguridad un gran avión sobre el río Hudson o, incluso, sobre una pista de aterrizaje sin perder la calma, pero eso es así porque tú no te has formado ni has estudiado para lograr tal proeza.

Del mismo modo, puede que no te sientas cómodo

al correr hacia un edificio en llamas para salvar a un niño o un gato. Un bombero, no obstante, sí que se siente cómodo al hacerlo, pero eso es así porque el bombero ha recibido formación para hacer precisamente eso.

Mi hermano, Matthew, es un agente de policía en Washington, D. C. Realiza su servicio en el Capitolio, el edificio que alberga las dos cámaras del Congreso de Estados Unidos. El 11 de septiembre de 2001, mientras la gente huía de la capital presa de un ataque de pánico, Matthew se dirigió *hacia* ella para prestar toda la ayuda necesaria. El deber le llamaba y no lo pensó dos veces: le enseñaron a proteger a los demás y mantener el orden, y eso es lo que mejor sabe hacer.

Como puedes deducir de estas historias, el miedo pierde su poder limitante si te preparas para enfrentarte a él. Si salieras a un escenario sin haberte preparado un discurso, ¡por supuesto que estarías asustado! Pero si salieras a un escenario teniéndolo preparado —habiendo practicado frase a frase y mejorado tu estilo—, el miedo ya no sería tan intenso.

Y eso es lo que precisamente hace este programa en 5 pasos: te ayuda a fragmentar lo que al principio te parece un objetivo inmenso e inalcanzable en pequeños miniobjetivos, lo que te permitirá desarrollar una habilidad detrás de otra, hasta que te sientas más seguro de ti mismo. Así, probando a no tener miedo una y otra vez, lo asimilarás con total naturalidad.

Quien dice adiós al miedo sabe que sí es posible

A principios de los años cincuenta, mucha gente consideraba imposible que los humanos pudieran recorrer una milla en menos de cuatro minutos. Después de todo, un gran número de atletas llevaban desde finales del siglo XIX intentando cruzar la barrera de los cuatro minutos infructuosamente. Los entrenadores y atletas con más talento del mundo hicieron un gran esfuerzo durante años para conseguir el «sub 4», perseverando hasta el final con todo tipo de planes de entrenamiento.

A pesar de todo, parecía una quimera romper la barrera de los cuatro minutos. Estuvieron tanto tiempo intentándolo, que empezaron a pensar que era imposible y que el cuerpo humano, simplemente, era incapaz de moverse a tal velocidad.

Aun así, en 1954, un estudiante de medicina de veinticinco años llamado Roger Bannister logró correr esa milla en 3 minutos 59 segundos y 4 centésimas.

Mes y medio más tarde, John Landy consiguió superar esa marca. Un año más tarde, lo hicieron otros tres corredores. Hoy, estudiantes de instituto consiguen correr una milla en menos de cuatro minutos a diario. El marroquí Hicham el Guerrouj ostenta la plusmarca mundial con 3 minutos 43 segundos y 13 centésimas.

Es curioso que la gente pensara que era imposible, y lo que es más importante: cuando la marca de Bannister confirmó que sí era factible conseguirlo, otros corredores hicieron posible lo imposible y corrieron en menos de cuatro minutos también.

Las convicciones ejercen un gran poder sobre nosotros. Si estás convencido de que algo es imposible, esa convicción minará tu autoestima y convertirá esa convicción de imposibilidad en una profecía autoinducida. Si alguien con autoridad (sea médico, terapeuta o profesor) te dice que eres incapaz de hacer algo, tú lo creerás, a pesar de que esa predicción no sea acertada. Es más, una vez lo hayas asimilado, actuarás como si esa predicción fuera cierta, lo que da lugar a que se haga realidad. Por ejemplo, si yo le dijera a un paciente que es un desgraciado y que no hay esperanza para él, provocaría que tirara la toalla.

Del mismo modo, las convicciones positivas también ejercen un gran poder sobre nosotros. Si crees que eres capaz de algo y que lo vas a conseguir, entonces encontrarás la manera de hacer posible lo imposible.

DI ADIÓS AL MIEDO: Tu sueño será lo imposible o posible que tú quieras que sea. Piensa que sí es posible y harás posible lo imposible.

Imagina cómo sería el mundo si John F. Kennedy, el trigésimo quinto presidente de Estados Unidos, hubiera pensado que llegar a la Luna era imposible. ¿Qué hubiera pasado si Martin Luther King Jr. hubiera pensado que era imposible lograr los derechos civiles en Estados Unidos? ¿Y si Gandhi hubiera pensado que era imposible derrocar sin violencia la ocupación británica en la India? ¿Podría Barack Obama haberse convertido en el primer presidente afroamericano de Estados Unidos si hubiera pensado que era imposible? Probablemente no.

Creer que algo es posible es el primer paso para hacer que una convicción se haga realidad. El segundo paso, sin embargo, consiste en tener una idea y un plan. Las personas que no sienten miedo no se paran a pensar que lo imposible puede ser posible, sino que van más allá y crean un plan que les ayude a conseguirlo.

Por ejemplo, hace unos años, cuando yo todavía no había aparecido en ninguna televisión nacional, di por inalcanzable mi sueño de llegar a las personas a través de los medios de comunicación nacionales. Sabía que tenía algo importante que decir y que podía hacer bien a la gente gracias a mis consejos. Tenía una visión muy clara de dónde quería llegar y cómo iba a hacerlo. Por eso definí la meta que deseaba alcanzar, establecí un plazo para hacerlo y fragmenté lo que en princpio parecía un objetivo inmenso y desalentador en pequeños miniobjetivos. Me anticipé a los pequeños obstáculos que fui encontrando a lo largo del camino y fui resolviendo los problemas a medida que iban surgiendo.

Se trata exactamente del mismo proceso que han seguido otras personas para llegar al éxito del que hoy gozan. Barack Obama sabía cómo ganar las elecciones para convertirse en presidente de Estados Unidos. Por ello definió el claro objetivo que se había marcado, estableció un plazo para lograrlo, celebró mítines para conseguir apoyos estratégicamente situados, y se anticipó a obstáculos tales como críticas, rumores, antecedentes… En definitiva, tuvo que adaptarse a las circunstancias y confiar en su capacidad para poder seguir persiguiendo su objetivo a pesar de los impedimentos y los contratiempos a los que tuvo que enfrentarse.

Este programa en 5 pasos te ayudará a hacer todo esto y más, para que tú también puedas hacer posible lo imposible.

¡Cambia tu vida ya!

No tener miedo es un estado de ánimo, no un rasgo genético. Tú puedes adquirirlo y reforzarlo. Empieza ya a desarrollar tu valentía recordándote a ti mismo todos los logros que has acumulado en la vida. Lo más probable es que ya hayas hecho posible lo imposible en muchas ocasiones. ¿Qué cosas has conseguido que en un principio pensaras que no ibas a lograr? Escríbelas. Ten esa lista a mano para leerla cuando empieces a pensar que no tienes lo que hace falta para emprender un cambio.

SEGUNDA PARTE

Cambia tu vida

Cómo cambiarás tu vida en 28 días

El programa Los 5 pasos para cambiar tu vida de forma efectiva empieza con un capítulo preliminar y, a continuación, cinco pasos muy efectivos. Puedes completar el programa en tan sólo 28 días, dependiendo de cuánto te comprometas. Aquí tienes un adelanto.

. . . .

PREPARACIÓN:
SIENTA LAS BASES PARA CAMBIAR TU VIDA

¿En qué te cambiará la vida?: Empezarás a pensar que el cambio es posible y serás capaz de anticiparte a esos factores que no te han permitido seguir adelante, elaborando un plan para sobreponerte a ellos.

Tareas:

☐ **1.** Prepara la libreta que utilizarás para ir tomando notas a medida que vayas progresando con el programa.

☐ **2.** Mide tu potencial antimiedo con la escala antimiedo que encontrarás en el programa.

☐ **3.** Haz un test rápido para determinar si hay repartemiedos en tu vida y da los pasos necesarios para alejarte de ellos.

☐ **4.** Reflexiona sobre cómo fomentan el miedo los medios de comunicación, las noticias, los rumores y las redes sociales y, si es necesario, toma medidas para desconectar.

☐ **5.** Designa como mínimo a una persona en quien puedas confiar para que te apoye emocionalmente.

Tiempo estimado para la tarea: 1-2 horas.

PASO 1:
DISEÑA LA VIDA DE TUS SUEÑOS

¿En qué te cambiará la vida?: Tendrás la pasión, energía y motivación necesarias para conseguir lo que siempre has querido. Ya no te parecerá imposible cumplir tus sueños, sino que pensarás que cumplirlos está a tu alcance.

Ejercicios:

☐ **1.** Visualiza cómo te gustaría que fuera tu futuro.

☐ **2.** Haz una lista de objetivos y sueños basándote en esa imagen.

☐ **3.** Asegúrate de que cada elemento de la lista tiene una motivación interna, adecuada y realista, inspiradora, positiva y con un fin específico.

☐ **4.** Crea una lista de recompensas con los beneficios que obtendrás para animarte a seguir adelante.

☐ **5.** Prioriza tu lista de sueños y fija un objetivo para conseguir al cabo de 28 días.

Duración aproximada del ejercicio: 2-3 horas.

. . . .

PASO 2:
ROMPE TU PATRÓN DE MIEDO

¿En qué te cambiará la vida?: Ya no tendrás miedo al cambio. Comprenderás cuáles son los obstáculos que te han impedido lograr tus objetivos en el pasado y sabrás cómo superarlos.

Ejercicios:

☐ **1.** Crea un vertedero de miedos realizando una lista de las preocupaciones, excusas e inquietudes que impidan que tus sueños se hagan realidad.

☐ **2.** Identifica los obstáculos de sueños, esos obstáculos emocionales que te han impedido seguir adelante.

☐ **3.** Analiza el vertedero de miedos para averiguar qué factores han influido en ti para que sigas estancado y elabora una lista de estancamientos.

☐ **4.** Amplía la lista de recompensas del Paso 1 con los datos del vertedero de miedos y de la lista de estancamientos.

Duración aproximada del ejercicio: menos de 2 horas.

• •

PASO 3:
DALE OTRA VOZ A TU CONCIENCIA

¿En qué te cambiará la vida?: Podrás deshacerte de la negatividad que te ha dejado estancado, que ha provocado tu miedo y que ha hecho que dudaras de ti mismo en el pasado. A partir de este momento sabrás cómo debes animarte a dejar de preocuparte, a mantener la calma y a seguir confiando en que alcanzarás tus metas.

Ejercicios:

☐ **1.** Sé consciente de tus pensamientos y presta atención a los momentos negativos.

☐ **2.** Reflexiona periódicamente sobre ti mismo para ser más consciente de tus sentimientos y sensaciones.

☐ **3.** Presta atención a lo que dices y a lo que los demás te dicen. Fíjate en cómo el lenguaje afecta a las decisiones, las elecciones, las emociones y el miedo.

☐ **4.** Transcribe lo que dice tu conciencia pensando en tus objetivos y fijándote en los pensamientos negativos que afloran a la superficie.

☐ **5.** Dale otra voz a tu conciencia para que sea más positiva y motivadora. Memoriza tus nuevos pensamientos.

Duración aproximada del ejercicio: de 2 a 3 horas en el transcurso de una semana.

• •

PASO 4:
ELIMINA TU REACCIÓN DE MIEDO

¿En qué te cambiará la vida?: No volverás a estar nervioso ni a sentir ansiedad o pánico porque podrás controlar tus nervios. Aprenderás a reaccionar cuando se te acelere el corazón, te suden las manos por el miedo o tengas cualquier otra reacción nerviosa, y serás capaz de utilizar dicha reacción en tu propio beneficio.

Ejercicios:

☐ **1.** Normaliza tu reacción de miedo. Ten en cuenta que nadie es inmune a los nervios, todos los sentimos.

☐ **2.** Demuestra que puedes controlar tus reacciones de miedo obligándote a ponerte lo más nervioso posible.

☐ **3.** Vuelve a recuperar el control sobre tu respuesta calmándote y realizando ejercicios de relajación regularmente.

☐ **4.** Convierte tu miedo en un punto fuerte descubriendo el modo de utilizar tus nervios en tu propio beneficio.

☐ **5.** Crea una estrategia de reacción de miedo para aplicarla cada vez que te encuentres en una situación tensa.

☐ **6.** Toma medidas para reducir el estrés en tu vida, y así evitarás esa reacción de miedo cuando no la necesites.

Duración aproximada del ejercicio: 3-4 horas en una semana.

. . . .

PASO 5:
VIVE TU SUEÑO

¿En qué te cambiará la vida?: Vas a perseguir y alcanzar un objetivo o un sueño importante, demostrándote a ti mismo que puedes hacer realidad tus sueños.

Ejercicios:

☐ **1.** Elabora un plan de acción antimiedo que te ayudará a cumplir tu objetivo poco a poco.

☐ **2.** Llévalo a cabo.

Duración aproximada del ejercicio: Puede variar según la envergadura del objetivo que se desea alcanzar. Podrás ver los resultados entre dos semanas y un par de meses como mucho.

5

Sienta las bases para cambiar tu vida

Este plan te ayudará a conseguir aquello que dabas por imposible. Te anima a atreverte a ser alguien excepcional, a enfrentarte a aquello que más temes y a cruzar esa barrera invisible que, hasta ahora, te ha impedido vivir tu auténtica vida.

No importa si para lo que habías comprado este libro era para superar tu miedo a hablar en público o tu miedo al fracaso. No importa si lo que quieres es encontrar el valor para acabar con una relación sin perspectivas de futuro o dejar un trabajo en el que no puedas progresar. No importa si lo que padeces es una fobia enfermiza, un trastorno de pánico o simplemente sospechas que tu vida no es tan satisfactoria como podría ser. Este plan funcionará con cualquier tipo de miedo que puedas sufrir, ya que ningún miedo es demasiado grande, demasiado angustioso o demasiado extremo.

Este programa te orienta a través del mismo proceso que he empleado con mis pacientes. Dejarás de tener miedo para al fin poder hacer tus sueños realidad.

Con este plan conseguirás realizar un gran cambio en poco tiempo. Cualquier cambio asusta y, como resultado, es posible que tengas nervios al comenzar este viaje. Pensamientos tales como: «¿De verdad podré hacerlo? ¿Es el momento adecuado para comenzar un programa para cambiar mi vida? ¿Seguro que tengo lo que hace falta?» invaden a quienes acuden a mi consulta. Estas preguntas podrían llevar a tener sensación de incertidumbre y, en consecuencia, un poco de miedo. No pasa nada. Tú puedes hacerlo. La ansiedad que puedes estar sintiendo en este momento es algo normal y predecible.

Formulé las tareas de este capítulo para ayudarte a superar todos esos síntomas nerviosos. Éstas te ayudarán a debilitar tu sentido de la incertidumbre para que te sientas mejor preparado y más seguro antes de dar los pasos siguientes.

También te ayudarán a anticipar, planear y superar diversos retos. Aunque ninguna de ellas es ciento por ciento necesaria, te recomiendo encarecidamente que las leas todas y las tengas en cuenta para ser consciente de que lo que estás a punto de intentar realmente es posible.

Cambia tu vida en tres horas

Dedica de una hora y media a dos horas para hacer estas cinco tareas preliminares. Táchalas a medida que las vayas realizando.

☐ **Tarea n.º 1:** Hazte con una libreta para hacer los ejercicios de este programa. Tiempo estimado: 1-30 minutos.

☐ **Tarea n.º 2:** Mide tu potencial antimiedo. Escribe la fecha y la fase antimiedo en la que te encuentras (Fase 1-5) en tu libreta antimiedo. Tiempo estimado: 15-30 minutos.

☐ **Tarea n.º 3:** Haz el test para saber qué tipo de repartemiedos te rodean y cómo alejarte de ellos. Tiempo estimado: 40-60 minutos.

☐ **Tarea n.º 4:** Lee la tarea n.º4 y plantéate reducir el consumo de medios de comunicación impulsores del miedo. Tiempo estimado: 15-30 minutos.

☐ **Tarea n.º 5:** Pídele al menos a una persona que se una a tu Grupo de Apoyo al Cambio. Escribe en tu libreta el nombre e información de contacto de los miembros de tu grupo.

Tiempo estimado: 5-10 minutos.

Las reglas para cambiar tu vida

Antes de profundizar en las tareas preliminares, tenemos que establecer algunos principios. Tenlos presentes para sacarle el máximo partido al programa.

1. **No hay reglas.** Este programa ha sido diseñado de tal forma que estoy seguro de que prácticamente todo el mundo podrá entenderlo y seguirlo. Por supuesto, siempre hay excepciones. Si algún ejercicio o paso no es relevante o no tiene relación con el principal problema u objetivo que tú quieres abordar, no dudes en saltártelo. Pero

cuidado con la debilidad: ¿te sientes tentado a saltarte un paso o ejercicio porque te da miedo hacerlo? ¿Tiene más que ver tu fobia con tu propio miedo e insatisfacción que con lo que realmente necesitas? Cuando dudes, haz el ejercicio, aun cuando no sepas si lo necesitarás.

2. **Si algo no funciona al primer intento, prueba otra vez.** Intenté hacer este programa a prueba de fallos. Sin embargo, es posible que la vida y las circunstancias te impidan realizar determinados ejercicios. Cuando esto ocurra, no cometas el error de considerarte un fracasado y rendirte. Cuando te sientas estancado, trata de evadirte. Intenta mirar la situación desde la perspectiva de algún amigo. ¿Cómo afrontaría el problema que tú tienes la persona más segura y decidida que conoces? ¿Cómo daría esa persona ese paso que a ti te resulta difícil? ¿De qué otro modo lo afrontaría? Puede que necesites tomar un descanso en el programa para reorganizarte, adoptar otra perspectiva y apretar el botón mental de reinicio. Cuando lo retomes, lo harás desde una perspectiva que te permitirá abrirte paso con más facilidad.

3. **Si empiezas a aplazar los ejercicios, lee este consejo.** El miedo provoca que aplacemos las cosas. Si postergas un ejercicio una y otra vez, es posible que necesites realizarlo más que cualquier otro. Recuerda: pensar demasiado es lo que más puede desorientarnos. La hiperreflexión nos lleva a idear nuevas excusas. Ahora es el momento de

pasar a la acción. Deja de pensarlo y empieza a hacerlo realidad.

4. **Haz los ejercicios pensando en ti, no en mí.** Si empiezas a pensar que alguien te está obligando a hacerlo, retrocede y reflexiona sobre ello. Nadie te está obligando a decir adiós al miedo. Piensa que tú eliges hacerlo, que tú quieres hacerlo, que puedes hacerlo y que vas a hacerlo.

5. **Motívate mirando hacia adelante.** Practica el arte de mirar hacia adelante para evitar la frustración, la ansiedad y el miedo. Recuerda constantemente tu objetivo final. Encuentra la inspiración para continuar teniendo presente en todo momento aquello que en poco tiempo vas a lograr.

6. **Abre tu mente.** Algunos de los ejercicios de este programa son totalmente contraintuitivos. Por ejemplo, muy pronto estaré aconsejándote algo así de paradójico: experimenta la máxima ansiedad posible. Y te pido que confíes en mí. Muchas veces, aquello que pensamos que no va a funcionarnos es la clave para poder avanzar. He asesorado a innumerables personas, y estos ejercicios paradójicos han funcionado en todas ellas. Los pacientes a veces me miraban como si fuera yo el que necesitara pedir ayuda, pero, al final, todos me lo han agradecido.

Tarea preliminar n.º 1: Hazte con una libreta

Este plan es sencillo y barato. No necesitas mucho para empezar, pero tener una libreta a mano va a ser clave.

La usarás para anotar algunas cosas en ella a medida que vayas profundizando y avanzando en el programa.

Ahora bien, no creas que lo que vas a escribir en ella son ejercicios al estilo de «querido diario». Si sólo la utilizas para apuntar aquellas cosas que te gustaría cambiar en ti y en lo que te rodea, la estarás convirtiendo en el típico terapeuta incompetente que te hace sentir débil en lugar de hacerte más fuerte. Tampoco te estoy pidiendo que te compres una libreta para escribir página tras página las cosas que no te gustan de tu vida y a quién le echas la culpa. No será en ella donde deberás quejarte de tu jefe, tus amigos, tu madre, tu pasado, tu pareja o tu vida en general. No será un soporte para que puedas desahogarte ni para que fantasees a través de un flujo de conciencia.

Quiero que le des a tu libreta una utilidad mucho más sabia: que conviertas la libreta en una herramienta estratégica para crecer a medida que vas diciendo adiós al miedo.

No importa cuál sea su aspecto. Puede ser bonita y cara o puede ser sencilla y barata: lo importante es que sea de papel, por lo que preferiría que no utilizaras un soporte electrónico. En efecto, muchos pacientes me preguntan si pueden tomar notas en sus portátiles o *smartphones*, pero yo siempre les animo a escribir a mano, ya que he comprobado que los que escriben a mano se comprometen más con el programa y logran el éxito con más facilidad que aquellos que usan aparatos electrónicos. Es posible que esto se deba a que el hecho de escribir a mano estimula un área del cerebro asociada a la concentración y la atención, lo que hace que escribir propósitos en un papel y no en un soporte electrónico te ayude a recordarlos y priorizarlos. Además, varios estudios han demostrado que tanto los niños como los adultos tienden a aprender más deprisa cuando escriben la información a mano que cuando la teclean. En resumen, tener tus notas escritas en papel —y tenerlas a mano— aumenta el sentido de la responsabilidad. Asimismo, es más tangible porque puedes ver y tocar tu libreta, y te permite organizar la información con más facilidad, ya que eres más consciente del comienzo, del desarrollo y del final del viaje, lo que mejora la capacidad de motivación e inspiración.

A lo largo del programa, me referiré a esta libreta como la libreta antimiedo. Te sugeriré que anotes ciertas cosas en ella y que realices algunos ejercicios con papel y bolígrafo. Éstos son algunos ejemplos de anotaciones que probablemente quieras conservar:

- Algunos dichos motivadores que te gustaría recordar.
- Una lista periódica que mida tus niveles de miedo, humor y felicidad. Por ejemplo, una vez a la semana puedes medir tu felicidad en una escala del 1 (estás tan triste que no puedes levantarte) al 10 (más que eufórico).
- Una lista de las experiencias que tienes con el miedo (tanto las negativas como las positivas) a lo largo del programa. Te ayudará a ver y recordar todas las ocasiones en las que has triunfado frente al miedo.

Tarea preliminar n.º 2: Mide tu potencial antimiedo

¿Temes no ser capaz de decir adiós al miedo? Estoy convencido de que sí lo eres. Estás listo y capacitado para ello. Ya has comprado este libro, lo que significa que la decisión está tomada. Eres curioso, y ello conduce al cambio. Transforma tu vida. Ansía el cambio. Entusiásmate. Sé positivo. Incluso ante la adversidad, ten por seguro que te enseñaré a ser positivo y hacer realidad tus sueños y objetivos a través de estas páginas.

No he conocido a nadie que fuera incapaz de cambiar su vida, por eso sé que tú también puedes conseguirlo. No te engaño. Sé lo que hago. Créeme.

Crees que mi palabra no es suficiente. Quieres algo más. Por eso medirás tu potencial antimiedo. Con este breve y sencillo test sabrás si ya has empezado a cambiar tu vida aunque no lo sepas, y lo que es más importante: comprobarás que sí tienes el potencial —como todo el mundo lo tiene— para lograr un cambio mayor. Este test está basado en el modelo de aprendizaje de las cuatro etapas de competencia desarrollado por Abraham Maslow, y también en el modelo de las etapas de cambio de James O. Prochaska y Carlo DiClemente.

CÓMO MEDIR TU POTENCIAL ANTIMIEDO

Lee todas las fases de la escala antimiedo empezando por la Fase 1. Responde a las correspondientes preguntas y pasa de una fase a otra hasta llegar a la que te corresponde.

Fase 1: La incertidumbre ciega

En qué consiste: En esta fase, ni siquiera eres consciente de tener un problema. No tienes intención de cambiar tu vida porque no sabes si aprender o cambiar podría aportarte algo bueno. No sólo no eres consciente de que ese miedo que sientes es el origen de todos tus problemas, sino que tampoco te das cuenta de que tienes problemas y un cambio podría ser bueno para ti. Piensa en personas que conoces que sienten miedo pero ni siquiera se dan cuenta de ello. Es probable que ellas mismas se definan como «cautos» o «realistas» como excusa para no volar, para emprender un cambio o para cualquier otra cosa. Así es la incertidumbre ciega.

Responde a esta pregunta: ¿Fuiste tú quien compró este libro?

Si tu respuesta es sí: No estás en la Fase 1. Como has comprado este libro y has leído hasta aquí, puedo asegurarte que ya has superado dicha fase. ¡Felicidades! Avanza a la Fase 2.

Si tu respuesta es no: Estarás en la Fase 1 si has empezado a leer este libro sólo porque alguien —tu pareja, un amigo, un conocido— te lo ha recomendado. Si es así, retrocede y vuelve a leer los capítulos 1, 2, 3 y 4.

Fase 2: La incertidumbre incómoda

En qué consiste: En esta fase, ya eres consciente del problema y del origen de tu miedo. Sabes que algo falla, y también sabes lo que debes hacer para cambiar esta situación. Aun así, tu miedo todavía pesa más que tu nivel de incomodidad. Hay algunos factores en tu actual situación que aceptas y a los que no quieres renunciar. Crees que tu vida sería mejor si emprendieras algunos cambios, pero temes que vaya a peor. Piensa en el fumador que se despierta con una tos horrible, sabe que está producida por el tabaco y piensa: «Debería dejar de fumar». Al abandonar el hábito empieza a sufrir el síndrome de abstinencia, cuyos síntomas no son agradables. Para evitarlos, el fumador se fuma un cigarrillo, por lo que retrocede a un lugar más cómodo. Así es la incertidumbre incómoda.

Responde a esta pregunta: ¿Estás tan incómodo ahora mismo que estás seguro de que cualquier cambio sería mucho mejor que estar estancado?

Si tu respuesta es sí: Ya no estás en la Fase 2. ¿Lo ves? Te dije que tenías menos miedo del que pensabas. Avanza a la Fase 3.

Si tu respuesta es no: Ten en cuenta que el proceso de superación del miedo supone cierta incomodidad temporal. Ésta desaparecerá cuando hagas efectivo el cambio. Por el contrario, si no haces nada, tendrás como resultado una incomodidad constante. Tómate un rato para reflexionar hasta que llegues a la conclusión de que la incomodidad temporal es mucho mejor que la incomodidad constante. Una vez hayas interiorizado esto y tu respuesta a la anterior pregunta sea afirmativa, avanza a la Fase 3. Recuerda: la ansiedad transitoria es mejor que la infelicidad permanente.

Fase 3: El umbral de la incertidumbre

En qué consiste: En esta fase, la incomodidad por la falta de cambio ha pesado más que la incomodidad por el cambio en sí. Tienes muy claro que hacer algo es mucho mejor que no hacer nada. Estás motivado para emprender el cambio y, para llegar hasta él, estás dando pequeños pasos.

Responde a esta pregunta: ¿Ya has intentado superar tu miedo? Por ejemplo, es posible que ya hayas recurrido a un terapeuta, que hayas leído otros libros o que hayas probado otros métodos.

Si tu respuesta es sí: ¡Ya no estás en la Fase 3! Avanza a la Fase 4.

Si tu respuesta es no: La Fase 3 es la fase ideal para empezar este programa. Si estás en ella, ya estás preparado para el cambio. Este programa avanzará al ritmo que tú marques. Aunque puede que te sientas incómodo en determinados momentos, nunca llegará a ser insoportable. El programa terminará cuando hayas avanzado a la Fase 4 o la hayas superado.

Fase 4: La seguridad con prudencia

En qué consiste: En esta fase, te encuentras avanzando e intentando decir adiós al miedo para cambiar tu vida. No obstante, dado que es nuevo para ti, te sentirás incómodo, del mismo modo que te sentías cuando montaste en bicicleta por primera vez. Recuerdo cómo mi padre me enseñó a montar en bici. Mientras iba avanzando, miré hacia atrás y lo vi a lo lejos, y entonces supe que me había soltado hacía un rato. Pensé: «¡Lo estoy haciendo yo solo!». Experimentaba una gran sensación de éxito. Muy pronto, tú también la experimentrás. Sin embargo, todavía no te encuentras lo suficientemente cómodo como para montar tú solo en bicicleta.

Responde a esta pregunta: ¿Te has enfrentado a tu mayor miedo y te has dado cuenta de que no es tan horrible como esperabas?

Si tu respuesta es sí: Vaya, ¡has dicho adiós al miedo antes de lo que pensabas! Debes avanzar a la Fase 5. Aun así, procura no confiarte demasiado, ya que muchas personas vuelven a tener problemas tras superar esta fase. Quien pierde peso haciendo una dieta, lo vuelve a ganar. Quien acaba una relación sin perspectivas de futuro, la retoma. Lo que ocurre en estos casos es que sufren una recaída y retroceden a una fase previa después de un período de estabilidad. El capítulo 11 de este libro te ayudará a evitarlo. Ahí encontrarás lo que necesitas para consumar los cambios y decir adiós al miedo, evitando posteriormente sufrir una recaída.

Si tu respuesta es no: Eres una persona normal. No,

lo retiro. Eres excepcional. Ya estás en la Fase 4, aunque mucha gente no llega a esta fase hasta que no completa los 5 pasos. Puedes sentirte satisfecho por tener esta posición en la Escala Antimiedo y por saber que la vida, a partir de ahora, sólo puede mejorar. Los 5 pasos serán definitivos para que puedas cambiar tu vida y alcanzar todos tus sueños; incluso los más difíciles, que ahora te parecerán imposibles.

Fase 5: Experto en seguridad

En qué consiste: Estás en el final del proceso, la fase en la que te das cuenta de que cambiar ya no te resulta complicado y ya no sientes la tentación de retomar tus antiguos hábitos disfuncionales. Ya has cambiado tu vida tanto en la teoría como en la práctica, lo que te permite seguir persiguiendo tus sueños y objetivos sin que ello te suponga ningún esfuerzo.

Ésta es la fase donde estarás cuando acabes de leer este libro. Tanto la teoría como la práctica, que ahora te parecen extrañas y desfasadas, llegarán a surgir con naturalidad y espontaneidad en ti cuando logres tus objetivos.

¡Al final de este libro, responderás a esta pregunta con un sí rotundo!: ¿Tu día a día ha dejado de ser una lucha constante contra el miedo?

Es probable que todavía no puedas dar un sí como respuesta, pero pronto lo harás. Te animo a consultar esta escala cuando completes los 5 pasos, y también cuando quieras hacer realidad cualquier otro sueño.

Tarea preliminar n.º 3: Aléjate de los repartemiedos

Un repartemiedos es alguien que contagia el miedo, sea consciente o inconscientemente.

En pocas palabras, son personas negativas: incluso si les tocara la lotería o los ascendieran en el trabajo seguirían quejándose. Se quejan absolutamente de todo, incluso del trabajo, de sus amigos, de su familia, de conocidos, de los políticos, de los famosos, del precio de la gasolina, de la bolsa y hasta del tiempo que hace.

Tenerlos cerca es agotador. Los repartemiedos se dedican a absorber toda tu energía. La vida, para ellos, siempre está llena de dramatismo y se sienten las personas más desgraciadas del mundo.

Es difícil que un repartemiedos se interese de verdad por ti, por tus intereses y tus ilusiones o te anime a seguir adelante. Suelen ser egocéntricos, exigentes, victimistas e indiferentes ante los demás. Y lo que es peor: contagian el miedo, algo que, en estos momentos, puede ser muy destructivo para ti.

Supongo que tendrás a más de un repartemiedos a tu alrededor, aunque a veces no son fáciles de localizar porque nos hemos acostumbrado demasiado a ellos y, en cierto modo, los hemos aceptado tal como son. ¿Cuántas veces has pensado o dicho que alguien es insoportable o lo has justificado diciendo que era una persona muy negativa? Puede que fuera así, y puede que antes sí que lo aceptaras. Sin embargo, ahora estás emprendiendo cambios muy importantes en tu vida. Es importante que seas consciente del impacto negativo que estos repartemiedos pueden provocar en ti.

Suelo explicarles a mis pacientes esta analogía para que pueda comprender mejor el impacto que las opiniones de otros —positivas o negativas— pueden causar en ellos. Pongamos que tú decides comprarte un Toyota Prius. Estás muy seguro de haber tomado la decisión correcta y estás ansioso por tenerlo. Ilusionado, le cuentas a tu hermano que vas a comprártelo, y él te dice que ese modelo no le gusta porque parece una zapatilla con ruedas. Entonces, llamas a una amiga y le dices que te vas a comprar un Prius.

—¿Te puedes creer que mi hermano me ha dicho que el Prius parece una zapatilla con ruedas? —le dices.

—A mí también me lo parece —te replica ella.

Ahora tú empiezas a dudar más, por lo que llamas a tu madre para pedir su opinión.

—¿Te vas a comprar un Prius? ¿Para qué quieres un coche como ése? —te pregunta tu madre.

Esto es lo que te lleva a mostrarte más inseguro y a cambiar tu sistema de creencias.

Los repartemiedos generan incertidumbre, promueven la negatividad y te hacen estar más inseguro. A pesar de que tú quieras creer que puedes cambiar tu vida, ellos minan tu convencimiento.

Es importante que sepas que, en la terapia, yo represento lo opuesto al repartemiedos. Mientras ellos se encargan de desestabilizar los sistemas de creencias sólidos, yo me encargo de desestabilizar las creencias débiles y de cambiarlas por otras más sólidas. Los repartemiedos se encargan de convencerte para que tengas más miedo y no puedas cambiar tu vida; yo, de convenceros a ti y a otras personas de que sí podéis decir adiós al miedo y cambiar vuestra vida. Los repartemiedos os debilitan; yo, a través de este programa, os haré más fuertes.

¿Quiénes son tus repartemiedos?

Párate un momento a pensar en tu familia, tus amigos más cercanos, tus compañeros de trabajo y tus conocidos. Luego, mira la tabla de abajo y escribe el nombre de cada una de estas personas para poder realizar el test de repartemiedos.

Pregunta	Respuesta: Sí o No
1. ¿Esta persona suele ser negativa?	
2. ¿Esta persona está descontenta con su trabajo, su familia y sus relaciones?	
3. ¿Se queja de las noticias, el precio de la gasolina, los políticos y demás?	
4. ¿Te agota estar con esa persona?	
5. ¿Se ríe de tus objetivos en la vida?	
6. ¿Te sientes desanimado después de pasar tiempo con esa persona?	
7. ¿Es esa persona exigente?	
8. ¿Es esa persona egocéntrica?	
9. ¿Ocurren muchas desgracias en la vida de esa persona?	
10. ¿Esa persona tiene un comportamiento victimista o de indefensión?	

Si has contestado que sí a más de tres preguntas, es probable que esa persona sea un repartemiedos y que no te ayude a alcanzar tus sueños y objetivos. Puede que pienses que obtener tres respuestas afirmativas de un total de diez no sea tan malo. No olvides la tendencia a la negatividad: un poco de negatividad es suficiente para debilitar tus decisiones. Tómatelo así: si alguien que conoces es negativo el 30 por ciento del tiempo, eso significa que esa persona introduce el miedo en tu vida durante aproximadamente dieciocho minutos cada hora, durante unas ocho horas al día y dos o tres días a la semana. Así de lógico.

Cómo tratar a los repartemiedos

Dependiendo de tu vida y tus circunstancias, es probable que no puedas deshacerte de todos los repartemiedos que te rodean. Sin embargo, sí puedes hacer lo siguiente.

- **Aléjate de ellos y mantén la distancia de seguridad.** Éste es el momento de anteponer tus necesidades a cualquier otra cosa. Concéntrate en tus sueños y objetivos. Piensa que éstos son más importantes que cualquier amigo gruñón y negativo. Un amigo de verdad siempre te comprenderá y te respetará, independientemente de tus objetivos.
- **No te rebajes a su nivel.** Hasta ahora, es probable que tú mismo hayas contribuido a contagiar el

miedo. Piensa en cómo. ¿Hay algún amigo o grupo de amigos que recurre a ti para chismorrear porque sabe que tú vas a participar? Si es así, ¿qué cosas podrías decirles para disipar el miedo? ¿Cómo podrías interrumpir el ciclo de contagio? En vez de seguirle el juego con sus chismorreos, ¿podrías relajarte, escuchar y contestarles con una afirmación positiva del tipo «Todo va a salir bien»?

- **No te compadezcas de ellos.** Hacerlo legitimará su comportamiento y te resultará agotador.
- **No te sientas obligado a estar cerca de ellos.** La gente cambia con el tiempo. Un buen ejemplo de ello es que yo no me siento obligado a ser amigo de alguien sólo porque estudiamos juntos en el instituto. De hecho, únicamente conservo un amigo de la infancia, Dave, al que conozco desde la guardería. Sigo siendo su amigo porque quiero y no porque crea que tengo que hacerlo. Si los objetivos, las creencias y los valores de esa persona se parecen a los tuyos, hazlo. Si no, déjalos ir.
- **Sé fuerte y busca tu sitio.** Mostrando tu vulnerabilidad sólo conseguirás que tu amigo tóxico siga absorbiéndote cada vez más.
- **Defiéndete y muéstrate orgulloso de tus logros.** Recuerda: lo que haces es algo positivo.
- **Establece períodos de reflexión.** Cuando te llama un repartemiedos, deja que responda el buzón de voz. De esa manera, podrás determinar si esa persona te conviene emocionalmente antes de comunicarte con ella. Si ese mensaje te transmite miedo

y ansiedad, espera unas horas para devolver la llamada: ese lapso facilitará que el repartemiedos cambie de tema cuando reciba tu llamada.

Tarea preliminar n.º 4: Vacúnate contra el miedo

Si estuvieras a punto de comenzar una dieta, seguramente empezarías a tomar ciertas medidas para reducir la ansiedad ante ciertos alimentos. Por ejemplo, tirarías a la basura las galletas y las patatas fritas o las guardarías en recipientes opacos en un armario de la cocina de difícil acceso que no sueles abrir. Estas técnicas podrían ayudarte a evitar la tentación y la ansiedad por la comida.

Tú puedes hacer lo mismo con el miedo. La sociedad puede aumentar nuestro miedo de muchos modos. Acabamos de hablar de los repartemiedos y de cómo se encargan de desencadenar y fortalecer este sentimiento, pero son muchos más los causantes.

Las noticias, que hacen siempre hincapié en las muertes y los desastres naturales, tienden a predisponer a la gente a tener miedo. Nos están bombardeando con información negativa y amenazadora las veinticuatro horas del día, los siete días de la semana. Es imposible no escuchar, ver o leer información alarmante. Conocemos casos de niños secuestrados en la puerta de su casa, enfermedades raras y mortales que nos pueden contagiar las aves y problemas asociados con todo lo que nos rodea, desde tostadores que se incendian espontáneamente hasta un moho tóxico que aparece en nuestro piso de la ducha.

¡No es de extrañar que todos tengamos tanto miedo! No tenemos espacio para respirar ni tiempo para reaccionar. Nos están hablando constantemente de los problemas que tiene la economía, de la precariedad laboral y del desempleo. Aun así, seguimos oyendo casos de fusiones entre empresas y bancos.

Además de esto, oímos hablar día tras día del alto índice de divorcios, infidelidades, famosos engañados por sus parejas, escándalos y asesinatos estremecedores. Todo ello forma parte de un mensaje negativo que inculca y perpetúa el miedo. Consciente o inconscientemente, la gente desarrolla un sentido de hipervigilancia.

Compruébalo

Mide tu miedo en una escala del 1 al 10 antes de ver las noticias. Después de verlas, mídelo otra vez. ¿Crees que las noticias —y la cantidad de desgracias, muertes y caos que concentran— empeoran tu sensación de miedo? Lo más probable es que sí.

Asimismo, a pesar de que Internet, los mensajes de texto, Facebook, la mensajería instantánea, las actualizaciones de estado y los *smartphones* ofrecen increíbles prestaciones y eficiencia, tienen un inconveniente que provoca aún más miedo: si el chat o el buzón de Facebook estuvieran llenos de mensajes amenazadores sobre las fluctuaciones de la bolsa, la economía y otras espantosas noticias de actualidad, te pondrías nervioso cada vez que te conectaras a Internet. Todo el mundo espera que estemos todos siempre conectados y accesibles, lo que genera ansiedad. ¿Y si no estamos siempre conectados? ¿Qué nos estamos perdiendo? ¿Qué pensarán los demás si no les damos una respuesta inmediata? Todos estos avances tecnológicos dan lugar a que haya más necesidad de prontitud y más incertidumbre que nunca.

Hasta los programas de televisión y las películas pueden provocar miedo. Piensa en cómo te sientes cuando ves una película de terror. ¿Así es como quieres sentirte mientras intentas comenzar un programa para cambiar tu vida?

Aquí tienes algunos métodos para poner tu miedo a dieta:

- Evita los dramas policiales, los apocalípticos y las películas de terror. Elige comedias y comedias románticas.
- Reduce el consumo de noticias a una sola fuente informativa de confianza que vaya más allá de los sucesos sensacionalistas que provocan miedo.
- Si tienes un grupo de amigos que se entretienen platicando sobre el miedo —«¿Sabéis que el próximo atentado terrorista tendrá lugar durante un acontecimiento deportivo importante?»— puede que tú quieras cambiar de tema cuando los escuches hablar. Toma el control y lleva la conversación por donde tú quieras.
- Entra en Facebook y en otras redes sociales únicamente *después* de haber realizado tus ejercicios antimiedo del día.

Tarea preliminar n.º 5: Crea tu Grupo de Apoyo al Cambio

Del mismo modo en que algunas personas tienden a ser repartemiedos, otras nos inspiran para decirle adiós a ese sentimiento.

Piensa en aquellas personas que tienes a tu alrededor que siempre te echan una mano y te hacen pensar que el mundo va muy bien, son aquellas que suelen ver más el vaso medio lleno que medio vacío, las que creen en ti, te dan ánimos y te hacen sentir genial. En mi caso, es alguien de confianza en la familia que se llama John y tiene ya casi ochenta años. Pase lo que pase, siempre me mira con buenos ojos.

Ésas son las personas que quieres tener cerca de ti, las que de verdad quieres que te escuchen cuando te sientes mal, porque te ayudan a sentirte bien, las que podrían llegar a ser los miembros ideales de tu Grupo de Apoyo al Cambio.

Tu grupo de apoyo puede tener el número de miembros que tú quieras. Para asegurarte de que cada una de las personas que elijas realmente va a ayudarte a alcanzar el éxito, lee las siguientes preguntas. Si la respuesta a todas ellas es sí, entonces esa persona podrá aportar mucho a tu Grupo de Apoyo al Cambio.

1. ¿Admiras la capacidad que tiene esa persona para adaptarse a los cambios?
2. ¿Te motiva esa persona para luchar por lo que quieres?
3. ¿Te sientes a gusto hablándole a esa persona de tus aspiraciones?

Di a todos ellos que estás a punto de comenzar un plan para cambiar tu vida que te ayudará a alcanzar un objetivo muy importante. A medida que vayas profundizando en los pasos del programa, te avisaré de los momentos en los que puedes contar con tu Grupo de Apoyo al Cambio. Cuéntales a sus miembros lo que estás intentando hacer y por qué es tan importante para ti. Pídeles que te den consejos y ánimos cuando los necesites.

Rodearte de personas afines puede darte mucha fuerza. Además de tu Grupo de Apoyo al Cambio, también puedes recomendarle a un amigo o grupo de amigos que compren el libro para así poder seguir el programa juntos.

Ella cambió su vida

Amy se disponía a emprender un gran cambio en su vida a los treinta y dos años. Llevaba diez años trabajando en recursos humanos, y decidió dejar esta ocupación para convertirse en abogada laboralista. Esta difícil tarea iba a requerir mucho tiempo, dinero y esfuerzo. Los cambios de profesión pueden provocar mucho miedo y ansiedad, además de crear incertidumbre al no saber si se ha tomado la decisión correcta o no. Recibir un apoyo total por parte de la familia y los amigos es esencial en estos casos, pero Amy temía de que esto no fuera así. Había ciertas personas cercanas a ella que ya le habían mostrado su desaprobación.

El objetivo: Amy quería rodearse de amigos y familiares que la apoyaran, y no dejarse llevar por aquellos que le inculcaran miedo y negatividad.

La recompensa: Si aprendía a enfrentarse a las personas insufribles que había en su entorno, Amy podría empezar a estudiar Derecho y cambiar de profesión con más determinación y tranquilidad.

El programa: Ayudé a Amy a que conociera sus propias necesidades. Era de esperar que su prioridad fuera obtener el título de abogada con el apoyo incondicional de su familia y amigos.

Le pedí que hiciera el test de repartemiedos (Tarea preliminar n.º 3) y que hiciera dos listas en función de los resultados que obtuviese: una, de las personas que la apoyaban; otra, de las personas que no la apoyaban. Después de escribir estas listas, quedó muy claro con quién podía contar Amy para perseguir su objetivo y con quién no. Luego estuve hablando con ella de complacer a los demás y de por qué se sentía obligada a ser amiga de ciertas personas que estaban impidiéndole realizar sus sueños. También le recomendé que se alejara de los repartemiedos.

El resultado: Amy empezó a centrarse en las personas que sí la estaban apoyando y a prestar menos atención a los repartemiedos. Como sus verdaderos amigos sí que la apoyaban como ella necesitaba que lo hicieran, ya no sentía la necesidad de relacionarse con los demás. Los repartemiedos empezaron a tener menor presencia en su vida, y pudo contar con su grupo de apoyo desde el momento en que comenzó su carrera de Derecho.

6

Paso 1: Diseña la vida de tus sueños

Todos tenemos sueños, pero sólo unos pocos son capaces de hacer esos sueños realidad.

Tú estás a punto de convertirte en uno de esos pocos.

Para hacer tus sueños realidad, no tienes que estar varios años acudiendo a sesiones personalizadas con el terapeuta más caro del país ni tomar medicamentos. Tampoco tienes que escuchar unas grabaciones carísimas que supuestamente sirven para reconectar tu cerebro ni tampoco tienes que tomar ningún costoso suplemento vitamínico para calmar tu mente; lo único que necesitarás será un lápiz, papel y estar convencido de que quieres cambiar; lo único que te separa de lo que quieres eres tú mismo: es el momento de permitirte el paso, de cambiar tu vida.

Cuando acabes este capítulo, te aseguro que ya no verás la vida del mismo modo como la veías antes de comenzar este libro. Esto será posible porque ya habrás diseñado la vida de tus sueños, y, una vez lo hayas hecho, al fin sabrás cómo crear la vida que realmente quieres tener.

Sí, este capítulo te cambiará. Te llenará del entusiasmo y de la energía que probablemente habrás echado de menos en tu vida. Te dará ese empujón que necesitas para romper con la monotonía y la mediocridad y para empezar a encaminarte hacia lo que hasta ahora veías imposible de conseguir.

Es emocionante.

Sin embargo, debo advertirte de algo: este primer paso del programa es emocionante y engañoso a partes iguales. Es engañoso porque los ejercicios que harás para completar el primer paso de este programa no son ni complicados ni requieren mucho tiempo, por lo que deberás completar las actividades de este capítulo en tan sólo una hora.

Parece pan comido, ¿verdad?

No lo es. En las siguientes páginas, tendrás que defender tu objetivo, al que llamaremos con cariño «sueño». Soñar es algo sano, y perseguir un sueño lo es todavía más. Es algo maravilloso, es algo poderoso capaz de sacarte de cualquier cuneta en la que puedas caer.

No obstante, puede que esto origine algunos tipos de miedo, como el miedo al cambio o al éxito. El cambio es angustioso. En mi consulta, veo continuamente a personas que están a punto de casarse o de comprar una casa, acontecimientos que deberían ser motivo de felicidad y no de angustia, como suele suceder. Incluso en una ocasión atendí a un paciente que, tras haber obtenido un ascenso con el consiguiente aumento de sueldo, vendió su viejo Ford y se compró un Mercedes para celebrarlo. ¡Ese coche le provocó ansiedad! Era un buen cambio, pero seguía siendo un cambio, y todo cambio es angustioso.

Para tener éxito, debes aceptar irremediablemente esa angustia como un efecto secundario normal, lo que hará que las cosas nos van a resultar un tanto incómodas.

Aun así, tú puedes hacerlo. Yo también te acompañaré, porque ya he empleado estos ejercicios con muchos de mis clientes, y puedo prever los momentos en los que puedes quedarte estancado o incluso desmoralizado e intentar abandonar. Sé cuáles son los ejercicios que pueden tentarte a retroceder o disuadirte de perseguir tu sueño, así que considérame tu consejero, tu terapeuta o tu gurú motivacional.

Incluso puedo anticipar ese momento en el que el miedo te tiente a cerrar este libro y abandonarlo. En esos casos, podrás comprobar que he incorporado **Antídotos del Miedo.** Es normal que desees evitar la ansiedad a toda costa. ¿Por qué ibas a querer sentirte incómodo? Es humano intentar mantener el statu quo, pero éste no siempre es tan bueno para ti y no siempre te conduce a la felicidad.

A veces, el cambio será la única salida, y estos antídotos te ayudarán a sortear tu resistencia mental para que puedas adaptarte al cambio y avanzar hacia lo que realmente anhelas en la vida.

¡Cambia tu vida en tres horas!

El Paso 1 incluye cinco ejercicios cuya realización te llevará de dos a tres horas. Te animo a que reserves una parte de tu tiempo para hacer estos ejercicios de manera consecutiva, uno detrás de otro, ya que todos ellos están relacionados entre sí. Márcalos a medida que vayas avanzando.

☐ **Ejercicio n.º 1:** Visualiza el futuro que quieres para ti. Obsérvalo con detalle. **Tiempo estimado:** 20-30 minutos.

☐ **Ejercicio n.º 2:** Haz una lista de sueños basada en la visualización del Ejercicio n.º 1. No te dejes nada. **Tiempo estimado:** 15-20 minutos.

☐ **Ejercicio n.º 3:** Precisa tu lista de sueños: verifica cada uno de ellos y asegúrate de que cada objetivo y cada sueño está motivado, es oportuno, realista, inspirador, positivo y específico. **Tiempo estimado:** 15-20 minutos.

☐ **Ejercicio n.º 4:** Crea una **lista de recompensas.** Escríbela en tu libreta antimiedo. Anota todos los beneficios que te puede aportar enfrentarte a tu miedo y alcanzar tu sueño. **Tiempo estimado:** 15-20 minutos.

☐ **Ejercicio n.º 5:** Prioriza tu lista de sueños. Escoge un objetivo o sueño que alcanzar en los próximos 28 días. **Tiempo estimado:** 5-10 minutos.

Ejercicio n.º 1: Visualiza tu futuro

Este ejercicio te ayudará a profundizar, a ser honesto contigo mismo y a desvelar lo que realmente quieres conseguir y adónde quieres llegar.

Relájate en algún lugar cómodo en el que te sientas

protegido, seguro y con libertad para soñar. Debe ser un lugar que no asocies a enjuiciamientos o mofas, que te haga sentir bien y te haga sonreír cuando pienses en él. Puede que sea tu habitación predilecta de casa, tu sillón favorito, tu jardín, o incluso, puede que sea un lugar de culto. Sea donde sea, ve allí.

Elimina todas las posibles distracciones. Apaga el ordenador y el teléfono. **Después, tómate un rato para reflexionar sobre las siguientes cuestiones:**

- ¿Qué cosas te emocionan?
- ¿Qué cosas te encantan?
- ¿Qué cosas te entusiasman?
- ¿A quién admiras? ¿Por qué?
- ¿Quiénes son tus ídolos? ¿Por qué?
- ¿A quién te gustaría parecerte? ¿Por qué?
- ¿Por la de quién cambiarías tu vida? ¿Por qué?
- Piensa en la gente que tienes a tu alrededor cuya vida te parece emocionante. ¿A qué se dedican? ¿Por qué es emocionante?
- ¿Quién te inspira en la vida? ¿Qué te inspira de él/ella?
- Si pudieras ser otra persona, ¿quién serías?
- ¿Qué te falta en la vida?
- Si pudieras estar haciendo algo en este momento, ¿qué harías?
- Si pudieras estar trabajando en cualquier sitio, ¿dónde estarías?
- ¿Qué harías o tendrías en la vida si el dinero no fuera un obstáculo?

- ¿Qué harías si no tuvieras que enfrentarte al miedo, a la angustia, a la incertidumbre, el riesgo o la incomodidad para conseguirlo?

Considera diferentes aspectos de tu vida: vida privada, vida laboral, vida financiera y vida sexual. Trata de visualizar tu futuro ideal para cada uno de dichos aspectos. Hazlo con todas tus fuerzas. Decide lo que quieres. Luego, avanza al Ejercicio n.º 2.

DI ADIÓS AL MIEDO: La visualización es un arma poderosa. Si tu mente puede verlo, tu cuerpo lo percibirá como una realidad.

Ejercicio n.º 2: Elabora tu lista de sueños

Acabas de visualizar tu sueño, y, si eres como la mayoría de la gente, lo que acabas de ver te ha asustado. Tal vez te haya parecido imposible. La gente sólo piensa en por qué no puede hacer algo y no en por qué puede hacerlo. Quizá tú hagas lo mismo: es probable que las expresiones «No puedo», «No debo» y «No lo conseguiré» estén resonando en tu cabeza ahora mismo, que estés tentado a pensar: «No quiero hacerlo. Es un error. No me lo merezco».

No vayas tan rápido. Se trata de tu miedo, es él quien te habla. Recuerda: ahora no es el momento de valorar lo que has visto. Pero sí que es el momento de escribirlo. Si tienes miedo de algo, escribirlo te ayudará a desahogarte. Vaciarás ese rincón oscuro de tu mente —ese lugar en el que escondes todo lo que reprimes— y darás un paso más antes de pasar a la acción. Escribirlo también te ayudará a organizar tus pensamientos y cribar esos sueños, haciéndolos más específicos, realistas y en correspondencia con lo que realmente quieres. Por último, te ayudará a responsabilizarte y comprometerte con la causa.

Por supuesto que escribirlo te provocará miedo, por lo que seguramente quieras saltarte este ejercicio. Puede que te digas a ti mismo: «Nadie me obliga a escribirlo; lo recordaré», o «Es absurdo tener que escribirlo». Pero no es nada absurdo.

Yo suelo escribir muchas cosas, y me parece algo profundo y efectivo. También he visto cómo un cliente tras otro se desesperaba en el momento de escribir sus objetivos. Si tratas de mantener tus sueños y objetivos en tu cabeza, podrás aplazar las cosas e ignorarlas. No puedes dejar que pase otro día sin no hacer nada (y un día tras otro, un mes tras otro…). Así, cuando llegues al final de tu vida, te preguntarás si realmente has estado vivo. La actitud de «dejar para mañana lo que puedas hacer hoy» no te ayudará a conseguir el éxito, al contrario: hará que permanezcas estancado, infeliz y frustrado.

Al escribirlos serás mucho más consciente de ti mismo. Todo se define mucho más. Empiezas a pasar de desear a hacer.

Para escribir tu Lista de Sueños, recuerda lo que has aprendido en el Ejercicio n.º 1, coge un bolígrafo y tu libreta antimiedo y pásalo todo a papel. Tu lista será más o menos así:

Mis sueños
Trabajo:
Quiero un trabajo que me satisfaga y me estimule.
Quiero sentirme motivado al levantarme por las mañanas. Quiero mirar hacia adelante para empezar el día en la oficina.
Quiero tener un trabajo en el que mi opinión cuente.
Amor, matrimonio, relaciones:
Quiero tener una pareja que me comprenda.
Quiero salir con alguien que me divierta.
Cuando los problemas aparezcan, quiero ser capaz de resolverlos.
Vida social:
Quiero rodearme de los buenos amigos que me apoyan.
Dinero:
Quiero tener unos ahorros que me permitan irme de vacaciones tranquilamente.
Quiero confiar en que tendré una buena pensión de jubilación.
Sexo:
Quiero tener relaciones sexuales eléctricas y multiorgásmicas.
Quiero estar tan cómodo con mi cuerpo que dejaré la luz encendida.
Quiero saber que soy la persona más importante para mi pareja.

Asegúrate de dejarlo todo por escrito, incluso los sueños que creas que son absurdos, frívolos, imposibles o terroríficos.

Antídoto del miedo: ¿Te has quedado en blanco? Si es así, tu miedo está haciendo de las suyas. Es como si estuviera junto a ti, soplando un aire abrasador e insoportable sobre tu hombro. ¿Quién es capaz de pensar con claridad así? ¡Seguro que yo no podría! Puedes hacer lo siguiente: evadirte un momento. Cierra los ojos e imagina que estás en un cine, sentado en la última fila, con la sala a oscuras. Estás viendo la película en la gran pantalla. El protagonista es idéntico a ti, es igual que tú: tiene tu misma personalidad, tus mismas aspiraciones en la vida. Y las logra. El protagonista de la película tiene una vida perfecta. ¿Qué hace para conseguirlo? ¿Qué ves tú?

Ejercicio n.º 3: Refuerza tu lista de sueños

Hasta ahora, he estado pidiéndote que apagaras tu voz crítica interior: esa voz dentro de tu cabeza que te dice por qué no puedes, no debes o no harás algo. Quería que lo hicieras porque, si permitieras que tu autocrítica se dejase ver en una fase tan temprana del proceso, nunca llegarías a completarlo.

Pero ahora acabas de ganar mucha fuerza al escribir todos tus objetivos.

Es el momento de adoptar una actitud realista y pensar qué objetivos puedes, debes y quieres perseguir. Es el momento de dejar que tu autocrítica se exprese por sí misma. Aun así, estableceré unas normas básicas para que tu autocrítica no te impida, de nuevo, alcanzar los sueños y objetivos que te propongas. En vez de eliminar tu crítica, vamos a encaminarla para afinar y mejorar tu lista de sueños.

Para ello, revisaremos todos los elementos de tu lista de sueños uno por uno. Por cada elemento, piensa en las siguientes preguntas, y después haz cambios en tu lista si lo estimaras oportuno.

¿Seguro que éste es mi sueño o es el de otra persona? Pregúntate por qué quieres alcanzar ese objetivo. ¿Es un deseo que surge desde dentro de ti o, en cambio, surge como algo externo a ti, como un deseo de complacer a los demás?

La fuerza que surge de uno mismo es mucho más poderosa que la que viene de los demás. Tendrás muchas más posibilidades de conseguir perder peso, por ejemplo, si lo haces porque quieres sentirte más cómodo en tu propia piel que si lo haces para que tu pareja se vuelva a enamorar de ti. Tendrás mucha más voluntad y más posibilidades de encontrar un nuevo trabajo si quieres ese trabajo para tener más independencia y no para impresionar a la familia y los amigos.

Asegúrate de que te has marcado tu objetivo por tu propio bien y no por el de otra persona o para cumplir las expectativas societales. Piensa bien si los objetivos que has puesto en la lista están ahí por una buena razón. Junto a cada objetivo, deberás completar esta frase:

Quiero hacer esto porque _____.

¿Tu respuesta tiene que ver contigo? En ese caso, el objetivo habrá surgido de dentro de ti. ¿Tu respuesta tiene que ver con otra persona? ¿Tiene que ver, por ejemplo, con impresionar a tu familia o amigos? ¿Tiene que ver con resultarle más atractivo a una posible pareja o causar más admiración? Entonces, el objetivo habrá surgido como algo externo a ti, y te costará muchísimo más enfrentarte a tu miedo y vencerlo. Ve a tu lista y tacha aquellos sueños que no cumplan estas condiciones, como, por ejemplo, este tipo de afirmaciones:

«Quiero ser padre porque quiero darles un nieto a mis padres. Quiero ir a la universidad porque eso es lo que ha hecho toda mi familia, y yo no quiero ser la oveja negra. Quiero ser ama de casa porque así haré feliz a mi marido y también a mi madre.»

¿Es tu sueño adecuado? ¿Existe un sueño alternativo? Por cada elemento de la lista, piensa por qué lo quieres hacer y si hay un modo alternativo de conseguirlo. Por ejemplo, si has anotado que quieres «conseguir un nuevo trabajo», piensa por qué lo quieres. ¿Es porque odias tu trabajo actual? Si es así, ¿«conseguir un nuevo trabajo» es la única solución posible? ¿Y si haces algunos cambios en tu trabajo actual que te puedan reportar una mayor satisfacción laboral?

Observa tu lista. Reflexiona acerca de otros modos de alcanzar los mismos objetivos. Luego, decide cuál de las alternativas te gustaría más seguir.

¿Es tu sueño verosímil? No quieres escoger un sueño demasiado verosímil. Al mismo tiempo, tampoco quieres ceder ante tu miedo al cambio y decidir que no quieres perseguir un sueño totalmente alcanzable porque tu miedo te diga que *es imposible.*

¿Cómo distinguirás la diferencia? Aquí tienes dos formas de saberlo con rapidez.

La primera es que los sueños inverosímiles tienden a estar vacíos, en vez de estar asociados a tu vida normal: son imaginarios. Por ejemplo, el sueño de «ser multimillonario» es inverosímil para mucha gente. También está vacío porque tiene poco o ningún significado. Normalmente, cuando alguien me dice que quiere ser rico, yo creo que, en realidad, lo único que quiere es poder pagar todos sus recibos sin tener que preocuparse por préstamos, y, también, tener libertad para gastarse el dinero en lo que quiera siempre que quiera. Lo que realmente quiere no es tener una fortuna. Quiere disponer de cierta seguridad económica, y la seguridad económica es mucho más fácil de conseguir que una fortuna multimillonaria.

La segunda es que los sueños inverosímiles requieren saltos gigantescos para llegar a hacerse realidad, mientras que los sueños alcanzables pueden romperse en pequeños miniobjetivos factibles a los que yo llamo trampolines. Por cada sueño de tu lista, piensa si se te podrían ocurrir tres pequeñas cosas que tú puedas hacer para hacerlo realidad. Por ejemplo, pongamos que uno de los elementos de tu lista es «escribir un libro». Tres pequeñas cosas que podrías hacer para escribir un libro serían: (1) decidir sobre qué quieres escribir; (2) leer libros que expliquen cómo escribir un libro; y (3) escribir durante quince minutos cada día. Esos tres pasos a mí me parecen perfectamente factibles y razonables. Supongo que a ti también.

Por otro lado, pongamos que tu sueño es salir con Brad Pitt y casarte con él. (Sé que es un ejemplo muy extremo.) ¿Se te ocurren tres pequeñas estrategias, que sean relativamente sencillas, para acercarte a él y conseguir tu objetivo? A no ser que te llames Angelina Jolie, dudo que puedas hacerlo.

DI ADIÓS AL MIEDO: Como dijo el célebre filósofo chino Lao-Tsé: «Un viaje de mil millas comienza con un paso». Si se te ocurren varios pasos pequeños, entonces se te ocurrirán mil más.

Si no se te ocurre ni un paso pequeño, lo más probable es que no seas capaz de llegar a tu destino. Reflexiona sobre cada elemento de tu lista. ¿Es posible? Si lo es, ¿por qué? ¿Es imposible? Si lo es, ¿por qué?

¿Es tu sueño inspirador? ¿Surge de la inspiración o de la desesperación? Lo harás por inspiración cuando ese sueño pueda convertirse en algo positivo, pero lo harás por desesperación si tus sueños surgen de algo negativo.

Los sueños inspiradores son así:

«Quiero ser escritor porque siempre me han gustado las letras. Me gustan tanto, que escribo por placer desde hace muchos años.»

«Me encantaría tener una casa propia. Me encantaría tener la independencia que eso ofrece.»

«Me encantaría poder viajar por todo el mundo.

Siempre me ha gustado aprender de otras culturas y recorrer otros países. Tengo muchas ganas de poder viajar de nuevo.»

Por otro lado, tus objetivos surgirán de la desesperación si suenan así:

«Debería casarme porque me da miedo la soledad.»
«Será mejor que me asciendan en el trabajo porque no sé lo que ocurrirá si no lo hacen.»
«Si no me voy a vivir a la otra punta del país, puede que sea un desgraciado el resto de mi vida.»

Puede que pienses que la desesperación y la inspiración son igual de motivadoras, pero no lo son. En el mejor de los casos, la desesperación actúa como motivador momentáneo y rara vez actúa con tanta fuerza como para desvincularse totalmente del miedo. Cuando las personas utilizan la desesperación para motivarse a sí mismas, acaban estableciendo una relación de amor-odio con el miedo. Empiezan con un cambio. Luego retroceder. Lo vuelven a intentar. Y retroceden.

Sin embargo, la gente que utiliza la inspiración como su mayor motivación mantiene su actitud positiva y abierta. Pueden superar la incomodidad transitoria y la ansiedad porque saben que el objetivo estable lo vale.

Para saber si tus sueños y objetivos son inspiradores, echa un vistazo a tu lista de sueños y analízala para ver si para describirlos has empleado palabras de inspiración o desesperación.

Palabras y frases de inspiración	Palabras y frases de desesperación
Sería genial que…	Tengo que…
Tengo muchas ganas de…	Debería…
No veo la hora de…	Si no lo hago…
Tengo la convicción de hacerlo…	Será mejor que lo haga, si no…

¿Es un sueño u objetivo positivo? Resulta más motivador centrarte en lo que vas a hacer en tu vida que en lo que no vas a hacer o en lo que vas a dejar de hacer. De hecho, cuanto más te centres en no hacer algo, más ganas tendrás de hacerlo. Piensa en la atracción mágica que produce el cuño de «confidencial» en un sobre cerrado y sabrás a lo que me refiero. O piensa en cómo te sientes cuando alguien se niega a contarte algo alegando que es un secreto y pidiéndote que lo olvides.

¿Olvidar? ¿¡Sí, hombre!? ¡Ya no puedes dejar de pensar en eso! ¿A que no?

Por eso quiero que eches un vistazo a cada uno de los objetivos de tu lista y que los reescribas para hacerlos positivos. Aquí tienes algunos ejemplos que te pueden servir de inspiración.

Objetivo negativo	Objetivo positivo
No me enfadaré tanto.	Priorizaré y encontraré el equilibrio.
No dejaré que me traten mal en el trabajo.	Me haré valer.

Objetivo negativo	Objetivo positivo
No me pondré nervioso en las citas.	Estaré relajado y cómodo en las citas.
No me retrasaré en los pagos.	Organizaré mis finanzas.
No comeré chocolate ni patatas fritas.	Comeré alimentos saludables tales como la fruta y los frutos secos.

¿Es tu objetivo específico? Cuanto más específico sea tu objetivo, más posibilidades tendrás de conseguirlo. Los objetivos imprecisos como «quiero ser más feliz» no aportan nada determinado a lo que comprometerse. Es mucho mejor decirlo y explicar a qué te refieres con ese «más feliz». ¿Qué significa «más feliz» para ti? ¿Significa poder tener autonomía en el trabajo y libertad económica? ¿Significa poder organizar tu propio tiempo? ¿Que tendrás un poco de tiempo para ti mismo todos los días? ¿Que darás las gracias por las cosas buenas que hay en tu vida? ¿O que tendrás una actitud positiva la mayor parte del tiempo? Dilo de verdad. Sé lo más preciso posible.

Echa otro vistazo más a tu lista de sueños. Vuelve a mirar los elementos uno a uno. Esta vez, especifíca al máximo tus objetivos y sueños. Para lograrlo, contesta a las siguientes preguntas:

- ¿Cómo es este sueño?
- ¿Qué sentiría si lo alcanzara?
- ¿Cómo cambiaría mi vida?
- ¿Qué cambiaría para mí si hiciera este sueño realidad?

Haz que cada elemento de tu lista sea lo más específico posible. Toma la siguiente tabla como ejemplo para ilustrar la idea de cambiar de impreciso a específico.

Objetivo impreciso	Cómo especificar	Objetivo específico
Quiero un trabajo mejor.	Define «mejor»	Quiero un trabajo que me reporte 8.000 más al año, que me permita ser creativo y que me dé más responsabilidad e independencia.
Conocer a una gran persona	Define «gran persona»	Quiero conocer a una persona que me escuche, que sea sensible y que tenga los mismos gustos que yo.
Ponerme en forma	Define «en forma»	Quiero caminar sin agotarme, poder tocarme los dedos de los pies sin doblar las rodillas y coger a mis hijos en brazos sin que me duela la espalda.

Pon tus sueños a prueba

Marca los sueños de tu lista que tengan las siguientes características. Cuantas más marcas hayas añadido a cada sueño, más posibilidades tendrás para que se haga realidad.

✓ **Surge de ti.** Estás persiguiendo este sueño porque quieres hacerlo y no porque alguien lo quiere por ti.

✓ **Apropiado.** Este objetivo es la mejor opción posible. No hay otras alternativas que sean igual de apropiadas.

✓ **Verosímil.** Puedes pensar en una pequeña acción que puedas realizar ahora y te acerque a este objetivo.

✓ **Inspirador.** Este objetivo te inspira para cambiar. Te entusiasma avanzar hacia algo en vez de apartarte de algo.

✓ **Positivo.** Tiene que ver con algo que harás y no con algo que quieres dejar de hacer.

✓ **Específico.** Ya has definido este sueño. Ya sabes cómo es, qué expresa y cómo suena. Está muy claro.

Ejercicio n.º 4: Mantén tu lista de sueños a prueba de miedos

Ahora ya tienes todos tus objetivos marcados sobre el papel. Lo más probable es que te sientas un poco nervioso porque empiezas a percibir lo que está por llegar: el cambio.

El cambio da miedo, por eso quiero que pongas tu lista de sueños a prueba de miedos. Este ejercicio consiste en pensar en la recompensa que conlleva abordar cada uno de los objetivos que hay en tu lista. Cuando lo hagas, ya podrás mirar más allá de tu miedo a lo transitorio. El proceso es muy parecido a lo que hacen muchos atletas cuando intentan encontrar la motivación y seguir adelante a pesar de las molestias y el agotamiento extremo. En vez de centrarse en todo lo que están experimentando en el presente, se concentran en el futuro y en su objetivo principal.

Para entender mejor la importancia que tiene todo esto, párate a pensar un momento en lo que harías si estuvieras corriendo una maratón y estuvieras en el kilómetro 20. Imagínate que te encuentras mal. Tienes calor. Estás agotado. Sientes molestias, y deseas abandonar.

¿Cómo crees que podrías encontrar la motivación para seguir adelante? ¿Qué crees que harías?

¿Has recurrido a alguna de estas tres opciones?

- Pensar en toda la cerveza, helado o pizza que te vas a zampar cuando cruces la línea de meta.
- Pensar en la sensación de victoria que sentirás cuando te cuelguen la medalla de ganador.
- Pensar en el orgullo que sentirás cuando tu familia y tus amigos se enteren de que lo has conseguido.

En vez de estar pensando siempre en lo mal que te sientes y en la ansiedad y estrés transitorios que experimentas, pensarías más en todos los beneficios que te esperan, ¿verdad? Empezarías a pensar siempre en los beneficios a largo plazo.

Y eso es precisamente lo que quiero que hagas ahora. Hasta el momento has estado estancado en lo transitorio, ya que sólo has experimentado y reaccionado ante peligros, estrés e incomodidad transitorios. Es la hora de que dejes atrás todo eso y que encuentres la motivación que te lleve a cruzar la línea de meta.

DI ADIÓS AL MIEDO: Es mejor enfrentarse a la ansiedad transitoria que afrontar una desgracia constante.

Este ejercicio te ayudará a hacer precisamente eso. Escribiendo todos los beneficios que produce el cambio, podrás encontrar la motivación para seguir adelante. Cuando pienses «¿Y si me rechaza?» podrás mirar tu lista de recompensas y decir: «No importa lo mal que me haga sentir, valdrá la pena porque yo sé que puse todo de mi parte y que no me arrepentiré de ello».

Ten a mano una hoja de papel en blanco de tu libreta antimiedo. Apunta todos tus sueños de nuevo, usando un formato de doble columna. En la primera columna, escribe el sueño. En la segunda, escribe la recompensa que podrás recibir al alcanzar ese sueño. Para pensar en las recompensas, imagina cómo será tu vida cuando hagas ese sueño realidad. ¿Cuánto cambiará? ¿En qué será diferente? ¿En qué te beneficia a ti alcanzar ese sueño? ¿Cómo será tu vida cuando hayas realizado esta tarea? ¿Qué obtendrás con ello? ¿Cómo cambiará tu día a día? ¿Cómo cambiará tu relación con tus compañeros, familiares y con tu pareja? ¿En qué sentido cambiarán las dieciséis horas que estás despierto al día?

Para pensar en las recompensas, ten en cuenta lo siguiente:

Procura que sean positivas. Te motivarán más los beneficios a largo plazo que esquivar los problemas transitorios. Es decir, «Tengo la oportunidad de conocer a personas interesantes» es más motivador que «Ya no tendré que lidiar más con esta porquería».

Piensa a largo plazo. Lo transitorio es lo que te incomoda. Te interesan las recompensas que puedas obtener al cabo de un mes, seis meses o un año.

Si te cuesta imaginarte las recompensas, piensa en esta pregunta: «¿Cómo sería mi vida si el miedo no fuera un problema?».

Esta Lista de Recompensas te servirá como inspiración para elaborar la tuya propia.

Sueño	Recompensas
Superar mi miedo a estudiar medicina	Me demostraré que puedo ser lo que yo quiera y conseguir un trabajo que me llene de satisfacción y en el que pueda destacar.
Correr una maratón	Me pondré en forma, tendré sensación de plenitud y pensaré: «Si he hecho esto, puedo hacer cualquier cosa».
Tener mi propia empresa	Seré mi propio jefe, trabajaré las horas que yo considere y tomaré mis propias decisiones. Llevaré la ropa que yo quiera, no tendré que aguantar ninguna evaluación de rendimiento y me ganaré la vida con dignidad.
Superar mi miedo a volar	Podré ver mundo y visitar los lugares que sólo conozco a través de los libros. También podré visitar a familiares que no he visto desde hace mucho tiempo. Incluso podré conseguir un ascenso en el trabajo, ya que tendré más disponibilidad para viajar y podré asumir más responsabilidades.

Ejercicio n.º 5: Prioriza tu lista de sueños

Es el momento de que elijas qué sueño quieres abordar primero. Para hacerlo, asigna a cada elemento de la lista un número del 1 al 5.

1 = Me resulta imposible vivir sin esto. Tengo que conseguir este sueño lo antes posible.

2 = Este sueño me entusiasma, y me encantaría hacerlo realidad en los próximos seis meses.

3 = Sería genial alcanzar este sueño, pero lo sería más alcanzar otros de la lista.

4 = Me encantaría conseguirlo, pero no me importa tener que esperar a que se haga realidad.

5 = Por supuesto que me encantaría hacerlo, pero no lo necesito para ser feliz.

Nota: Cuidado con asignar varios 5. Tu mente tiene miedo y te puede incitar a pensar que puedes esperar para conseguir todos los elementos de tu lista por temor a lo que pudiera pasar si hoy mismo abordaras alguno.

Antídoto del miedo: Piensa en la persona más valiente que conoces. Luego, cuando tu miedo te anime a saltarte alguna página o algún ejercicio, imagínate que eres esa persona. ¿Qué haría en ese momento ella? ¿Abandonaría? ¿Guardaría el libro? ¿Se saltaría un ejercicio por provocarle demasiada resistencia emocional? ¿O se volvería complaciente y aceptaría el statu quo? Yo creo que esa persona seguiría yendo hacia adelante. ¿Y tú?

¿Cómo te sientes?

¡Lo has conseguido! Acabas de completar el Paso 1 del programa. Espero que te sientas bien contigo mismo. Ha sido todo un reto para ti, ya que tenías que vencer algunos miedos para poder analizar y definir tus sueños. Lo has hecho genial, así que date una palmadita en la espalda y alégrate por ello.

Recuerda este logro. Espero que lo consideres como la primera de muchas evidencias que demuestren que sí que puedes superar tu miedo. Eres tú quien puede terminar con esta relación de codependencia y perseverar para poner fin a esta incomodidad transitoria. Puedes hacerlo. Lo acabas de demostrar completando este primer paso.

Sigamos con la buena racha. Es el momento de empezar con el Paso 2.

Ella cambió su vida

Anne, de cuarenta años, era una publicista culta y con talento que trabajaba en un negocio dominado por el sexo masculino; de hecho, su empresa estaba dirigida por hombres. Era muy buena en su trabajo, pero podía ser mucho mejor.

El objetivo: Ann quería avanzar en su profesión y superar todo lo que la estaba frenando.

La recompensa: Si Anne superaba lo que la estaba frenando, sería capaz de ganar más dinero, conseguir el ascenso que anhelaba y tener control sobre su trabajo.

El programa: Anne pensaba que tener demasiado éxito podría conducirla a la soledad. Temía no gustar a la gente si llegaba a gozar de un gran éxito y poder. Le daba pavor que la atacaran, que la cuestionaran o que sintieran envidia de ella. Anne desconocía su futuro, y esta incertidumbre le provocaba miedo. En efecto, tenía miedo a lo desconocido, y había creado falsas suposiciones que magnificaban, prolongaban y sostenían dicho miedo.

Insté a Anne a que me definiera el éxito (Paso 1). Le pregunté qué significaba para ella. Me contestó que le sugería ganar mucho dinero, alcanzar el cénit de su carrera y desarrollar todo su potencial. Luego le pedí que escribiera en una lista los nombres de las personas que ella pensaba que la apoyarían en sus mejores momentos, y otra con los nombres de aquellas que sentirían envidia. Posicionó a su familia y sus amigos en la parte de apoyo, pero los hombres quedaron en la parte contraria. Creía que los hombres le iban a tener envidia por su éxito.

Yo sabía que sólo se estaba justificando y que esto no se ajustaba a la realidad. El temor al éxito de Anne no tenía nada que ver con los hombres, tenía que ver con un subyacente miedo al reconocimiento. Según ella, la gente iba a pensar que era una impostora. Se preguntaba cómo iba a soportar el éxito y si realmente se lo merecía.

Esta actitud es muy común. A menudo las personas atribuyen su éxito a ciertas circunstancias y a otras personas en vez de atribuirlo a su esfuerzo y talento. Anne no era la excepción. Le dije que su miedo al éxito le hacía postergarlo, y, así, se había convertido en un círculo vicioso. Así, postergar su éxito le llevaba a sentir un miedo aterrador, lo cual le resultaba más cómodo que hacer lo que realmente debía hacer: enfrentarse a él.

—Háblame de tus éxitos laborales más recientes —le dije.

—He tenido las ventas más altas de todo el cuatrimestre —me contestó ella.

—¿Y qué has hecho para llegar hasta ahí? —le planteé.

—Lo que me correspondía hacer.

—¿Y quién te ha ayudado a llegar hasta ahí? —le pregunté después, aun sabiendo que lo había conseguido todo por sí misma.

—Lo he hecho todo yo sola —me respondió con orgullo.

Le pedí que hiciera una lista de todas las cualidades y aptitudes que le habían servido para alcanzar ese éxito. (Paso 2).

Lo hizo. Se dio cuenta de que no era una impostora, de que sí tenía las cualidades y aptitudes necesarias para lograr el éxito.

El resultado: Anne siguió venciendo su miedo al éxito, y más adelante la ascendieron a vicepresidenta de zona en su empresa. También consiguió encontrar el amor. Tal como yo predije, sí que había hombres que no se sentían amenazados por las mujeres triunfadoras como ella.

7

Paso 2: Rompe tu patrón de miedo

Si eres como mucha gente, seguramente ya lo habrás intentado hacer otras veces. Has identificado tu sueño. Lo has escrito. ¡Vaya! Te ha faltado coger unas revistas y recortar fotografías y titulares para hacer con todos ellos un vistoso póster.

Nadie te preguntaba adónde querías ir; simplemente nunca llegabas. No podías avanzar.

Es posible que te culparas a ti mismo por este fracaso. Tal vez llegaras a pensar que no lo deseaste con la suficiente fuerza, que te faltaba motivación y voluntad o que no estás hecho para los cambios. Todo eso no tiene ningún sentido. Estoy segurísimo de que deseabas que tus sueños se hicieran realidad tanto como cualquier otra persona. También estoy seguro de que te esforzaste al máximo. No vacilaste. Estabas motivado y tenías mucha voluntad. Fuiste a por ello.

Sin embargo, no lo conseguiste porque no sabías cómo pasar de la teoría a la práctica. No sabías cómo crear una estrategia que te garantizase buenos resultados. Por ello, te atuviste a lo que conocías, a los consejos de los demás e incluso a lo que otros muchos libros fomentaban: tener ilusión. Como ya he dicho antes, esta actitud te mantiene estancado, ya que concede el control de tu vida a una entidad indefinida, invisible e impredecible.

Tú no puedes alcanzar tus objetivos sólo por medio de ilusión, y tampoco te hará superar el miedo la ilusión de lograrlo. Tú eres quien puede hacer los sueños realidad creando y siguiendo un plan estratégico hasta que lo consigas. Los pasos del 2 al 5 te ayudarán a crear y ejecutar ese plan.

El Paso 2 en particular te ayudará a enfrentarte a tu miedo al cambio. Todos los cambios producen miedo y ansiedad, y requieren un gran esfuerzo. Sí, te pondrás nervioso y te asustarás cuando te enfrentes a tu miedo e intentes avanzar, pero el Paso 2 eliminará gran parte del temor que inspira el cambio. Este paso va a ayudarte a debilitar la resistencia que, hasta ahora, el miedo ha desarrollado en ti. Te ayudará a motivarte en la dirección que quieras ir, sin importar cuánto estrés, ansiedad o incomodidad experimentes a lo largo del camino.

Mentiría si te prometiera que enfrentarte a tu miedo va a ser pan comido. Si quieres pan comido, sigue confiando en tus ilusiones. Si realmente deseas superar tu miedo, conseguir tus objetivos y hacer tus sueños realidad, continúa leyendo.

¡Cambia tu vida en menos de dos horas!

El Paso 2 incluye cinco ejercicios cuya realización te llevará de una a dos horas. Te animo a que reserves una parte de tu tiempo para hacer estos ejercicios de manera consecutiva, uno detrás de otro, ya que todos ellos están relacionados entre sí. Márcalos a medida que vayas avanzando.

☐ **Ejercicio n.º 1:** Llena tu *vertedero de miedos* con preocupaciones, excusas y miedos en tu libreta antimiedo. **Tiempo estimado:** 10-20 minutos.

☐ **Ejercicio n.º 2:** Identifica tus *obstáculos de sueños* (los obstáculos emocionales que te impiden avanzar). Anota tus obstáculos de sueños en tu libreta junto con el modo en que piensas deshacerte de ellos. **Tiempo estimado:** 20-30 minutos.

☐ **Ejercicio n.º 3:** Analiza tu vertedero de miedos para ver en qué sentido —si lo hubiera— te beneficia estar estancado. Crea *tu lista de cosas que te hacen seguir estancado* en tu libreta antimiedo. **Tiempo estimado:** 20-45 minutos.

☐ **Ejercicio n.º 4:** Refuerza la lista de recompensas que empezaste en el Ejercicio n.º 4 del Paso 1 con la ayuda del vertedero de miedos y la lista de cosas que te hacen seguir estancado. **Tiempo estimado:** 10-15 minutos.

Ejercicio n.º 1: Construye un *vertedero de miedos*

En este primer ejercicio, voy a pedirte que hagas algo bastante contraintuitivo. Muchos terapeutas te dirían que es absurdo y perjudicial para ti, pero yo he visto cómo este ejercicio transformaba a un cliente tras otro y por eso sé que a ti también te va a funcionar.

Este ejercicio es contraintuitivo porque consiste en alimentar tu miedo. Ten paciencia.

Echa un vistazo a la lista de sueños que elaboraste en el Paso 1. Después, en una página nueva de tu libreta antimiedo, construye un vertedero de miedos para cada uno de tus sueños prioritarios. Escribe todos los motivos por los que crees que no puedes o no podrás hacer este sueño realidad.

En serio, hazlo. Apunta en la lista cada uno de estos asuntos pendientes. Dame todas las excusas que tengas. Convénceme para no obligarte a intentarlo. Discute conmigo. Defiéndete. Sácalo todo. Deshazte de todos tus pensamientos temerosos, reacciones de ansiedad, duda y negatividad.

¿Ya te estás imaginando discutiendo conmigo? O quizá pienses: «Jonathan, esto es una locura. Has estado hablando de la importancia de tener una actitud positiva, ¿y ahora me dices que adopte una actitud negativa? ¡No puedo hacerlo!».

Por supuesto que puedes. Llegado el momento, te pediré que adoptes de nuevo una actitud positiva, pero no puedes alcanzar lo positivo sin antes haber analizado y comprendido lo negativo. Si tratas de ignorar lo negativo y haces como si no existiera, cualquier actitud positiva que puedas tener actuará como si pusieras una tirita en una herida grave. El flujo de negatividad arrollará tus esfuerzos para adoptar una actitud positiva y te agotará.

Así que no desistas. Anota cada pensamiento negativo y contraproducente. Anota cada miedo, cada sección de resistencia mental y cada excusa. Mira tu lista de sueños y pregúntate: «¿Cómo puedo hacer esto? ¿Cómo podría impedir esto? ¿Por qué no debería hacer esto? ¿Por qué no voy a hacer esto?».

A modo de ayuda e inspiración, veamos cómo construyeron tres de mis clientes sus vertederos de miedos.

Empecemos por Lori, una mujer de treinta y ocho años casada y con dos hijos de ocho y cinco años. Trabajaba como dependienta porque se ajustaba al horario de su marido y le permitía cuidar a sus hijos. Cuando le pregunté cómo le iba su trabajo, su respuesta fue automática: «Va». Cuando le pregunté qué le gustaría hacer si no estuviera haciendo lo que hacía, me dijo con entusiasmo que siempre había querido ser maestra. Sentía una gran pasión por el arte y los niños, y quería ser maestra de plástica. Le propuse que se lo planteara como un sueño y la ayudé a superar el miedo asociado al cambio de profesión.

Lo siguiente era construir el vertedero de miedos de Lori. En él, podías ver con facilidad la gran cantidad de energía que ésta estaba gastando para seguir llevando una vida que no le satisfacía. Cuando hubo conseguido tirar toda su negatividad al vertedero, pudo ver que este sueño era algo que realmente quería conseguir.

El vertedero de miedos de Lori

«No me puedo pagar los estudios. No tendré dinero para pagar las facturas.»

«No tengo el tiempo suficiente para hacerlo. Debería esperar a que los niños se hagan mayores.»

«Soy muy mayor como para volver a estudiar.»

«Yo no me merezco esto. Decidí ser ama de casa y eso tiene que seguir así.»

«Soy egoísta por desear esto. Tendría que estar contenta con mi vida tal como es.»

«No soy lo suficientemente fuerte como para hacerlo.»

«Fui una estudiante mediocre, ¿por qué querría ser maestra?»

Ahora echemos un vistazo al caso de Jake: quería dejar la relación sin perspectivas de futuro con su novia de toda la vida. Él sabía que no estaban hechos el uno para el otro, y quiso cortar con ella para tener más libertad para elegir a una chica más adecuada. Aun así, el miedo lo detuvo. Ya había roto varias veces con su novia y después había vuelto con ella. Me dijo que llevaba seis meses queriendo acabar con esa relación, pero que simplemente no encontraba la manera de hacerlo.

Esto es lo que ella escribió en su vertedero de miedos:

El vertedero de miedos de Jake

«Nos lo pasamos bien juntos.»

«Nos conocemos muy bien el uno al otro. ¿De verdad quiero acabar con esto?»

«He invertido mucho tiempo en esta relación.»

«He invertido mucha energía en esta relación.»

«El sexo es fantástico. Es el mejor que he tenido en la

vida. Si rompemos, puede que no tenga sexo durante un tiempo.»

«¿Y si no puedo encontrar a otra persona? Puede que no encuentre a nadie mejor.»

«¿Y si me quedo solo el resto de mi vida?»

«La idea de salir ahí fuera y conocer a gente nueva me aterra.»

«Ni siquiera sé cómo romper.»

«Se va a enfadar conmigo.»

«No quiero hacerle daño.»

Echemos un último vistazo a otro vertedero de miedos. En este caso, la protagonista es Stacy. Tenía treinta y dos años cuando empecé a visitarla, y me confesó que siempre había querido correr una maratón. Aun así, el miedo se lo había impedido. De adolescente había participado en carreras campo a través y en pista. También había completado unas cuantas carreras de 10.000 millas durante sus años de instituto y pronta a cumplir los treinta, pero había estado mucho tiempo pensando en la maratón, algo que se le resistía. Siempre anunciaba que iba a correr la maratón de Nueva York, pero el plazo de inscripción siempre expiraba sin que ella se hubiese apuntado. Esto es lo que ella escribió en su vertedero de miedos:

El vertedero de miedos de Stacy

«Estoy en muy baja forma.»

«Soy muy mayor para esto.»

«Mis amigos van a pensar que estoy loca.»

«No tengo tiempo para entrenar.»

«Ni siquiera sé cómo tengo que entrenar para el maratón.»

«Mi relación se resentirá.»

«No conozco a nadie que haya corrido el maratón. ¿Qué diablos me hace pensar que yo sí podría hacerlo?»

«¡Me va a costar un día llegar a la meta!»

Toma los vertederos de miedos de Stacy, Lori y Jake como ejemplo para construir el tuyo. Recuerda: no te contengas. Exprésalo todo en él. Te sentirás bien. Deshazte de todo ese miedo.

Ejercicio n.º 2: Vence tus obstáculos de sueños

Tu vertedero de miedos desempeña un papel esencial para que puedas identificar tus obstáculos de sueños. Éstos son obstáculos emocionales que te impiden avanzar, son como señales de prohibición para la mente, aunque están ahí innecesariamente situados. Tus obstáculos de sueños son algo habitual, arraigado e inconsciente. Has estado muchos años dejándote llevar por estos obstáculos y confiando en ellos, por lo que es probable que no sepas ni que te estás valiendo de ellos.

Imagina estos obstáculos de sueños como un interruptor de la luz que no puede funcionar sin electricidad. ¿Cuántas veces has pulsado el interruptor de la luz aun sabiendo que no iba a funcionar? Seguro que sigues intentando encenderla una y otra vez. Y no lo haces porque pienses que pulsarlo vaya a proporcionarte el resultado deseado, no; lo haces porque es algo inconsciente, automático.

Los obstáculos de sueños son lo mismo. Estás tan acostumbrado a ellos que ni siquiera te das cuenta de que son ellos los que te tienen enfangado y estancado, y por eso este ejercicio te dará fuerza y libertad. Te ayudará a identificar y debilitar tus obstáculos de sueños para así conseguir vencerlos y seguir hacia adelante.

Tras muchos años de asesorar a muchos clientes con miedo, he podido identificar seis obstáculos comunes. Si estás estancado, es que normalmente te estás dejando llevar por uno de estos obstáculos, y aunque éstos sean diferentes entre ellos, comparten un rasgo común: la negatividad. Recuerda la actitud negativa que he mencionado previamente. Los obstáculos de sueños te obligan a ver todos los peligros que aparecen en tu lucha contra el miedo. Tus obstáculos de sueños llenan tu mente de cosas como: «No puedo hacerlo porque...». Cuando estás tanto tiempo expuesto a la negatividad y a las razones que te *impiden* hacer algo, alimentas tu miedo y matas tu motivación. Así, acabas aceptando tu estancamiento y negándote a avanzar.

Tus obstáculos de sueños te impiden ver los beneficios que te puede reportar enfrentarte a tu miedo. Sí, puedes obtener grandes beneficios por hacerle frente, y muy pronto sabrás cuáles serán.

Una vez hayas conocido tus obstáculos de sueños, ya serás capaz de detenerlos y anularlos. Los debilitarás y los romperás para que dejen de ejercer ese gran poder sobre ti. En vez de convencerte de que no puedes o no deberías hacer algo, podrás recordarte a ti mismo enérgicamente por qué puedes, quieres y debes perseguir tus sueños.

> **DI ADIÓS AL MIEDO:** Concéntrate en lo que puedes hacer, debes hacer y vas a hacer para realizar tu sueño, y no en lo que no puedes hacer, no debes hacer y no vas a hacer.

Haciendo esto, experimentarás muchos nervios, ansiedad y resistencia.

Me gustaría que leyeras estos apartados sobre los obstáculos de sueños. A medida que vayas leyendo sobre cada uno de ellos, echa un vistazo a tu vertedero de miedos. Basándote en él, podrás identificar los obstáculos que te impiden seguir hacia adelante.

Obstáculo n.º 1: Predecir un final infeliz

Si tu mente se obsesiona con la desgracia y el peligro que te puede suponer perseguir tu sueño, éste es tu obstáculo. Tu mente es como la de un auténtico escritor de novela policíaca, ya que en tus tramas tú mismo eres la víctima.

Como ya sabías, a nuestro cerebro no le gusta la incertidumbre. Como consecuencia, hace todo lo posible por crear cierta seguridad y predictibilidad. Cuando te quedas estancado en ese final infeliz, tu cerebro intenta crear seguridad y predictibilidad augurando resultados ficticios. El problema es que éstos siempre son negativos.

Por ejemplo, pongamos que tienes una cita y piensas que ha ido genial. Sin embargo, después te pasas días sin saber nada de la otra persona. Si piensas estas cosas, es que tu cerebro se está ciñendo al final infeliz: «No le gusto» o «Estará casado» o «Será gay». Estas explicaciones ayudan a eliminar la incertidumbre por medio de lo que parece ser una explicación plausible, y que estas explicaciones sean plausibles no significa que sean más probables que cualquier explicación positiva. Existen las mismas posibilidades de que esté soltero o sea heterosexual como de que sí le gustes, ¿verdad? ¿Y no puede ser que haya estado ocupado, fuera de la ciudad, que haya tenido un contratiempo o que simplemente le preocupe ir demasiado rápido?

Este obstáculo te estará frenando si: Tu vertedero de miedos está plagado de predicciones negativas. Por ejemplo, en el vertedero de miedos de Jake, se puede ver el final infeliz en las frases siguientes: «¿Y si me quedo solo el resto de mi vida?» y «Se va a enfadar conmigo». En el de Stacy, puedes verlo en este comentario: «Mi relación se resentirá». En el de Lori, verás este obstáculo en el comentario siguiente: «No tendré dinero para pagar las facturas».

Por qué te frena: El obstáculo del final infeliz te provoca miedo y a la vez acaba con tu autoestima. Las predicciones negativas son muy desmotivadoras, ya que si anticipas tu final infeliz antes de que ocurra, te empujarás al abandono, lo que te conducirá al resultado más indeseable que puedas obtener.

Cómo romper el patrón: La próxima vez que te

sorprendas recurriendo a este obstáculo, pregúntate: «¿Dónde está la evidencia que demuestra esta creencia?» «¿Hay evidencias de que sea lo contrario?» «¿Qué explicaciones alternativas más positivas puedo darle?» «¿Es posible escribir mi propio Final Feliz en vez de escribir cualquier Final Infeliz?». Por ejemplo, esto que predice Lori: «No tendré dinero para pagar las facturas», es tan probable como esto: «Ya se me ocurrirá cómo ajustar el presupuesto y reducir gastos».

Obstáculo n.º 2: Ponerte suspensos

¿Se centran las excusas que hay en tu vertedero de miedos en algún defecto personal que tú te atribuyes? Por ejemplo, ¿está tu vertedero de miedos lleno de afirmaciones acusatorias como «No soy lo suficientemente bueno» o «No me merezco algo así»?

Si es así, estás sobreautoatribuyendo. Te ciñes al suspenso cuando te precipitas en autoatribuirte la culpa de algo y en sacar la conclusión de que tú eres la razón por la que algo ocurrió o no ocurrió. Por ejemplo, una amiga mía profesora de piano tenía un alumno que no aprendía a tocar dicho instrumento, algo que se hacía evidente semana tras semana, cuando acudía a clase; los consejos y explicaciones que ella le daba caían en saco roto.

Mi amiga empezó a perder su autoestima, hasta tal punto que me confesó que se consideraba una mala profesora, tan mala que no sabía ni lo que estaba haciendo mal. Los problemas con un solo estudiante empezaron a erosionar su confianza y seguridad en sí misma, lo que desembocó en miedo a dar clases.

Tenía miedo de hacer algo que se le daba realmente bien.

Lo cierto es que ella nunca fue el problema. El alumno en cuestión no tenía ningún interés en aprender a tocar el piano, aun así, acudía a clase cada semana porque sus padres lo obligaban a ello. No prestaba ninguna atención a lo que mi amiga le explicaba, y eso le llevaba a no practicar tampoco en casa, de ahí su nulo progreso. Sin embargo, mi amiga se echaba la culpa de todo, deteriorando así su autoestima. Éste es el arquetipo de la autoatribución.

Este obstáculo te estará frenando si: En tu vertedero de miedos hay muchas afirmaciones que te hacen responsable del problema. Tus excusas te llevarán a creer que tú eres el motivo por el que ese sueño es imposible. Verás frases como: «No puedo hacerlo», «No se me da bien _____» y «No puede ser por mi culpa». Por ejemplo, en el vertedero de miedos de Lori se puede ver el obstáculo del suspenso en esta excusa: «Fui una estudiante mediocre, ¿por qué querría ser maestra?».

Por qué te frena: Esta autoatribución puede hacerte tener miedo y dudar a la hora de probar cosas nuevas, ya que el hecho de culparte habla de tu estrechez de miras. Ésta te impide analizar otros razonamientos menos dañinos para tu autoestima y confianza. Manteniendo esta visión negativa, te desmotivas a ti mismo y te impides realizar cualquier esfuerzo o avanzar.

Cómo romper el patrón: Este remedio es parecido

al que hemos visto en el obstáculo n.º 1. Debes huir de aplicar una visión única a las cosas. Pregúntate: «¿Qué otras posibles soluciones hay?» «¿Puede haber otro razonamiento para esto?» «¿Es posible que yo tenga mucha más capacidad de la que creo tener?». Recapacita sobre todos los razonamientos que son ajenos a ti.

También puedes intentar lo siguiente: por cada suspenso que te pongas, echa la vista atrás en tu vida e intenta buscar pruebas que demuestren lo contrario. Por ejemplo, si has escrito «No tengo fuerzas para…», vuelve a echar la vista atrás y revive episodios en los que has sido más fuerte de lo que pensabas que podrías ser. O, si afirmas «No puedo…», piensa en algún momento de tu vida en el que pensaste que no podías hacer algo y al final lo lograste. Por ejemplo, es posible que no pudieras montar en bicicleta la primera vez que lo intentaste, pero al final lo conseguiste. También es posible que no hayas aprendido un idioma a la primera, pero que después hayas acabado por conseguir dominarlo.

Echa la vista atrás y piensa en todo lo que has soportado, aprendido y conseguido y que al principio dabas por imposible. Anota todos los ejemplos que puedas en tu libreta antimiedo. Ten esta lista a mano, ya que es probable que la necesites más adelante para recordarte una y otra vez que eres más fuerte, más inteligente y más perseverante de lo que piensas.

También puedes seguir los siguientes consejos:

- **Comprueba si realmente no mereces tener éxi-**

to. Pregúntate: «¿Cómo he llegado hasta aquí?» «¿Quién me ha ayudado?». Si lo has hecho tú mismo, ésta será la evidencia de que sí mereces estar donde estás.

- **Céntrate en tus puntos fuertes.** Anota en una lista las habilidades, los puntos fuertes y las aptitudes que te han servido hasta ahora para alcanzar el mayor éxito posible.

- **Normaliza tu actitud.** No es tan malo sentirse agobiado. Así es como se sienten muchas personas cuando empiezan algo nuevo. No eres el único. Y lo que es más importante: es algo temporal. Cuando ya te hayas acostumbrado a tus nuevas responsabilidades, pasará.

- **Cambia tu actitud.** No pienses: «¿Qué voy a hacer si se dan cuenta de que soy un incompetente?» sino: «Puede que no esté en mi mejor momento, pero voy a poner todo de mi parte. Es normal sentirse un poco fuera de lugar al principio».

Obstáculo n.º 3: Tener una buena caligrafía

Si yo tuviera que enseñar a una madre a infundirle miedo a su hijo, le diría que le obligara a seguir unas normas dictatoriales (unas reglas que tienen que cumplirse siempre, en cualquier circunstancia). Puede que tú hayas conocido a algún niño que haya tenido que acatarlas. Si es así, sabrás a lo que me refiero. Son tímidos y nerviosos, y les obsesiona hacer las cosas bien y no meterse en problemas. Procuran cumplir a pies juntillas unas reglas que no entienden y que no son suyas, por lo que sufren una gran ansiedad, que les lleva incluso al llanto cuando se desvían de ellas (por ejemplo, si tienen una mala caligrafía).

Sin embargo, los niños no son los únicos que se encuentran con el obstáculo de la buena caligrafía, también les pasa a muchos adultos. Cuando este obstáculo te lo pone difícil, ves la vida como una serie de reglas o mandamientos (que has de acatar constantemente; en caso de no hacerlo, tu vida se desmoronará. Cuando escucho expresiones como: «Necesito...», «Debería...» o «Yo nunca podría...», sé que estoy hablando con alguien que tiene una buena caligrafía. Se trata de personas muy perfeccionistas, muy estrictas y con unas expectativas ilógicas y poco realistas.

DI ADIÓS AL MIEDO: La perfección no existe: sólo existe una búsqueda constante de aquello que difiere de ella.

Cualquier cosa que se aparte de esas reglas provocará ansiedad. En cuanto empieces a pensar en otras posibilidades —que se encuentren dentro de las limitaciones—, sentirás ansiedad y te preguntarás cosas como éstas: «¿Cómo voy a hacerlo?» «¿Cómo voy a afrontarlo?».

Este obstáculo te estará frenando si: En tu vertedero de miedos, te das cuenta de que hay muchas frases que empiezan con las palabras «necesito», «debería», y «yo nunca podría». Por ejemplo, en el vertedero de miedos de Lori puedes identificar este obstáculo de sueños en las expresiones siguientes: «Debería esperar a que los niños se hagan mayores», «Decidió ser ama de casa y eso tiene que seguir así» y «Tendría que estar contenta con mi vida tal como es».

Por qué te frena: Si aguardas la perfección, te quedarás esperando toda la vida. La única persona que piensa en lo que debes o en lo que no debes hacer eres tú. No pasa nada si cambias un poco las normas y tienes mala caligrafía, ya que tenerla te mostrará más posibilidades.

Cómo romper el patrón: Para los mandamientos o reglas que haya en tu vertedero de miedos, escribe otros nuevos que las rebatan. Por ejemplo, en el vertedero de miedos de Lori, su regla «Debería esperar a que los niños se hagan mayores» podría rebatirse así: «Pero si lo hago ahora, estaré mejor posicionada para estar con los niños cuando sean adolescentes. Si llego a ser profesora, haremos el mismo horario, así que podré estar pendiente de ellos».

Obstáculo n.º 4: Tener amnesia de cumplidos

He asesorado a muchas personas acomplejadas que, aparentemente, no tenían nada por lo que sentirse mal. Disfrutan de un gran éxito en su trabajo. Son guapos. Tienen a su lado una familia y unos amigos encantadores. La gente les recuerda a menudo lo geniales que son.

Aun así, ellos no se sienten magníficos. Cuando vienen a mi consulta, me dicen que son unos fracasados y que nadie los aprecia. Están muertos de miedo porque han desarrollado una visión negativa de sí mismos, por eso no pueden crecer o progresar. Siempre pasan por alto los éxitos y los cumplidos, lo que les lleva a estar estancados.

Normalmente, pregunto a las personas que olvidan los cumplidos si alguien les ha dicho alguna vez que son buenos en lo que hacen. Ellos minimizan o rechazan los cumplidos, alegando que la gente los dice por amabilidad y por compasión.

Entonces, yo les pregunto lo siguiente: «¿Qué piensa tu primo de ti?» «¿Qué piensa tu prima de ti?» «¿Qué piensa tu madre de ti?» «¿Qué piensan tus amigos de ti?» «¿Qué piensan tus compañeros de trabajo de ti?».

Lo normal es que, al final, la evidencia prevalezca, lo que demuestra que realmente sí que se merecen esos cumplidos.

Yo me pregunto: «¿Tienen estas personas alguna razón para mentir?» «¿Tienen motivos para decir la verdad?». Si hay muchas personas que dicen lo mismo y todas ellas tienen razones para no mentir, entonces ésa será la verdad.

Este obstáculo te estará frenando si: Te aferras a la palabra «pero». Puedes pensar, por ejemplo: «La gente me dice que soy inteligente, *pero* no es verdad». O cuando alguien te dice un cumplido y tú le dices: «Sí, pero...».

Por qué te frena: Te impide disfrutar del momento y sentirte bien contigo mismo. Cuando no es así, tienes menos posibilidades de perseguir tus objetivos y tus sueños.

Cómo romper el patrón: Inténtalo la próxima vez que sufras amnesia de cumplidos. Haz una lista de tus puntos fuertes y de todas las cosas que se te dan bien.

Acuérdate de todas estas cosas. Forman parte de ti. ¡Te pertenecen! Además, cuando te des cuenta de que estás usando la palabra «pero», elimínala junto con todo lo que vaya detrás. Por ejemplo, en vez de decir: «La gente me dice que soy brillante, *pero* sólo lo dicen para hacerme sentir bien», para justo antes del *pero* y di: «La gente me dice que soy brillante». Y punto.

Obstáculo n.º 5: Pensar en sólo dos colores: blanco y negro

Cuando era un niño, solía ir con mi familia a una panadería a comprar galletas blanco y negro. La mitad de cada galleta estaba bañada en chocolate y la otra mitad, recubierta de vainilla. Todavía las venden. Te preguntarás qué tiene que ver una galleta con un obstáculo. ¡Pues mucho!

Conozco a mucha gente que vive como si sus vidas fueran como estas galletas en blanco y negro. Sólo tienen dos opciones opuestas para cada cosa:

- Bien o mal.
- Verdadero o falso.
- Sí o no.
- Bueno o malo.
- Gordo o delgado.
- Listo o tonto.
- Rico o pobre.
- Ganador o perdedor.
- Éxito o fracaso.

Esto no únicamente conduce a una existencia aburrida, sino que también provoca miedo. Cada pequeño problema o complicación se percibe como un enorme fracaso porque sólo hay dos opciones: éxito total o fracaso absoluto. No pueden ver la gran zona gris que hay entre esas dos opciones.

Una persona de blanco y negro que saca un ocho en un examen piensa que no hace las cosas bien. Una persona de blanco y negro que gana un segundo premio se siente mal, pensando algo así como que «el segundo es el primer perdedor».

Este obstáculo te estará frenando si: Te sientes incómodo con el punto medio, y en seguida lo pasas por alto si alguien lo menciona. No conseguir el triunfo total te produce ansiedad. En tu vertedero de miedos, leerás afirmaciones como éstas: «No sé si puedo llegar a ser el mejor» y «Nunca lo haré bien». También te darás cuenta de que tiendes a dejar cosas para más adelante. Tu deseo de hacerlo todo perfectamente o de la mejor manera posible te hace aplazar las cosas hasta que llegue el momento «ideal». Además, también es posible que a veces te quedes en blanco, que tengas miedo al público u otros tipos de miedo escénico debido a tu deseo de ser siempre el mejor.

Por qué te frena: La vida se pasa en el medio. Es muy raro que todo el mundo quede siempre en los extremos (en la parte de más arriba o en la de más abajo). Si aspiras a la perfección, te sentirás casi siempre decepcionado y con el temor a no poder llegar a

la altura de tu objetivo. Será una búsqueda intermi-
nable.

Cómo romper el patrón: Examina tu vertedero de
miedos para encontrar este tipo de actitud extrema.
Intenta un término medio entre los dos extremos. Anota todas las opciones que puedan quedar entre ambos
e intenta ponerlas en práctica. Comprueba lo que ocurre cuando te conformas con el término medio.

Obstáculo n.º 6: Sacar conclusiones basándose en una sola experiencia

A mi abuelita Helen, cuando era joven, un día le dio
dolor de cabeza después de comer chocolate. No volvió a comer chocolate nunca más. Ese incidente hizo
que asociara el chocolate a los dolores de cabeza. Ésta
se convirtió en una referencia experiencial negativa
para ella que la acompañó hasta que falleció a la edad
de noventa y cuatro años.

Una amiga mía me contó que le ocurrió algo parecido durante la adolescencia. Mientras bailaba en una
fiesta en una piscina, dos chicas se rieron de ella y le
dijeron que no sabía bailar. A partir de ese día, empezó
a ponerse nerviosa y a sentir vergüenza cada vez que
se bailaba en una pista de baile. En la actualidad, ya
adulta, lleva muchos años diciéndole a la gente que no
baila porque no sabe. Sin embargo, no hace mucho,
asistió a una clase de salsa, y fue entonces cuando se
dio cuenta de que no bailaba tan mal. Al acabar la clase, varias compañeras se acercaron a ella para decirle
lo bien que lo hacía y más teniendo en cuenta que ha-

bía sido su primera clase. ¡Y no había querido bailar durante todos esos años por culpa de lo que le pasó en su adolescencia!

También te he contado lo que me sucedió a los seis años, cuando un caniche estuvo persiguiéndome por toda la calle. Es una historia muy divertida, sobre todo por la raza de perro que era. Claro que a mí no me hizo mucha gracia en aquel momento, ni siquiera al cabo de muchos años, y aquella experiencia condicionó mi relación con los perros en general; pensaba que todos ellos eran agresivos como aquel vil caniche, por eso me mantuve alejado de ellos.

Son varios ejemplos de referencias experienciales negativas. Me he dado cuenta de que, de todos los obstáculos de sueños con los que uno pueda encontrarse, éste es el más común. Casi todo el mundo ha tenido alguna vez en su vida una mala experiencia con este obstáculo de sueños, que consiste en deducir algo basándose en un solo ejemplo.

Veamos cómo se puede sacar una falsa conclusión partiendo de una única experiencia:

He tenido dolor de cabeza después de comer chocolate =
    No puedo comer chocolate.
Dos chicas se han reído de mí = Se me da fatal bailar.
Un caniche me ha perseguido = Todos los perros son
    agresivos.

Lo lamentable de todas estas referencias experienciales negativas es que, en la mayoría de los casos, ocurrieron hace cinco, diez o veinte o más años. No obstante, estas experiencias aisladas siguen ejerciendo una gran influencia en el modo en que hoy viven (o no viven) sus vidas.

Este obstáculo te estará frenando si: Predices el futuro basándote en algo que sólo te ocurrió una vez, y que condiciona la manera en que ahora te ves a ti mismo. En tu vertedero de miedos, detectarás este obstáculo en frases como: «No se me da bien…» y «Nunca he podido…». Del vertedero de miedos de Lori, la expresión «No soy lo sufientemente fuerte como para hacerlo» es señal de que a ella sí le frena este obstáculo.

Por qué te frena: Cuando únicamente admites la influencia de una sola referencia, excluyes otras posibilidades, y con ello te prohíbes perseguir aquello que realmente quieres y puedes conseguir. Te convences de que «no se te dan bien» muchas cosas a pesar de que todavía no has tenido la oportunidad de demostrar tu aptitud o inaptitud con relación a ellas.

Cómo romper el patrón: Asómate a tu vertedero de miedos y busca frases como «No puedo…», «No soy lo suficientemente _____» y «Nunca he podido…». Echa la vista atrás e intenta encontrar la referencia experiencial negativa que te llevó a esa conclusión. Es probable que te lleve un poco de tiempo, pero al final darás con ella. Cuando lo hayas hecho, pregúntate lo siguiente: «¿Se trata de un suceso aislado?» «¿Estoy condicionando las oportunidades de una vida entera por un ejemplo aislado?». Los buenos investigadores no fundamentan sus estudios en un solo paradigma, y tú tampoco querrás sacar tus conclusiones basándote en uno solo, ¿verdad? Por eso, permítete ampliar tu perspectiva. ¿Has tenido otras experiencias que contradigan tu opinión? Reconstruye esa referencia experiencial, ¿hay motivos para que no te identifiques con esta referencia negativa? Por ejemplo, cuando mi amiga reconstruyó la suya, se dio cuenta de que las dos chicas que se rieron de ella le tenían envidia y únicamente querían meterse con ella. No tenía nada que ver con su aptitud para bailar.

Anota tus obstáculos

Escribe en tu libreta antimiedo cuáles de los seis obstáculos siguientes te impiden avanzar, además de tu plan para romper el patrón.

- **El final infeliz.** Te obsesionas con la desgracia y el peligro que te puede suponer perseguir tu sueño.
- **El constante suspenso.** Te sobreatribuyes los resultados adversos y los problemas, de manera que interpretas todo lo que te va mal como un fracaso personal.
- **La buena caligrafía.** Para ti, la vida está constituida por una serie de normas que hay que seguir al ciento por ciento de las veces. Si las rompes, acabarás sufriendo de nervios, ansiedad y pánico.
- **La amnesia de cumplidos.** Por mucho que otros te recuerden lo genial que eres, tú siempre dudas de ello.
- **La actitud en blanco y negro.** Sólo te das a elegir dos únicas opciones, como verdadero o falso y bueno o malo.
- **El paradigma definitivo.** Evitas ciertas situaciones y personas por culpa de una mala experiencia.

Ejercicio n.º 3: Sé consciente de tu relación de co-dependencia con el miedo

Seguramente ya habrás notado que tus obstáculos de sueños son igual de familiares que disfuncionales para ti y, que cuando piensas en la idea de deshacerte de ellos, te invade una sensación de vacío y de impotencia.

Esto sucede porque muchas personas tienen una relación de codependencia con su miedo, ya que lo utilizan como excusa en su propio beneficio. Por ejemplo, una persona temerosa puede que no acuda a fiestas porque no es muy hábil relacionándose con la gente o que tampoco responda a ciertas ofertas de trabajo por no adoptar responsabilidades. Sin embargo, optan por estas excusas porque éstas les impiden sentirse incómodos, a pesar de seguir estancados.

Cuando al fin te alejes del miedo, te sentirás como si estuvieras dejando atrás una relación tormentosa: tú sabes que quieres poner fin a esa relación, sabes que necesitas poner fin a esa relación; no obstante, también eres consciente de que no será fácil, ya que esa relación te beneficia en cierto modo, así que experimentarás cierta incomodidad, nervios y ansiedad cuando te dispongas a renunciar a esos beneficios.

Por ello hay muchas personas que lo pasan tan mal después de renunciar a aquello que, paradójicamente, saben que es malo para ellos. Por eso hay fumadores que lo pasan fatal cuando dejan de fumar. Por eso hay personas que mantienen sus relaciones abusivas. Por eso, otros siguen enganchados a la comida basura o a una vida sedentaria. Para hacer cosas beneficiosas, debemos cambiar, y el cambio conlleva una gran ansiedad y resistencia emocional.

DI ADIÓS AL MIEDO: Todos tenemos una relación de codependencia con el miedo. Cuando sepas cómo y por qué te beneficias de tu propio estancamiento, podrás pensar a largo plazo y concentrarte en todo lo que demuestra que es mejor cambiar que estar siempre anquilosado en lo mismo.

Seguro que todo esto te resulta frustrante. Sé que lo es para la mayoría de mis pacientes. Casi siempre recurren a mí porque están estancados en un patrón disfuncional, a pesar de que no conocen los motivos que les llevan a ello, y suponen que lo que les ocurre es que no son lo suficientemente fuertes como para renunciar a él. Nada más lejos de la realidad.

Lo que en verdad ocurre es algo que resulta contraintuitivo y difícil de admitir. Se trata de lo siguiente: se benefician de su propio estancamiento, que les favorece, según cómo.

Por ejemplo, por el vertedero de miedos de Lori puedes deducir que, en cierto modo, está beneficiándose de renunciar a volver a estudiar. Si regresa a la universidad, tendrá una menor comodidad económica y tendría que reducir sus gastos. Además, debería renunciar a parte de su tiempo libre para poder equilibrar todos sus roles de madre, esposa y estudiante. Francamente, será estresante, pero también valdrá la pena.

DI ADIÓS AL MIEDO: ¿Cuánto tiempo vas a seguir conformándote con el segundo puesto? ¿Cuánto más vas a soportar? *¿Cuándo vas a decir basta?*

Esta relación de codependencia es aún más evidente en el vertedero de miedos de Jake. Él sigue pasándoselo bien con su novia, algo que acabará si rompe con ella. Todavía practica el sexo con ella, y quedarse sin eso va a ser otro de los inconvenientes que se encuentre cuando termine la relación. El problema es que, aunque ella no sea la pareja adecuada para él, sigue siendo una pareja. Cuando ella ya no esté en su vida, él tendrá que acostumbrarse a estar solo, al menos por un tiempo. Cuando le pregunté en qué le beneficiaba seguir con esa relación, él mismo se dio cuenta de que continuar con ella le venía bien para no sufrir nervios, ansiedad o falta de comodidad.

En el vertedero de miedos de Stacy, podemos ver esta relación de codependencia cuando habla de la falta de tiempo y de un plan de entrenamiento. Ahora mismo, ella se encuentra totalmente cómoda. Si quiere correr la maratón, tendrá que adaptarse a las molestias, al menos durante un tiempo.

Al igual que Lori, Jake y Stacy, tú también tienes una relación de codependencia con tu miedo. Puede que esta relación sea sutil y difícil de descubrir, pero está ahí. Tal vez hasta te dé vergüenza, ya que, al principio, quizá no la aceptes ni quieras finalizarla.

Por estos motivos te animo a que abras tu mente a medida que vayas completando el siguiente ejercicio.

Lo más probable es que no te guste lo que descubras, pero tómatelo con calma. Al cabo de un tiempo, verás cómo la verdad prevalecerá y te ayudará a decir adiós al miedo. Créeme.

¿Estás preparado?

Lo primero que haremos será echar otro vistazo a tu vertedero de miedos. Vamos a buscar todas las cosas que te hacen estar incómodo a la hora de enfrentarte a tu temor. Contesta a las siguientes preguntas sirviéndote de tu vertedero de miedos:

- ¿En qué te beneficia mantener el statu quo?
- ¿Qué conseguirás gracias a impedir el cambio en tu vida?
- ¿Cómo te beneficia que tu vida siga siendo exactamente la misma?
- ¿Qué ganas con no hacer nada?
- ¿Qué ganas permaneciendo estancado?
- ¿Con qué excusas de tu vertedero de miedos estás beneficiándote? ¿Cuáles de ellas te animan a quedarte como estás?
- ¿Tendrías que soportar gran ansiedad e incomodidad si quisieras cambiar tu situación actual?

Ahora, basándote en los resultados, crea una *lista de cosas que te hacen seguir estancado*. En ella anotarás todos los beneficios que te aporta seguir así. Lo sé, es contraintuitivo. Estarás pensando: «¿Por qué tengo que reforzar todos los motivos por los que quiero seguir estancado?». No se trata de reforzar los beneficios de esta situación, se trata de identificarlos. Sólo cuando los identifiques y seas consciente de ellos podrás empezar a adaptarte a la angustia transitoria por la que tienes que pasar para continuar y a la incomodidad que te supondrá enfrentarte y superar tu miedo.

Utiliza esta lista de cosas que te hacen seguir estancado como ejemplo.

Por qué quiero seguir estancado
Quiero mantener el statu quo. No tengo por qué enfrentarme al cambio.
Evito la ansiedad que me provoca…
No tendré que volver a tener citas o buscar trabajo.
No estaré solo.
No tendré que preocuparme por llegar a fin de mes.
No tendré que preocuparme por si la gente me rechaza.
No tendré que conocer a más gente y exponerme.

¿Cómo te ha ido? ¿Te sientes un poco inseguro? ¿Estás dudando de las cosas que has escrito? Piensa en ello de nuevo. Concédeme el beneficio de la duda. Rendirte ante el miedo y seguir estancado siempre te beneficiará en algo. Pero cuidado: no compensa, y tampoco es un motivo por el cual no enfrentarte a tu miedo ni avanzar. Pero está ahí, y, para seguir adelante, deberás identificarlo y enfrentarte a él.

Ejercicio n.º 4: Consolida tu lista de recompensas

Para superar tus obstáculos de sueños y tu relación de codependencia y miedo, deberás sustituir los beneficios de estar estancado por los beneficios del cambio, que son más fuertes, poderosos y duraderos. Será fácil porque ya has allanado el terreno en el Paso 1. Saca la lista de recompensas que ya has creado.

Ésta contribuirá a que te deshagas de tu codependencia ayudándote a pasar por alto todo aquello que sea transitorio —además de los miedos y las inquietudes que ya has identificado en este capítulo— y dejar paso a la estabilidad. Te servirá para tener en mente todo lo que puedes llegar a obtener si te enfrentas a tu miedo y lo vences.

> **DI ADIÓS AL MIEDO:** No desees que un sueño se haga realidad. Hazlo realidad.

Echa un vistazo a tu lista. ¿Puedes añadir más recompensas? ¿Cómo cambiará tu vida cuando acabes tu lista de sueños? ¿Qué beneficio obtendrás por enfrentarte a tus miedos y hacer de esos sueños tu realidad? ¿En qué sentido cambiará tu vida a mejor?

Tu vertedero de miedos te ha ayudado a descubrir por qué tú mismo crees que no puedes, no debes o no vas a poder alcanzar ese sueño. Organiza todo lo que hay en tu vertedero clasificándolo en función de los motivos por los que **puedes**, **debes**, y **vas a** superar ese miedo. Usa como ejemplo las listas de recompensas de Lori, Jake y Stacy para escribir la tuya.

Lista de recompensas de Lori

«Me dedicaré a algo que me gusta.»

«Me sentiré realizada.»

«Me rodearé de personas afines a mí.»

«Me dedicaré a algo que me apasiona.»

«Me sentiré feliz.»

«Me sentiré cómoda en mi matrimonio.»

«Me sentiré equilibrada en la vida.»

«Mi marido y yo aprenderemos a solucionar los problemas aportando soluciones creativas.»

Lista de recompensas de Jake

«Me liberaré para darme la oportunidad de conocer a alguien más afín a mí.»

«Me veré capaz de sentar la cabeza con una persona con la que sí haya futuro.»

«Me sentiré bien por haber sido honesto con mi novia.»

«Me sentiré bien por haber sido honesto conmigo mismo.»

«Ganaré tranquilidad por haber hecho algo para mejorar mi vida.»

Lista de recompensas de Stacy

«Me sentiré satisfecha por haber conseguido algo.»

«Estaré en buena forma.»

«Invertiré en mis puntos fuertes para emplearlos en futuros retos.»

«Habré establecido un modo nuevo de encontrar el equilibrio entre mis intereses y los de la relación.»

¡Buen trabajo!

¡Acabas de completar el Paso 2 dentro del plan de cinco pasos! Por ahora, el miedo está perdiendo parte del poder que ejerce sobre ti. Paralelamente, te estarás dando cuenta de que esta nueva manera de comportarte y pensar sigue siendo un poco incómoda. Muchos pacientes me confiesan que después de decir adiós al miedo se sienten, al principio, algo violentos. Sin embargo, también es cierto que se acostumbran con el tiempo. Tú también lo harás.

Para que consigas motivarte, te animo a que hagas varias copias de tu lista de recompensas para que las puedas llevar en tu bolso o cartera. Haz copias que puedas colgar en tu puesto de trabajo o en lugares estratégicos de la casa. Cuando te sientas asfixiado por el miedo y la ansiedad transitoria, saca la lista y léela. Acuérdate de las razones por las que lo haces. Siéntete motivado para seguir adelante. Úsala como recordatorio de los motivos que te llevan a cambiar tu vida y a perseguir tu sueño.

Él cambió su vida

Frank era un hombre muy inquieto, como consecuencia de su perfeccionismo, una cualidad que había desarrollado desde muy temprana edad. Sus padres esperaban que él fuera perfecto: que sacara sobresalientes en el colegio, que fuera un gran deportista, que fuera muy educado, que aprendiera varios idiomas en el colegio... Un miedo permanente a cometer errores dominaba su vida.

El objetivo: Frank quería sentirse más relajado, sobre todo en el trabajo, y, en concreto, quería sufrir menos estrés.

La recompensa: Frank sabía que podría tener más energía y que podría pensar con más claridad si conseguía reducir su estrés. Tomaría mejores decisiones en el trabajo, destacaría en su profesión y se sentiría mucho mejor.

El programa: Él pensaba que sus únicas opciones eran ser perfecto o no serlo (Obstáculo n.º 3 del Paso 2). Le dije que tenía que acabar con esa actitud y empezar a acostumbrarse al desorden, a cometer errores y a ser algo menos que perfecto. Le pedí algo paradójico: que, durante una semana, se enfrentara a su miedo a hacer las cosas mal haciendo las cosas mal a propósito (Paso 5). Le propuse que llegara tarde al trabajo, que cometiera faltas de ortografía en los correos electrónicos, que no fuera conjuntado al vestir y que arrugara sus toallas perfectamente dobladas.

—No puedo hacerlo —replicó, negándose en rotundo.

—¿Por qué no? Siempre puedes volver a ser como eras antes —repuse.

—Me voy a meter en problemas. No acabaré el trabajo. Voy a tener que quedarme a trabajar hasta tarde para poder hacerlo todo —me contestó él.

Le di otro empujón. Después, pude saber que tenían una hora de entrada flexible y que podían empezar a trabajar de nueve a nueve y media de la mañana, pero que él solía llegar a las ocho y media.

—Así, aunque llegues tarde al trabajo, a las nueve menos cuarto, seguirás llegando pronto —le dije para intentar convencerlo.

Así, al final de la sesión, aceptó a regañadientes mi propuesta de «ser un poco desordenado».

A la semana siguiente, me dijo que ser desordenado le ponía de los nervios, pero que podía hacerlo.

El resultado: Semana tras semana, seguimos cambiando las pautas para que Frank pudiera hacerse a la idea de ser desordenado. Tras seis sesiones, consiguió poner en práctica un lema: menos es más. Había encontrado una nueva manera de sentirse cómodo. Se sentía más liberado, menos estresado y con más energía y fuerza.

8

Paso 3: Dale otra voz a tu conciencia

Cuando John vino a verme a la consulta por primera vez, estaba a punto de acudir a un médico para que le hiciera una receta. No estaba interesado en que éste le recetara Xanax o Prozac, sino en Viagra.

—No consigo mantener la erección. No sé lo que me pasa —me confesó él, casi en susurros.

Era un hombre sano de cincuenta años que no tenía ningún problema de salud ni tomaba ningún tipo de medicación. Incluso le habían hecho un chequeo completo recientemente y todo había salido bien. Yo estaba convencido de que él no necesitaba Viagra, pero le hice algunas preguntas para estar más seguro.

Yo: Es algo normal. Le pasa a muchos hombres. ¿Qué te hace pensar que necesitas Viagra?

John: Me está ocurriendo desde hace ya tiempo, y cada vez va a peor. ¿Crees que no necesito tomar nada?

Yo: Cuando te masturbas, ¿consigues una erección?

John: Sí, sin problema.

Yo: ¿Alguna vez has perdido la erección mientras te masturbabas?

John: No.

Yo: ¿Y qué diferencia hay entre tener sexo contigo mismo y tener sexo con otra persona?

Se quedó perplejo.

Le expliqué que, además de lo que era obvio, la diferencia entre ambos sólo existía en su cabeza, no en su pene. La excitación es la excitación, y es la cabeza la que interpreta esa sensación.

Le dije que estaba seguro de que todo era psicológico, que la Viagra podía solucionar los problemas del pene, pero no los de la cabeza.

A medida que íbamos hablando, supe que John había perdido la erección por primera vez hacía un año. Le ocurrió después de una noche en la que consumió grandes cantidades de alcohol. Era una situación bastante normal, algo que les ocurría a innumerables hombres. Habría sido un hecho aislado en su vida si su cabeza no le hubiera dado tanta importancia.

Para John, este incidente se había convertido en una referencia experiencial negativa, ya que se lo repetía una y otra vez. Cada vez que intentaba mantener una relación sexual, se acordaba de la noche en que no pudo mantener la erección. Como recordarás, nuestra mente tiende a recordar con más facilidad los acontecimientos negativos, y éstos eclipsan a los positivos: son más potentes, sobre todo si no te has enfrentado a ellos como debías. Este recuerdo le provocaba a John mucho miedo y ansiedad. Cada vez que intentaba tener relaciones, pensaba esto: «Maldita sea, tengo que conseguir que se me levante. ¡No puedo dejar que me pase, que me vuelva a suceder! Mi esposa se enfadará conmigo si no consigo que se me ponga tiesa. Se buscará un amante. No sé lo que voy a hacer si no consigo que se me levante. ¿Qué clase de hombre soy?».

Se obsesionó con aquello que no quería en vez de pensar en lo que sí quería, lo que no le hacía ningún favor. Cuando piensas en lo que no quieres que ocurra, puedes conseguir que al final ocurra.

Compruébalo

Hagas lo que hagas, no pienses en cómo sería una cebra si tuvieran rayas azules y rosas. ¿En qué piensas? Seguro que estás pensando en cebras con rayas azules y rosas, ¿a que sí? Cuando intentamos no pensar en algo, acabamos obsesionados con ello.

Cuando John me contó todo lo que le pasaba por la cabeza, ¡le confesé que yo tampoco sería capaz de mantener una erección pensando en todas esas cosas!

Le pregunté cuáles eran sus deportistas favoritos, y él me nombró al jugador de baloncesto Kobe Bryant y a Michael Phelps, el nadador olímpico que ganó el oro en 2008. Entonces, le pregunté qué pasaría si cada vez que Kobe cogía el balón se dijera «No soy bueno» o «No voy a encestar», o si Michael Phelps pensara «Estoy en baja forma» o «Es imposible que gane». Le expliqué que, en ambos casos, estos dos personajes mundialmente reconocidos nunca habrían sido capaces de obtener los resultados que los han encumbrado a la fama si hubieran puesto en duda que eran fuertes, que estaban en plena forma y que estaban totalmente preparados para conseguirlo.

Le dije a John que él también podía hacerlo, y que lo que en realidad le ocurría era que cada vez que estaba en una situación íntima, la voz de su conciencia se cargaba de negatividad y de miedo al fracaso, lo cual le impedía que se mostrara seguro en la cama y que se sintiera bien consigo mismo.

Conforme íbamos desarrollando la terapia de John, fui ayudándole para que diera otra voz a su conciencia, insegura e intranquila. Gracias a esto, pudo volver a disfrutar del sexo en vez de tenerle miedo.

DI ADIÓS AL MIEDO: Céntrate en lo que quieres y no en lo que no quieres. Si te centras, conseguirás avanzar hacia ello. Del mismo modo, si te centras en lo que no quieres, retrocederás hacia ello. Tú eliges.

¿Cómo es la voz de tu conciencia?

Como John, todos tenemos una voz interior que nos habla y emite una especie de comentarios de fondo sobre lo que hacemos y lo que sentimos. Estos pensamientos son continuos, y sólo tienes que permanecer en silencio e intentar no pensar en nada para darte cuenta de que, inevitablemente, siguen ahí.

Hay muchas teorías en cuanto al origen y la causa de dichos pensamientos. Algunas de ellas los asocian a un origen religioso y espiritual, y además, en los últimos años, han surgido varias teorías *new age* que explican cómo los pensamientos se canalizan entre personas y cómo la energía desempeña un papel crucial en el desarrollo de nuestros pensamientos. Hay gente que ve el universo como una enorme piscina, llena de pensamientos, en la que las personas nos sumergimos. Así, les personalizamos como si fuéramos médiums. Esta hipótesis fue impulsada por *El secreto* y por otros libros parecidos. Yo, personalmente, no apoyo esta teoría, algo que puede que no te sorprenda, dado que cede el control a una entidad externa. En consecuencia, ¿en qué te ayudaría si tú quisieras ser mejor en la vida, mejorar algún aspecto concreto de ella o conseguir un rendimiento óptimo? ¡En nada!

Como has llegado hasta aquí, lo más probable es que puedas hacerte una idea de mi estilo y de cómo pienso yo respecto a esto. Ya supondrás que no doy mucha credibilidad a las teorías anteriormente citadas, ya que mi método, que surge de la ciencia cognitiva y la psicología, es mucho más práctico.

Ésta es mi opinión: tenemos una mente inconsciente y otra consciente. La primera está expuesta a todo tipo de estímulos externos, tales como sensaciones, visiones, olores, sabores y sonidos. La segunda, en cambio, alberga los recuerdos más profundos, pensamientos, sentimientos y emociones, aunque de muchos de ellos no seamos conocedores en determinados momentos. Sin embargo, hay veces que el estímulo que proviene de la mente consciente da lugar a que el inconsciente genere un pensamiento o emoción. Por ejemplo, hace unos años, mientras buscaba apartamento en Manhattan, entré en uno que desprendía un olor muy característico, que me recordó al de casa de mi abuela, y era una vivienda antigua como la suya. Durante diez segundos, me transporté a los momentos en los que comía gelatina y galletas sentado junto a ella. Pensé en cómo, a medida que iba pasando el tiempo, le temblaban más las manos cuando servía el té. Luego pensé en qué tipo de conversación podríamos tener si ella siguiera entre nosotros. En seguida, en mi cabeza, me vi a su lado, contándole cómo me iba la vida y todas las cosas que se había perdido desde que nos había dejado.

El mero hecho de haber entrado en aquel apartamento despertó mi mente inconsciente y, con ella, un torrente de pensamientos y emociones.

Estoy seguro de que tú has tenido experiencias similares. Es probable que hayas visto a alguien por la calle que te recordara a otra persona o que, tal vez, un determinado olor te transportara a otro punto en el espacio y tiempo, como me ocurrió a mí. Sea lo que fuere, da la impresión de que los pensamientos surgieran de la nada, aunque no fueran reales. Habían estado ahí, en la mente inconsciente, todo el tiempo.

Es entonces cuando la voz de tu conciencia se manifiesta. Aun así, el hecho de que surja de la mente inconsciente no significa que tú no seas consciente de ella o que no la puedas cambiar.

Sólo cuando les explico esto a mis pacientes se dan cuenta de lo negativos que pueden ser sus pensamientos. Estos pensamientos negativos, además, son espontáneos y están arraigados en nuestra vida diaria, pero eso no significa que no los podamos cambiar. Por supuesto que puedes liberarte de esos pensamientos negativos que te producen tanto miedo, y eso es exactamente lo que harás en este paso del programa. Gracias a él, vas a construir una voz más positiva para tu conciencia, la cual reemplazará a los pensamientos negativos que hasta ahora tenías y que han estado provocando tu reacción de miedo una y otra vez. En este paso del programa podrás rescribir la historia que se repite en tu cabeza persistentemente. Ahora mismo, el argumento de esa historia es muy parecido al de una película de terror plagada de situaciones de vida o muerte. Una vez hayas conseguido darle otra voz a tu conciencia, esta historia pasará a ser un delicioso aunque verosímil cuento de hadas con final feliz.

Dándole otra voz a tu conciencia para que sea más positiva, verosímil y alentadora, conseguirás cambiar tu vida para poder convertirte en el héroe de tu propio cuento.

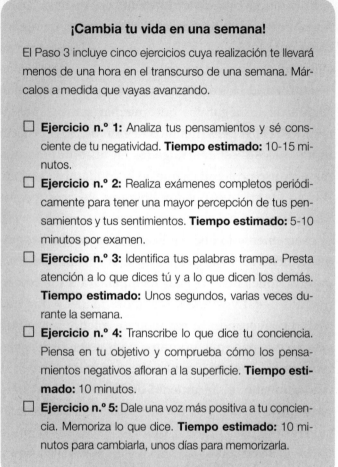

¡Cambia tu vida en una semana!

El Paso 3 incluye cinco ejercicios cuya realización te llevará menos de una hora en el transcurso de una semana. Márcalos a medida que vayas avanzando.

☐ **Ejercicio n.º 1:** Analiza tus pensamientos y sé consciente de tu negatividad. **Tiempo estimado:** 10-15 minutos.

☐ **Ejercicio n.º 2:** Realiza exámenes completos periódicamente para tener una mayor percepción de tus pensamientos y tus sentimientos. **Tiempo estimado:** 5-10 minutos por examen.

☐ **Ejercicio n.º 3:** Identifica tus palabras trampa. Presta atención a lo que dices tú y a lo que dicen los demás. **Tiempo estimado:** Unos segundos, varias veces durante la semana.

☐ **Ejercicio n.º 4:** Transcribe lo que dice tu conciencia. Piensa en tu objetivo y comprueba cómo los pensamientos negativos afloran a la superficie. **Tiempo estimado:** 10 minutos.

☐ **Ejercicio n.º 5:** Dale una voz más positiva a tu conciencia. Memoriza lo que dice. **Tiempo estimado:** 10 minutos para cambiarla, unos días para memorizarla.

Ejercicio n.º 1: Sé consciente de tus pensamientos

Es probable que creas, como otra mucha gente, que no puedes controlar tus reacciones y sentimientos, pero no es así: puedes controlar tus pensamientos y sentimientos, sean conscientes o inconscientes, más de lo que piensas.

Por ejemplo, esa sensación de acaloramiento cuando te pones nervioso suele estar precedida por un pensamiento que probablemente se parezca a éste: «No puedo hacerlo. Es increíble que esté intentando hacerlo. Ni siquiera tendría que estar aquí. ¿En qué estaba pensando?».

Del mismo modo, un pensamiento (o varios) pueden desencadenar la tensión muscular que experimentas cuando te encuentras bajo presión. Un pensamiento basado en el miedo puede provocar, incluso, que tu mente se quede en blanco en un momento dado.

El problema para muchos de nosotros, sin embargo, es que ni siquiera nos damos cuenta de nuestros propios pensamientos. Reflexiona acerca de todas las cosas cotidianas que nunca recuerdas haber hecho. ¿Has cerrado la puerta con llave al salir de casa esta mañana? Seguro que sí, porque siempre lo haces, pero ¿recuerdas haberlo hecho? Puede que no. Esto ocurre porque cerrar la puerta es una respuesta automatizada, esto es, una respuesta que se repite una y otra vez. No piensas conscientemente «Vale, voy a cerrar la puerta en este momento» antes de hacerlo, aunque sí lo piensas de manera inconsciente.

Éstas son algunas otras cosas que puede que no recuerdes haber hecho hoy:

Lavarte los dientes.

- Mirar el buzón.
- Encender el ordenador.
- Atarte los cordones de los zapatos.
- Ponerte los calcetines.
- Abrocharte los pantalones.

Lo mismo ocurre con los pensamientos negativos: están ahí, pero es probable que no repares en ellos ni los recuerdes. Este ejercicio está diseñado para que puedas comunicarte con todos los pensamientos que puede haber en tu cabeza en cualquier momento, sean conscientes o inconscientes, positivos o negativos.

Siéntate y cierra los ojos. Presta atención a tu mente. Visualízala como una pantalla y tus pensamientos, como una película que se proyecta en ella. ¿Qué ves? ¿Qué piensas?

Puede que estés pensando que este ejercicio es un poco absurdo y que no sabes por qué lo estás haciendo. ¡Bien! Ya eres consciente de un pensamiento. También puede que estés pensando en saltártelo porque no te apetece cerrar los ojos en este momento. Genial, ya eres consciente de otro pensamiento.

No vamos a juzgar nada. No importa de qué pensamientos estás siendo consciente. No importa si son buenos o malos, ni tampoco qué significan. No los analices ni intentes cambiarlos. Simplemente, sé consciente de ellos.

Anota en tu libreta antimiedo algunos de los pensamientos que acabas de descubrir. Después, avanza directamente al Ejercicio n.º 2 sin hacer ninguna pausa.

Antídoto del miedo: Si este ejercicio te ha resultado difícil —lo has pasado mal al ser consciente de pensamientos, sensaciones o sentimientos—, inténtalo más veces durante los días siguientes hasta que te sientas más cómodo siendo consciente de tus pensamientos.

Ejercicio n.º 2: Sé consciente de tus sentimientos y sensaciones

Tus pensamientos pueden provocar algunos sentimientos y sensaciones, pero es posible que no te des cuenta de la conexión que hay entre ellos. Por ejemplo, es posible que el dolor de cabeza que tienes todas las tardes sea el resultado de todo lo que piensas mientras estás sometido al estrés del trabajo. Asimismo, puede que la tristeza que sientes por las noches sea el resultado de todo lo que reflexionas sobre tu matrimonio sin ni siquiera percatarte.

Para realizar esta conexión, analiza cómo tus pensamientos producen sentimientos, emociones y sensaciones. Realizarás este ejercicio en dos partes.

Parte 1. Cierra los ojos. Centra toda tu atención en lo que sientes. Examina tu cuerpo de pies a cabeza. ¿Hay zonas de tensión, malestar o dolor? Analiza también tu estado de ánimo. ¿Estás disgustado, nervioso, aburrido? ¿Cómo te encuentras? Anota en tu libreta antimiedo lo que acabas de descubrir.

Ahora presta atención a los pensamientos que has anotado en el Ejercicio n.º 1. Analiza tus emociones. ¿Cómo se relacionan entre sí?

Parte 2. Lleva tu diario contigo. Date una pausa, hagas lo que hagas, de tres a cinco veces al día. Presta atención a tus pensamientos. Sé consciente de todo lo que pase por tu cabeza, de cómo te sientes. Escríbelo todo. Al final de la semana, juega a los detectives para ver si puedes asociar tus pensamientos a tus sensaciones físicas.

Ejercicio n.º 3: Sé consciente de tus palabras trampa

En los últimos años he estado analizando la forma de hablar de muchas personas y cómo su lenguaje se adapta a aquello que piensan y sienten, de manera que puedo afirmar que determinadas palabras pueden ayudar a superar el miedo o a sumirse en él.

Las palabras que empleamos son muy poderosas. Pueden motivarte para cambiar o pueden dejarte estancado. Pueden llevarte a ver posibilidades o, en cambio, pueden llevarte a que sólo veas posibilidades.

Para saber hasta qué punto pueden ser poderosas tus palabras, me gustaría contarte la historia de uno de mis pacientes.

Su nombre era Donna y dos palabras estaban logrando que su trabajo no tuviera perspectivas de futuro.

Tenía treinta y pocos años y se dedicaba plenamente

a su labor como auxiliar administrativa. Su trabajo estaba bien remunerdado, ya que su sueldo le daba para pagar las facturas y permitirse una próspera vida social. Su problema, sin embargo, era que no se sentía realizada en absoluto, lo que, evidentemente, la condujo a una depresión. Por eso, le pedí que pensara en lo que quería hacer *de verdad*.

Así, resultó ser que a Donna le apasionaba el deporte y ayudar a otros a ponerse en forma. Se la veía ilusionada al hablar de deporte, salud y nutrición.

—¿Has pensado en hacer cursos para obtener algún diploma de entrenadora personal? —le pregunté.

—**Sí, pero** nunca encuentro el momento para hacerlo.

Estuvimos hablando un poco sobre cómo podía encontrar ese momento, y se le ocurrió que algún curso que se impartiera los fines de semana sería una buena opción.

—¿Tú crees que serías feliz entrenando a unos cuantos clientes a la semana? —le pregunté.

—**Sí, pero** ¿qué haría con mi trabajo?

A medida que continuábamos hablando, aparecieron varios *sí, pero* más.

Muchas personas son esclavas de las palabras trampa *sí, pero*. Esto fue lo que le revelé a Donna, además de que esas dos palabras eran muy poderosas. Le expliqué cómo cada uno de esos *sí, pero* le estaba creando miedo, dañando su confianza e impidiéndole asumir un riesgo importante y realista. Para mí, ese *sí, pero* era una mera excusa. El lenguaje daba lugar a que ella pensara en los «por qué no» en vez de en las razones por las que podía, debía y lograría hacer algo. Cada vez que sentía la necesidad de decir «sí, pero», yo le hacía cambiarlo por otra cosa.

Le pedí que contara todos los *sí, pero* que decía y a qué hora los decía.

En la siguiente sesión, concluyó que había dicho diez *sí, pero* durante toda la jornada de trabajo, de lo que deduje que al menos diez veces al día, soñaba con tener otra profesión, algo que, para ella, parecía imposible. No obstante, logró darse cuenta de que era todo lo contrario.

Al lado de cada *sí, pero* de su libreta, intentamos aportar palabras alternativas que resultasen más motivadoras y energizantes. Éstos son algunos ejemplos de cómo cambió sus *sí, pero*.

«Sí, pero…»	Sí, claro
«Sí, quiero ser entrenadora, pero no sé cómo hacerlo.»	«Quiero ser entrenadora, por eso volveré a estudiar para obtener el diploma.»
«Sí, quiero ser entrenadora, pero ¿cómo compaginaré esa actividad con mi trabajo?»	«Quiero ser entrenadora y lo compaginaré todo siendo creativa y flexible.»
«Sí, quiero ser entrenadora, pero ¿cómo conseguiré clientes?»	«Me anunciaré en grandes edificios de oficinas.»

Donna siguió adelante para hacer posible lo imposible, y ahora es una de las entrenadoras personales más buscadas de toda la ciudad de Nueva York.

Recientemente me puse en contacto con ella:

—Si yo te hubiera dicho hace unos años que hoy te estarías dedicando a esto a tiempo completo, ¿qué me hubieras contestado? —le pregunté.

—Sí, pero —respondió, sin pensar.

Me gustaría hablar contigo en mi consulta, escucharte hablar y detectar tus palabras trampa. Dado que, obviamente, esto no es posible, nos serviremos de los Ejercicios n.º 1 y n.º 2. Lleva tu libreta antimiedo contigo durante estos días y toma nota de lo siguiente:

1. Los momentos en los que estás en tensión por miedo, ansiedad o estrés: intenta localizar el lenguaje que utilizas justo antes de encontrarte en tensión.

2. El lenguaje negativo que utilizan los que te rodean: observa cómo este lenguaje se relaciona con las decisiones que toman cada día. Analiza a las personas que te rodean. ¿Qué tipo de palabras emplean? ¿Repiten unas palabras o frases determinadas? ¿Qué lenguaje corporal, gestos o tono de voz utilizan a la hora de pronunciar estas palabras? ¿Son sus palabras enérgicas o negativas? ¿Tienen una temática común?

Al final de la semana, echa una ojeada a tu diario y localiza estas palabras. Concretamente, busca las siguientes:

Palabras negativas y desmotivadoras que emplean los que te rodean. Busca la posible conexión entre la negatividad que expresan y cómo afecta a sus vidas. ¿Qué tipo de personas dicen esas cosas? ¿Son felices y seguras de sí mismas? ¿O son temerosas e irritables? ¿Pertenecen al tipo de personas que persiguen lo que quieren y lo consiguen? ¿O son de aquellas que nunca son capaces de conseguir lo que quieren? ¿Qué palabras emplean? ¿Son palabras que prolongan o apaciguan su miedo, ira o depresión?

Palabras o expresiones que usas continuamente. ¿Tienen algo en común? ¿Qué palabras y expresiones te resultan habituales? ¿Cuáles son tus muletillas del tipo de *sí, pero*?

Palabras y expresiones que te arrastran a un bucle de negatividad. ¿Qué hace que tus pensamientos negativos se refuercen a sí mismos?

Antídoto del miedo: Al principio, mientras intentes realizar este ejercicio, puede que te sientas frustrado o derrotado. Es posible que consigas capturar parte de tu lenguaje, pero no aquello que puedas sentir en determinados momentos. Otras veces conseguirás capturar esos sentimientos, aunque no el lenguaje. No pasa nada. Ten paciencia. Date unos días para hacer este ejercicio, porque me gustaría que dispusieras del tiempo suficiente para practicar y perfeccionar la técnica para ser consciente de tus palabras y cómo éstas afectan a tus sentimientos y acciones diarias. Créeme: conseguirás ser mucho más consciente de tus pensamientos, tus palabras y tus acciones.

Ejercicio n.º 4: Transcribe lo que dice tu conciencia

Hasta ahora, te has estado ocupando de identificar tu negatividad a grandes rasgos, pero ha llegado la hora de que identifiques algunos pensamientos negativos en concreto, es decir, aquellos que se interponen en tu camino al éxito.

Por ejemplo, el objetivo de John, uno de mis pacientes, era muy simple. Quería tener erecciones duraderas, pero su conciencia negativa estaba obsesionada en cómo se veía él al ser incapaz de mantenerlas. La voz de su conciencia sonaba así:

- *¿Qué clase de hombre no puede funcionar ni con su mujer?*
- *He perdido la virilidad.*
- *Soy un viejo.*
- *Lo que me está pasando es horrible.*
- *Mi mujer me va a abandonar.*

¡Con razón tenía problemas en la cama!

Del mismo modo que John, tú también tienes una conciencia negativa dando vueltas en tu cabeza, y se está interponiendo en tu camino al éxito. Antes de que le des una voz diferente, primero debes identificarla, escucharla y entenderla.

Para localizar y escuchar esta voz interior, visualízate alcanzando tu sueño. Por ejemplo, yo hice que John se fuera a casa deseando volver a tener relaciones con su esposa. Le aconsejé que lo viviera con intensidad y exquisitez, y que cerrara los ojos y viera, sintiera y acariciara todo lo que ese encuentro amoroso le brindaba. Le planteé estas preguntas para que se viera a sí mismo como parte de la experiencia y la viviera con la mayor intensidad posible: «¿Qué ves?» «¿Qué sientes?» «¿Qué hueles?».

Me gustaría ver cómo alcanzas tu objetivo igual que John. ¿Qué ves cuando lo consigues? ¿Qué escuchas? ¿Qué sientes?

No importa que manipules el resultado antes de tiempo: de momento sólo tienes que destapar la voz de tu conciencia. Piensa en aquello que quieres conseguir. Puede que estés planteándote pedirle una cita a esa persona tan especial o que estés deseando tomar más decisiones en tu relación o pedirle un aumento de sueldo a tu jefe. Sea lo que sea, piensa en ello.

Al pensar en tu sueño, los pensamientos se propagan. ¿Cómo son? ¿Son negativos? ¿Qué te dicen que debes o no hacer? ¿Cómo te hacen sentir?

Apunta todos estos pensamientos y sentimientos en tu libreta antimiedo, y luego avanza al Ejercicio n.º 5.

Ejercicio n.º 5: Dale otra voz a tu conciencia

Ahora que ya eres consciente de los pensamientos negativos que acompañan a tu sueño, es el momento de que los reconstruyas con una naturaleza más motivadora.

A John, por ejemplo, lo ayudé a que se percatara de que su pene no determinaba su valía. Para empezar, le pedí que definiera qué era el sexo para él.

—Darle placer a mi mujer —me contestó él.

No era de extrañar que su percepción de sí mismo fuera tan desastrosa. Se impuso unas exigencias muy estrictas por el hecho de concebir el sexo como un medio para hacer que su mujer llegara al orgasmo. Su pene tenía una conexión directa con su ego, y lo más triste era que su ego y su percepción de sí mismo dependían de éste. Se trata de algo muy común: el ego de muchos hombres está directamente relacionado con su miembro. Así, si sus penes funcionan, se sentirán como los reyes del mundo; pero si no es así, tendrán una sensación totalmente contraria que podría conducirles a una depresión, baja autoestima y falta de rendimiento como le sucedió a John.

John se quedó estupefacto cuando puse de manifiesto su concepto de placer, que, según sus propias palabras, sólo implicaba mantener relaciones con su esposa.

Como muchos hombres, limitaba el concepto de sexo a sus genitales y los de ella, restando importancia al resto del cuerpo. Por ello, le expliqué que todas las partes del cuerpo eran potencialmente orgásmicas o que, al menos, eran sensibles a los estímulos. Con el tiempo, consiguió redefinir su concepto de sexo haciendo que éste abarcara otras muchas cosas, como el simple hecho de estar junto a su mujer, los besos, los abrazos, los achuchones… Así, logró eliminar su estricta actitud y expandir sus horizontes en lo que al placer venéreo se refería.

Además, le pedí a John que pensara en las palabras que, para él, definían a un buen amante; fueron las siguientes: «seguro», «asertivo», «sensible», y «cariñoso». Según él, ser un buen amante también consistía en conocer los gustos de su esposa y sus necesidades en la cama.

Después, analizamos las expectativas. Él esperaba provocarle orgasmos alucinantes e intensísimos en cada una de sus relaciones, ya que pensaba que ella esperaba eso de él, algo que después resultó no ser así.

También le expliqué que debía olvidarse de que él tenía un pene y su mujer una vagina, algo que, por supuesto, fue difícil. Le animé a que descubriera nuevas maneras de estar junto a su esposa y que hiciera de eso algo mutuo. Además, lo reté a que encontrara nuevas formas de excitarla.

Asimismo, también estuvimos analizando cómo le hablaba su conciencia; para ello, le pedí que hiciera una tabla. En una columna, confeccionó una lista de todas las frases negativas que le venían a la cabeza cuando tenía relaciones sexuales con su mujer. En la otra, quise que reconstruyera todos esos pensamientos con un tono más positivo, más motivador y que le aportara la autoestima que necesitaba para relajarse y tener una erección. Ésta es la tabla que hizo:

Mi conciencia negativa	Mi conciencia positiva
No eres un hombre de verdad.	Soy fuerte y viril.
Si no consigo que se me levante, no sé lo que haré.	Todas las partes de su cuerpo y del mío son potencialmente excitables y orgásmicas.
Soy despreciable.	Soy supersexy.
No sirvo para nada como hombre.	Soy alguien fuerte y seguro de mí mismo.
Soy débil.	La sangre fluye por todo mi cuerpo y dota a mis músculos de energía.
Soy un mal amante.	Estoy loco por mi esposa.
Soy aburrido en la cama.	Soy salvaje y arrebatador.

Tras haber creado la tabla, su reto consistía en llegar a ser consciente de todos sus pensamientos negativos en el momento en el que afloraban e, inmediatamente, reemplazarlos con los pensamientos positivos de la otra columna. En unas cuantas sesiones, John consiguió superar su miedo y mantener la erección, y todo ello sin la ayuda de ningún medicamento.

Ahora es el momento de que tú también le des otra voz a tu conciencia. Para hacerlo, puedes consultar estas páginas como ejemplo. A continuación, encontrarás frases negativas y positivas aplicables a diferentes objetivos y sueños.

Frases negativas	Frases positivas
A la hora de pedir una subida de sueldo	
Nunca me subirán el sueldo.	No sabré si puedo conseguir que me suban el sueldo hasta que lo pida.
La empresa no tiene dinero.	Soy un trabajador meritorio que desarrolla un papel clave en esta empresa.
No le gusto a mi jefe.	¿En qué me baso para pensar esto? ¿Alguna vez le he preguntado a mi jefe qué piensa de mí?
No me expresaré bien.	Me prepararé a conciencia para esta experiencia.
A la hora de comprar un coche	
No entiendo de coches.	Soy un buen cliente.
Me van a estafar.	Sé cómo utilizar mi dinero.
Los vendedores me agobian.	Soy seguro y resolutivo.
Me sentiré culpable si el vendedor me ha de dedicar parte de su tiempo y después no le compro ningún coche.	Así es como funciona el negocio, y el trabajo de esa persona consiste en ayudarme.
A la hora de pedir trabajo	
Nunca encontraré trabajo.	Me estoy esforzando para encontrar trabajo.
No gusto a las empresas.	El trabajo ideal sí existe. Lo encontraré.
Soy la oveja negra de mi grupo de amigos.	Estamos en crisis. No soy el único.
Me voy a quedar en la calle si no encuentro trabajo.	Tengo a mucha gente que me apoya y nadie va a permitir que yo pase hambre y me quede sin casa.

Cómo interiorizar tus nuevos pensamientos

Hace muchos años, le dejé un mensaje en el contestador a un productor de televisión con el que estaba trabajando en un proyecto. Cuando me devolvió la llamada, me dio un consejo que yo no le había pedido:

—Jonathan, me has dejado un mensaje de un minuto de duración, y en ese minuto he podido contar veinte «buenos». Deberías cambiarlo —me dijo.

En aquel momento, yo ni siquiera me había dado cuenta de todos los «buenos» que decía, del mismo modo que tú no te dabas cuenta de tus pensamientos negativos hasta que hiciste los ejercicios de este capítulo. Cuando el productor me hizo ser consciente de ello, sin embargo, empecé a reducir mis «buenos».

No fue fácil.

Hablar prescindiendo de mis «buenos» me pareció extraño al principio, casi violento. Me sentía como si hablara con un lenguaje rudimentario y forzado, por lo que me resultó muy difícil analizarme a mí mismo.

En seguida obtuve la ayuda de mi familia y amigos en cuanto les pedí que me avisaran cuando dijera «bueno», confesándoles que estaba haciendo un gran esfuerzo para no repetir tanto esa palabra.

Lo hicieron, y fue difícil, pero conseguí cambiarlo. Gracias a su apoyo constante, logré eliminar los «buenos» de mi vocabulario.

Ocurre lo mismo contigo y con tus pensamientos positivos. Saber qué es lo que quieres decirte a ti mismo es una cosa; recordarlo es otra.

Vas a tener que practicar mucho para memorizar tus nuevos pensamientos, puesto que estás acostumbrado a pensar de una manera negativa y desmotivadora, algo que se ha convertido en un mal hábito. A medida que vayas reconstruyendo tus pensamientos, el proceso se irá tornando molesto y extraño para ti, pero, por favor: confía en este proceso y sigue practicando. Cuanto más practiques, mejores resultados obtendrás y, además, conseguirás que no resulte tan forzado. Muchos de mis clientes lo encuentran poco práctico al principio, pero, como ocurre con otras muchas cosas, acaban acostumbrándose. ¿Cuántas veces has salido del dentista con un empaste de más? Resulta un tanto extraño al principio, pero al cabo de una o dos semanas ya ni siquiera lo notas. Pasará lo mismo con tus pensamientos positivos, porque al final te acostumbrarás a ellos.

Es probable que en un principio ni siquiera te creas todas las frases positivas que enuncies, pero no pasa nada: sólo intentándolo lo conseguirás. Debes repetirte a ti mismo todos estos pensamientos motivadores para que, finalmente, logres creer en ellos.

Asimismo, necesitarás la ayuda de tu Grupo de Apoyo al Cambio, cuyos miembros deberán conocer tu lista de frases negativas y positivas. Diles que te avisen cuando te escuchen decir algo negativo.

Con el tiempo y la práctica, conseguirás analizarte con efectividad y reconstruir tus pensamientos sin tener que hacerlo a propósito, y obtendrás, poco a poco, grandes resultados. Puede que también tengas pensamientos confusos en algún momento, al igual que mis pacientes, pero también serás capaz de reconstruirlos de inmediato. Después de esto, tendrás pensamientos positivos con toda la naturalidad sin necesidad de reconstruirlos.

Ella cambió su vida

Michelle tenía miedo de viajar en metro. Había estado tomando ansiolíticos sin experimentar ninguna mejora, por lo que acudió a mi consulta como último recurso. Su problema era que interpretaba los sonidos (chirridos, traqueteos y golpes) como un aviso de catástrofe inminente.

El objetivo: Viajar en metro sin tener miedo ni ansiedad.

La recompensa: Si superara su miedo a viajar en metro, Michelle emplearía media hora menos para llegar al trabajo.

El programa: Le dije a Michelle que teníamos que reprogramar su actitud y redefinir el significado de esas señales; que tenía que saber que los ruidos, el traqueteo o el anuncio por megafonía de un retraso en los trenes no eran premonitorios de peligros o desastres. En el metro de Nueva York, todo esto era habitual.

Le pedí que escribiera en la cara de un folio todas sus creencias en cuanto al metro. En el reverso, lo que hicimos fue reconstruirlas para obtener expresiones más realistas y positivas (Paso 3). Así, por ejemplo, Michelle había asociado a la catástrofe el cierre de las puertas, y su reconstrucción más positiva fue la siguiente: «La puerta se cierra como estaba previsto. El tren funciona como estaba previsto y estamos llegando como estaba previsto a nuestro destino».

Nos encontramos cerca de una estación de metro y nos sentamos en un banco. Me di cuenta de que se estaba poniendo nerviosa, ya que la respiración se le aceleró, su rostro se demudó y se empezó a mostrar más retraída. Por ello, le enseñé algunas técnicas de relajación (Paso 4) y luego le pedí que simplemente intentara bajar la escalera (Paso 5).

Bajamos la escalera y estuvimos mirando un mapa de metro. Le pedí que me señalara dónde vivía, dónde trabajaba y qué líneas de metro tomaría para ir y volver del trabajo.

Escuchamos los ruidos de algunos trenes. Michelle se puso más nerviosa, por lo que le pedí que pensara en otras cosas que podían representar esos sonidos, como el freno de una máquina, el choque de metales contra metales y puertas abriéndose y cerrándose. Nos quedamos en la estación durante veinte minutos para que ella pudiera escuchar estos sonidos varias veces y, cuando salimos de allí, ella lo hizo con una actitud optimista y orgullosa de lo que había logrado. ¡No había entrado en una estación de metro desde hacía ocho años!

Le indiqué a Michelle que entrara en la estación de metro más cercana a su casa durante toda esa semana con la intención de hacer lo mismo: sentarse en un banco durante veinte minutos y reprogramar el significado que aquellos sonidos le sugerían. Lo estuvo haciendo día tras día, hasta que pudo entrar en la estación totalmente relajada.

El resultado: Cuando llegó el momento de subir en el tren, Michelle estaba nerviosa, pero no hasta el punto de sentir la necesidad de irse. Era como un niño que aprende a montar en bicicleta y que se da cuenta de que su padre ya no está sujetando el sillín. En el andén, le pedí a Michelle que visualizara el éxito: se veía a sí misma dando los pasos necesarios para alcanzar su objetivo, que era poder viajar en metro sin problemas. Nos subimos en el convoy. Michelle redefinió y reconstruyó todos los sonidos que la rodeaban. ¡Lo había conseguido! La siguiente tarea a la que debía hacer frente era viajar en metro con algún amigo para luego poder hacerlo sola. En tan sólo unas semanas, consiguió superar su miedo.

9

Paso 4: Elimina tu reacción de miedo

Hace unos años, cuando acababa de terminar la carrera, trabajé en el departamento de emergencias del hospital de una pequeña ciudad obrera de Connecticut. Allí atendí a cientos de personas afectadas de psicosis, depresión profunda, tendencias suicidas y adicción a las drogas y al alcohol. Mi trabajo consistía en evaluarlos y asegurarles el mejor tratamiento posible.

Algunos de aquellos pacientes llegaban al hospital aquejados de trastornos como la esquizofrenia y, mientras los atendía, escuchaban voces y veían cosas que no estaban allí. Como podrás imaginar, se sentían confusos, abrumados, nerviosos y asustados.

Casi todos ellos se sentían fuera de control.

De los cientos de pacientes que atendí en ese hospital, una mujer destacaba sobre el resto. Nunca olvidaré el aspecto que tenía en el momento en que la policía la trajo a urgencias después de que hubiera matado a puñaladas a su gato. Era una dulce y frágil abuelita de pelo blanco con las manos manchadas de sangre. Sentí tristreza y espanto por ella. ¿Y si sus dos nietos hubieran ido a visitarla ese día? ¿Y si se hubieran quedado a dormir con ella aquella noche? ¿Los habría apuñalado a ellos también?

—¿Por qué lo ha hecho? —inquirí.

—Las voces me pidieron que lo hiciera —me contestó ella.

—¿Y sigue escuchando esas voces ahora mismo?

—Sí, las oigo de fondo —me confesó.

—Qué interesante. ¿Y puede darles más volumen? —le pregunté, en un impulso.

Me miró como si yo fuera el loco. Estaba absolutamente asombrada, con lo que presupuse que nunca nadie le había hecho esa pregunta. La abuelita se sentó despacio, con una expresión pensativa y meditabunda en su rostro. Algo le estaba ocurriendo.

Le pedí que se imaginara la rueda de control de volumen de una radio.

—Piensa que estás girándola en el sentido de las agujas del reloj para darle más volumen.

Y lo hizo, y, como sabía que estábamos en un lugar seguro (el hospital) le pedí que le diera todavía más volumen. Y también lo hizo.

Comprobé cómo su expresión denotaba cada vez más angustia, y sin embargo, parecía estar volviendo en sí.

Le dije que si le podía dar más volumen a esas voces, entonces también podría quitárselo, así que le sugerí que lo intentara.

Ella accedió.

Hice un gesto con la mano para que ella intentara girar la rueda de control de volumen en el sentido contrario a las agujas del reloj.

Sí que lo hizo, y se quedó fascinada.

Volvimos a hacerlo. Subió el volumen de las voces. Lo bajó. Lo subió de nuevo. Luego lo bajó otra vez, y así varias veces más.

Este ejercicio, tan simple en apariencia, era una técnica poderosísima que le ayudaba a retomar el control sobre algo que pensaba se le había escapado de las manos. Ella creía que las voces la controlaban a ella, pero resultó ser ella la que controlaba las voces, sólo que todavía no lo sabía.

Puede que este ejercicio no fuera la cura definitiva, pero ayudó a esta mujer a seguir adelante. Puede que fuera entonces cuando notara por vez primera que podía dominar sus demonios.

Te cuento esta historia no para que tú te sientas identificado en el caso de escuchar voces que no están ahí, sino para que te sientas identificado con la sensación de estar fuera de control. ¿Alguna vez has sentido que tu reacción física ante el estrés, el miedo y la ansiedad era incontrolable? Muchos de mis pacientes me dicen que sí lo sienten así. Me explican que, simplemente, son incapaces de hacer nada, o que su cuerpo reacciona y ellos no pueden pararlo en modo alguno. En casos muy graves, se sienten como si estuvieran separados de su propio cuerpo, como flotando fuera de sí mismos y observando cómo su cuerpo pierde el control. A esto se le llama disociación, y es un recurso del propio cuerpo para protegerse a sí mismo ante la adversidad y los traumas. Se trata de uno de los principales misterios de la mente, ya que hace que mucha gente desconecte en su vida y que también pierda el control sobre su reacción ante el miedo. Es un mecanismo de autoadaptación e, incluso, de autoprotección.

Todo esto quiere decir que tú también tienes el control. Tú también puedes cambiar tu reacción ante la adversidad, de la misma manera que mis pacientes esquizofrénicos aprendieron a manipular las voces que escuchaban en su cabeza. Por ejemplo, puedes controlar estas cosas:

- Que tus manos o tus brazos tiemblen o no.
- Que tu voz se entrecorte o no.
- Que te quedes en blanco o no.
- Que te suden las manos o no.
- Que el corazón parezca salirse de tu pecho o no.

Muchas de estas reacciones son automáticas. Tu corazón late sin que tú tengas que decirle que lo haga, sudas sin ser consciente de ello y lo mismo ocurre cuando algo te da vergüenza; aun así, puedes controlar en cierto modo esas reacciones automáticas. Es posible que no puedas eliminarlas, pero sí que puedas minimizarlas. Tal vez ahora mismo no te lo creas, pero es cierto. Te sonrojas, por ejemplo, cuando te pones nervioso, y como no puedes eliminar mentalmente el sonrojo de tu cara, te diré que sí *puedes* relajar los nervios que lo propagan y, uno por uno, conseguir que ese color se difumine. La conexión mente-cuerpo es incuestionablemente fuerte.

Es importante que sepas que estas sensaciones son más controlables de lo que te imaginas. Tu cuerpo no es tu jefe, pero tú sí eres el jefe de tu cuerpo. En este capítulo, aprenderás a realizar un simple ejercicio que te lo demostrará y te ayudará a tener el control. También crearás y pondrás en práctica una Estrategia de Reacción de Miedo que puedes emplear para relajarte cuando lo necesites.

Aun así, esto es más importante que controlar esa reacción de miedo: saber que la reacción de miedo también puede resultarte útil, ya que puede actuar a tu favor o en tu contra. En este paso del programa, aprenderás no sólo a controlar la reacción de miedo —que se consigue bajando el ritmo de los latidos del corazón en el momento deseado—, sino que también aprenderás a utilizar esta reacción de miedo como un medio que te permita avanzar, que te llene de energía y motivación, y que te aporte el impulso necesario para alcanzar el éxito de todo lo que te propongas. Al final de este capítulo, dejarás de tenerle miedo al miedo. Ya no temerás ese momento en el que tu corazón parece salirse del pecho o tus manos empiezan a sudar; sabrás, en cambio, que es algo normal y por qué ocurre, qué hacer para solucionarlo y cómo convertirlo en un punto fuerte. Vamos allá.

¡Cambia tu vida en una semana!

El Paso 4 incluye seis ejercicios cuya realización no te llevará demasiado tiempo, aunque tendrás que repetirlos periódicamente para poder dominarlos. Son todos muy sencillos y puedes incorporarlos fácilmente en tu vida, como si se tratara de lavarte los dientes. Asegúrate de realizar los ejercicios n.º 2 y n.º 3 seguidos y sin hacer ningún descanso.

☐ **Ejercicio n.º 1:** Comprueba que nadie es inmune al miedo. Todo el mundo lo siente. Observa y habla con otras personas. Busca en internet *celebrities* que tengan ansiedad, fobias o pánico escénico. **Tiempo estimado:** 30 minutos.

☐ **Ejercicio n.º 2:** Siéntete lo más nervioso posible. **Tiempo estimado:** 10 minutos.

☐ **Ejercicio n.º 3:** Tranquilízate lo máximo que puedas. Practica diariamente un método de relajación. (Tienes un ejemplo en la sección «Cómo relajarte» en el ejercicio 3 de este capítulo). **Tiempo estimado:** 10 minutos al día.

☐ **Ejercicio n.º 4:** Descubre maneras de convertir tu miedo en un punto fuerte. **Tiempo estimado:** 15 minutos.

☐ **Ejercicio n.º 5:** Crea tu *estrategia ante la reacción de miedo*. Utilízala cuando te encuentres en una situación complicada. **Tiempo estimado:** 10-15 minutos.

☐ **Ejercicio n.º 6:** Reduce el estrés en tu vida. **Tiempo estimado:** 10 minutos para pensar en formas de acabar con el estrés.

Ejercicio n.º 1: Normaliza tu reacción de miedo

Tenemos miedo a lo que no entendemos.

Por ello, mucha gente tiene más miedo a la reacción de miedo que a las situaciones que lo desencadenan. Lo que les pasa a muchas personas por la cabeza no tiene por qué ser «Este público me va a comer vivo» o «Me va a dar calabazas» (aunque en algunos casos sí es así, y aprenderás a ocuparte de esto en el Paso 4). Lo que realmente provoca el pánico en la gente son estos pensamientos:

«Dios mío, me están sudando las manos. Qué mala suerte tengo».

«Estoy sudando: menudo desastre. La camisa está empapada. Estoy temblando».

«¡No! Me tiemblan las manos. Ella se va a dar cuenta y no puedo evitar que todo acabe siendo un desastre... puedo controlarlo y ¡ay, Dios mío!, ahora me tiemblan más».

«Noto cómo la cara se me pone roja. No lo puedo evitar. Todo el mundo me está mirando. ¡Qué vergüenza!».

Cuando piensas este tipo de cosas, puedes llegar a tener, incluso, más miedo, lo que reforzaría el miedo inicial, haciéndolo más poderoso y más agotador si cabe.

Esto ocurre con *cualquier* sensación, y no sólo con la ansiedad. Por ejemplo, yo suelo tener muchas migrañas. Antes, cuando empezaba a notar el aura (la visión borrosa que la antecede) me ponía histérico. Me ponía nervioso, me enfadaba, me agobiaba y pensaba cosas como: «¡No! ¡No puedo perder el tiempo con una migraña! ¡Es horrible! ¿Qué voy a hacer ahora?».

Estos pensamientos generaban gran ansiedad y miedo, lo que, en ocasiones, producía tensión en los músculos, algo que hacía que la migraña empeorara. Por ello, sé cómo tengo que cambiar mi actitud en cuanto aparecen los primeros signos de un dolor de cabeza inminente: «Estoy a punto de tener una migraña. La migraña es asquerosa, pero no me va a matar. Me recuperaré. Ya la he pasado otras muchas veces y pasaré ésta también».

Esto me permite retomar un poco el control. Como resultado, la experiencia de tener una migraña no resulta tan mala como resultaría si le tuviese miedo.

Del mismo modo, hace unos años, un médico me diagnosticó hipertensión arterial, algo que no tenía mucho sentido para alguien tan joven, delgado y sano como yo; además, no fumaba y llevaba una alimentación sana: yo era la última persona que podía tener hipertensión. Aun así, me tomé el diagnóstico en serio, por lo que empecé en seguida a tomar medicación y controlar continuamente la presión arterial en un intento de determinar qué estaba provocando esta dolencia.

El problema fue que empecé a anticipar unos malos resultados, lo que acabó siendo una profecía autoinducida: cuando más anticipaba esos malos resultados, más subía mi tensión arterial.

¡Sólo cuando pedí una segunda opinión médica y otro médico me aseguró que mi presión arterial era ligeramente más alta que la del resto de la gente, me di cuenta de que mis pensamientos anticipadores eran los causantes de mi hipertensión!

Y lo mismo ocurre con tu reacción de miedo. Puede que empieces con una reacción fisiológica normal, benigna y *muy común*, pero esa reacción, no obstante, hace que pienses en una serie de cosas que pueden intensificarla, con lo que se crea un círculo vicioso.

¿Te resulta familiar? Seguro que sí. La gran mayoría de la gente tiene más miedo al miedo que a cualquier otra cosa. Para ellos, la reacción de miedo —pulsaciones aceleradas, sonrojo, sequedad en la boca y otros síntomas— es más aterradora que el cambio, el compromiso, el ridículo, las críticas, el fracaso u otras muchas cosas.

Para mí, esto fue así durante años, al igual que para muchísima gente a la que he tratado y muchos amigos y conocidos. Es normal que tengamos miedo de aquello que no entendemos; recuerda que la incertidumbre genera ansiedad. No sabemos cómo acabará la historia, y por eso rellenamos los espacios en blanco inventándonos un final, el cual suele dar más miedo del que realmente estamos experimentando en la vida real.

Por esa razón tendrás que combatir el miedo con uno de los más potentes antídotos: el conocimiento. Cuando acabes este ejercicio, ya habrás entendido cómo y por qué tu cuerpo reacciona ante el miedo, lo que te ayudará a normalizar esa reacción y te ayudará a liberarte del círculo de la reacción de miedo.

Como ya he mencionado previamente, tu respuesta de miedo es el resultado de la historia en la que esas sensaciones existían para mantenernos con vida. Tu respuesta de miedo es tan sólo una reacción fisiológica diseñada para mantenerte con vida cuando te estás enfrentando a una amenaza. Para nuestros ancestros, tenía una razón de ser: salvaba sus vidas.

Hoy en día ya no solemos enfrentarnos a los animales salvajes, pero las respuestas de miedo permanecen en nosotros para instarnos a correr o luchar, aunque ello no siempre sea lo más acertado. Ello tiene lugar, por ejemplo, cuando estás en un congreso relacionado con tu profesión y no quieres echar a correr o pegarle a la persona con la que estás intercambiando tarjetas. Por eso, mucha gente recurre a la tercera opción instintiva: paralizarse.

No exigen que les suban el sueldo. No le piden una cita a esa monada que les gusta tanto. No le dan a «enviar» en ese portal web de búsqueda de trabajo. No se enfrentan a su pareja por ese asunto tan delicado.

Ignoran. Están estancados. No hacen nada.

Esto era lo que estaba ocurriéndote a ti hasta ahora: el viejo tú ignoraba, estaba estancado y no hacía nada; el nuevo tú, en cambio, usará esa respuesta de miedo para entrar en acción.

Lo que más te interesará saber sobre tu respuesta de miedo es lo siguiente: todo está en tu cabeza. Eso es lo que te da el control.

Sí, la respuesta de miedo puede desencadenarse sin tu consentimiento, de modo que es posible que te des cuenta cuando te pongas nervioso y pienses: «Yo no he provocado esto. Mi cuerpo lo ha hecho él solo».

En realidad, lo que ocurre es que eres tú quien activa esta reacción, y la activas con un pensamiento que da miedo y es negativo por naturaleza. Dicho pensamiento puede ser así:

«Todo el mundo va a pensar que lo que yo digo es ridículo».

«Se va a reír de mí».

«No puedo hacerlo».

«Mi jefe me va a despedir».

«Va a pensar que estoy gordo».

«Soy incapaz de satisfacer a mi esposa».

«Voy a perder la erección».

«Se me va a olvidar todo lo que tengo que decir en la reunión».

En el Paso 3 has aprendido a controlar todos esos pensamientos para así detener o debilitar la reacción de miedo antes de que aflore. Además, gracias a este paso, aprenderás a debilitarla todavía más.

Hay que comenzar por comprender que ese miedo es normal, predecible y que probablemente no sea muy dañino. Normalizar tu respuesta es esencial, ya que la anormalidad que ves en ti mismo es lo que intensifica esa respuesta de miedo.

Ocurre lo mismo con cualquier emoción negativa. Por ejemplo, cuando hablo con pacientes que acaban de perder a un ser querido, se muestran muy apenados y consternados. Yo les digo que es normal, que si no se sintieran tan mal, entonces la situación no sería normal. En cuanto digo estas palabras, casi siempre se llegan a sentir mejor. Si les dijera que están demasiado tristes o emocionados, reforzaría la emoción que ellos quieren contener.

Todo el mundo siente temor. Tú no eres el único al que le pasa. ¡Si no lo sintieras, no serías normal! Por ejemplo, puedo hablarte del gran jugador de baloncesto Michael Jordan: ¿sabías que él reconoce abiertamente que siempre se pone nervioso antes de salir a la cancha?

Éste es sólo un ejemplo, pero podría haber nombrado a bastantes más. Si quieres, puedes buscar en Internet los siguientes nombres de famosos seguidos por la palabra «miedo», y verás lo que aparece. Te sorprenderás con lo comunes que pueden ser los nervios:

- Whoopi Goldberg
- Jennifer Aniston
- Marilyn Monroe
- Sheryl Crow
- Whitney Houston
- Madonna
- Aretha Franklin
- Justin Timberlake
- Kim Basinger
- Paul McCartney
- Harrison Ford

Y la lista continúa…

Pero no lo dejes aquí. Quiero que salgas ahí fuera y encuentres más casos. Quiero que conozcas más casos de ansiedad y miedo entre tus amigos, familiares y compañeros de trabajo. Puedes hacer, por ejemplo, este tipo de preguntas:

- ¿Alguna vez te has preguntado lo que piensan los demás de ti?
- ¿Te preocupa que la gente te juzgue?
- ¿Te preocupa que la gente piense que eres incompetente o tonto?
- ¿Te pones nervioso antes de _____?

De cuantos más ejemplos dispongas, mejor, porque cada vez que tengas miedo tienes que conseguir decirte a ti mismo lo siguiente: «Esto es algo normal. Mi cuerpo se está preparando. Toda la sangre que ahora está bombeando mi cuerpo es buena para mí. Es algo normal y beneficioso. Si yo no me sintiera así, no sería normal».

Puede que este ejercicio parezca simple y engañoso, pero normalizar tu reacción de miedo puede ser crucial. Para que puedas retomar el control es suficiente con que te des cuenta de que no estás solo ni eres raro.

Pero tú necesitas más. Necesitas pruebas que demuestren que, efectivamente, sí puedes controlar esas situaciones en vez de que ellas te controlen a ti.

Tú puedes tener el control. Para comprobarlo, avanza al Ejercicio n.º 2.

Ejercicio n.º 2: Comprueba que tú tienes el control sobre tu reacción de miedo

Suelo decirles a mis clientes en la consulta que vayan hacia adelante, que se pongan muy nerviosos y que lo sientan con la mayor intensidad posible. Se trata de una recomendación paradójica y puede que incluso sea poco ortodoxa, pero este ejercicio consiste en demostrar que, al igual que la anciana del gato a la que he mencionado al principio de este capítulo, todo el mundo tiene control sobre aquello que suele ocurrir inconscientemente.

Voy a pedirte que tú hagas lo mismo. Quizá este ejercicio vaya en contra de tu sentido de la lógica y todo lo que tú consideres que sea racional. Confía en mí, por favor. Lo hago por una buena razón. Si no hubiera visto cómo muchos pacientes obtenían unos resultados espectaculares con este ejercicio, nunca lo recomendaría.

Tienes que ponerte lo más nervioso posible. Para hacerlo, debes sentarte, cerrar los ojos y pensar en una situación que normalmente te provocaría miedo y ansiedad. Es posible que esta situación se dé hablando ante un grupo numeroso de personas o en medio de una pista de baile. Intenta imaginar cada detalle de esta situación de miedo autoinducido. Usa tus sentidos: véelo, escúchalo, pruébalo, siéntelo y tócalo.

Si no se te ocurre ninguna situación que te provoque ansiedad, imagínate la que vas a leer a continuación. Es completamente inventada, pero debería activar la reacción de miedo.

Imagina que estás caminando por una zona aislada de la ciudad. Es noche cerrada. No hay ninguna tienda abierta. No hay nadie por la calle. Escuchas pasos detrás de ti. Cada vez los escuchas más cerca. Ahora escuchas una respiración fuerte. Sientes la presencia de alguien a tu espalda, y acto seguido, el frío acero en tu cuello.

¿Cómo reacciona tu cuerpo? Si eres como la mayoría de mis pacientes, notarás que tu corazón te golpea el pecho, tus manos están húmedas, todo tu cuerpo está en tensión.

Tu reacción de miedo está atacándote.

Bien. Ahora, hazla más intensa. Siéntete diez veces más nervioso de lo que te sentirías en una situación así. Por ejemplo, si te imaginas hablando en público, en vez de que haya diez personas mirándote, imagina que hay cuarenta. Todos están mirándote fijamente. Tu corazón golpea más fuerte. Estás sudando, se puede ver en tu camisa. Están aludiéndote y bombardeándote a preguntas. La gente está crispada por lo que has dicho.

Imagina que todo esto ocurre en la realidad. ¿Cómo te sentirías? Piensa en cómo reaccionaría tu cuerpo si sintieras ese miedo y reaccionaras de esa manera. Tensa la mandíbula y los músculos. Respira rápida y profundamente. Aprieta los puños.

¿Cómo lo llevas? ¿Estás supertenso?

¡Bien!

No te preocupes. Muy pronto te enseñaré a eliminar toda esta tensión. De momento, date una palmadita en la espalda, porque este ejercicio requería un gran valor por tu parte. Eres mucho más valiente de lo que piensas.

Y más importante aún es que acabas de demostrarte a ti mismo algo vital, un detalle que no conocerías si no hubieras completado este ejercicio: acabas de retomar el control sobre algo que ocurre inconscientemente. Has manipulado tu reacción de miedo. Acabas de activarla por ti mismo, aun cuando no había nada que la produjera en realidad. Además, la has intensificado por voluntad propia.

Sabes que estás ejerciendo el control, ¿verdad? No obstante, no quiero que experimentes tanta ansiedad durante mucho tiempo, así que avanza directamente al Ejercicio n.º 3 para aprender a girar la rueda en el sentido contrario.

Antídoto de miedo: ¿Lo has pasado muy mal haciendo este ejercicio? ¿No has podido ponerte nervioso? Puede que esto haya ocurrido porque le tenías miedo o porque se te da mal la visualización. En cualquier caso, una alternativa sería experimentar a propósito con una situación de la vida real en la que te sientas nervioso e incómodo, intentando magnificar la inquietud que te produce. Sea como sea, una vez que ya hayas comprobado que puedes controlar tu reacción nerviosa, llegará el momento de aprender a apagarla.

Ejercicio n.º 3: Toma el control de tu reacción de miedo

Muchas personas intentan tomar el control de su reacción de miedo por medio de una ayuda externa, bien tomando ansiolíticos antes de hablar en público o bien bebiendo alcohol previamente a una cita.

Yo voy a enseñarte a minimizar esa reacción de miedo prescindiendo de la medicación y del alcohol.

Es muy fácil. En el ejercicio anterior te has puesto en tensión activando tu sistema nervioso simpático, que es el origen de la reacción de miedo. Tu cuerpo recurre a él para mantenerse alerta, generar fuerza y ganar velocidad.

Tu sistema nervioso, no obstante, consta de dos partes. También forma parte de él el sistema nervioso parasimpático, que es el responsable de la espontaneidad, la calma, la serenidad y la relajación. Por eso, del mismo modo que has empleado un ejercicio con un ejemplo de visualización para activar tu sistema nervioso simpático (la reacción de miedo), emplearás otro ejercicio para activar el sistema parasimpático. Se trata de la Relajación Progresiva Muscular (RPM) y consiste simplemente en tensar y relajar los músculos de tu cuerpo. Como ves, la reacción de miedo es generada, en parte, por la tensión muscular, y ésa es la razón por la que puedes sufrir dolor de cabeza, de cuello o de espalda después de experimentar un ataque de ansiedad o pánico.

Ahora mismo es probable que tus músculos estén más tensos de lo que te imaginas y que se mantengan en esa tensión todo el tiempo; tanto es así que es posible que te acostumbres y que ni siquiera te percates de que están así de tensos. Puede resultar parecido al hecho de vivir en un sitio donde haya una gran contaminación acústica a todas horas. Por ejemplo, yo vivo en Nueva York, donde el ruido del tráfico es constante. Da igual en qué punto de la ciudad me encuentre: siempre percibiré el persistente sonido de las sirenas, los cláxones y el bullicio de la gente. Es tan continuo que ni siquiera soy consciente de él, hasta que me alejo de Nueva York durante unos días y me doy cuenta de lo ruidosa que es.

La tensión muscular actúa de forma similar al ruido de la ciudad. Aunque no seas consciente de ello, te afectará personalmente y te producirá dolores de cabeza, de espalda, hipertensión y otras enfermedades crónicas.

Compruébalo

¿Es alguno de tus amigos o tu pareja alguien relajado, sereno y tranquilo por naturaleza y desprende una gran serenidad espiritual? Si es así, pídele permiso para tocar sus músculos o hacerle, incluso, un masaje en los hombros. Te darás cuenta de que sus músculos son suaves y flexibles (algo así como la miga de pan). Luego toca los tuyos. Si estás asustado, notarás que tus músculos están duros y tensos al tacto.

Aunque parezca un contrasentido, para poder relajar tus músculos, primero los tensarás un poco más. Esta tensión adicional actuará como el desencadenante físico que te permita relajarte. Es un proceso parecido a encogerte de hombros todo lo que puedas para después relajarlos.

Cuando relajas los músculos, activas de golpe tu sistema nervioso parasimpático, y una vez está activado, la reacción de miedo se desactiva. Esto contribuye a reducir los niveles de hormonas del estrés y, por consiguiente, a reducir también los niveles de tensión arterial, las pulsaciones, la glucosa en sangre, el sudor…

Cómo relajarte

Para practicar la Relajación Progresiva Muscular (RPM), siéntate o acuéstate en una superficie cómoda y en la que te sientas seguro y sin distracciones de ningún tipo. Tensa y relaja los grupos de músculos siguientes, empezando por la cabeza y bajando, progresivamente, hasta los pies.

- **Frente y sienes:** Frunce el cejo juntando las cejas como si estuvieras enfadado. Procura tensar la piel de las sienes como si fuera la de un tambor. Mantenla así durante cinco segundos. Relaja para que en tu frente y tus sienes sientas una calidez como la que sentirías si te pusieras una toallita templada por encima.
- **Ojos y nariz:** Cierra los ojos y apriétalos. Mantenlos así durante cinco segundos. Relaja.
- **Labios y mandíbula:** Tensa la mandíbula y los labios como si estuvieras muy preocupado o asustado, apretando y rechinando los dientes. Quédate así durante cinco segundos y, después, destensa, relajando la mandíbula hacia abajo y distendiendo todos los músculos faciales.

- **Hombros:** Encógelos hasta tocar las orejas. Mantenlos cinco segundos así. Relájalos y bájalos imaginando que caen al suelo.
- **Brazos:** Abrázate a ti mismo con todas tus fuerzas. Relaja.
- **Manos:** Aprieta los puños. Mantenlos así durante cinco segundos. Relaja.
- **Espalda superior:** Intenta juntar los omóplatos. Mantenlos así durante cinco segundos. Relaja.
- **Espalda:** Arquea la espalda, tensándola. Mantenla cinco segundos así. Relaja.
- **Vientre:** Tensa los músculos del abdomen. Relaja.
- **Caderas:** Aprieta las caderas y las nalgas. Manténlas así cinco segundos. Relaja.
- **Muslos:** Tensa los muslos. Mantén cinco segundos. Relaja.
- **Pies:** Encoge los pies y cruza los dedos. Mantenlos cinco segundos. Relaja.

¿Cómo te sientes? ¿Relajado? ¡Fantástico! Acabas de comprobar que no sólo puedes generar la reacción de miedo, sino que también puedes debilitarla. (Nota: si la Relajación Progresiva Muscular no te ha funcionado, prueba las técnicas alternativas de relajación descritas en el antídoto de miedo que aparece en la página 280.)

Lo que tenemos que conseguir es que puedas llegar a este estado de relajación en cualquier momento, sobre todo en un contexto de miedo, para lo cual deberás practicar mucho.

Te recomiendo que practiques la RPM al menos una vez al día. Después de cada sesión, examina tu cuerpo y trata de memorizar la sensación de estar relajado. Comienza tus sesiones prácticas en un lugar tranquilo y aislado, por ejemplo, en casa. A medida que vaya pasando el tiempo, intenta realizarlas en contextos que relaciones más con el estrés, como la oficina. Intenta adoptar este estado de relajación allá donde te encuentres y sin la necesidad de tensar los músculos primero.

Sigue estos consejos cuando practiques la RPM:

- Establece un horario fijo para llevarla a cabo. Esto te ayudará a acordarte de que debes hacerla.
- Hazla cada vez que estés en tensión. Mucha gente intenta relajarse antes de acostarse para así poder dormirse. Esto está bien si lo que quieres es que la RPM actúe como una herramienta que te ayude a conciliar el sueño, pero no está tan bien si lo que buscas es anular tu reacción de miedo. Debes ponerla en práctica cuando estés alerta para poder memorizarla mejor y emplearla en cualquier otro momento.
- Practícala incluso cuando te sientas bien. Muchos de mis pacientes no se dan cuenta de lo tensos que están hasta que hacen los ejercicios de la RPM. Piensan: «Yo no necesito relajarme. Estoy bien», y luego hacen los ejercicios y se percatan de lo tensos que estaban. A ti te pasará igual.

Antídoto de miedo: Algunas personas tienen problemas para relajarse con la RPM. ¿Eres tú uno de ellos? Si lo eres, mantén la esperanza. Solamente necesitarás probar otras técnicas hasta que encuentres una que sí te funcione. Aquí tienes algunas para que experimentes con ellas:

- **Respiración profunda:** Cuando sentimos miedo, tendemos a tener una respiración rápida y superficial. La respiración profunda puede servir para contrarrestarla y apagar la reacción de miedo. Cuando cojas aire, procura expandir el diafragma. Llena todos tus pulmones de aire hinchando la barriga. Luego expande la caja torácica hacia los lados. Por último, expande la clavícula. Exhala. Repite.

- **Visualización:** Cierra los ojos e imagínate en algún lugar que relaciones con recuerdos felices y serenos, tal vez una playa paradisíaca, unas montañas nevadas... Escoge un sitio específico en el que te sientas feliz, relajado, sereno y cómodo. Visualiza cada detalle de ese lugar: qué olor desprende, qué aspecto tiene y qué sonido emite.

- **Conciencia plena:** Lo que se pretende con esta técnica es centrar la mente en el momento actual. Cuando lo logres, conseguirás relajarte sin ni siquiera intentarlo. Siéntate o acuéstate. Cierra los ojos. Concéntrate en tu respiración. Percibe la sensación de frescor que notas en el fondo de las fosas nasales cuando inhalas el aire y la sensación de calidez que notas en ellas cuando lo exhalas. Siente cómo la caja torácica se expande con el aire que vas inhalando y cómo se relaja a medida que lo vas exhalando. Además de adquirir conciencia plena de tu respiración, también puedes intentar adquirir conciencia plena de cualquier actividad que realices. Por ejemplo, al caminar, siendo más consciente de cómo tus pies se mueven sucesivamente o, mientras friegas los platos, al centrar toda tu atención en la sensación que produce el agua caliente y jabonosa entrando en contacto con tus manos.

Ejercicio n.º 4: Haz de tu miedo un punto fuerte

Ahora veamos uno de los ejercicios más eficaces de este capítulo. Vas a aprender cómo servirte de la reacción de miedo en tu propio beneficio.

Mucha gente concibe dicha reacción como algo negativo, por lo que desean eliminarla. No son capaces de ver que podría resultarles beneficiosa.

Y lo cierto es que puede resultarles muy beneficiosa.

Piensa en cómo reacciona tu cuerpo cuando tienes miedo. ¿Qué ocurre? ¿Qué sensaciones tienes? ¿Qué te pasa por la cabeza? ¿Te late rápido el corazón? ¿Te sofocas? ¿Sudas? ¿Se te seca la boca? ¿Te dan unas ganas increíbles de ir al lavabo?

Reflexiona acerca de por qué tu cuerpo reacciona de esa manera. ¿Qué intenta hacer? ¿Podría haber algún beneficio desconocido en esta reacción? ¿Podrías manipularla y usarla en tu propio beneficio? Si no te atemorizara tu reacción de miedo y no sintieras la necesidad de eliminarla por completo, ¿te podría servir de algo? ¿No crees que el estado de alerta que provoca la reacción de miedo te ayuda a pensar con más claridad y más diligencia? ¿O crees que las pulsaciones aceleradas te proporcionan una mayor energía, la cual puedes usar para seguir adelante?

Por ejemplo, cuando aparecí en el programa de la CNN *Nancy Grace,* mi corazón latía muy fuerte. Muchos presentadores de televisión exigen que los expertos a quienes entrevistan tengan un buen aspecto porque piensan que eso da más credibilidad a la información; Nancy Grace particularmente, además de exigir una buena presencia física, también los pone contra las cuerdas por la hostilidad de sus preguntas, hasta tal punto que conozco a unos cuantos expertos que se niegan a ir a su programa sólo por esa razón. «¿De verdad necesito yo sufrir todos estos nervios?», pensaba yo.

Mi reacción ya no daba cabida al miedo: «No, no lo necesito, pero es bueno para mí y para mi carrera».

A pesar de todo ese ímpetu y entusiasmo del principio, me senté en directo en el plató con miedo y desasosiego, consciente de que era un programa de alcance nacional y de la singularidad de su conductora: el corazón se me salía del pecho, mis músculos estaban tensos y henchidos de sangre, mi respiración era pesada, me sentía como si me llevaran al patíbulo. En parte, era así: tenía miedo de que Nancy Grace me atacara y me humillara, algo contra lo que mi cuerpo estaba preparándose.

Me reconfortó saber que mi cuerpo estaba haciendo lo que tenía que hacer de una manera tan inmediata. Durante la publicidad, me dediqué unos segundos a calmarme. Hice un repaso rápido de mi cuerpo: mi corazón latía muy rápido gracias a la adrenalina, una hormona que prepara el cuerpo para la acción; tenía sequedad en la boca porque los fluidos se habían distribuido por otras partes de mi cuerpo... El simple hecho de recordarme a mí mismo que estas sensaciones eran totalmente normales me ayudó. En seguida me imaginé tumbado en una barca flotando en una tranquila bahía, meciéndome con las suaves olas. Esto me ayudó a calmarme. Luego hice acopio de aquellas sensaciones que seguían ahí y las usé en mi propio beneficio, convirtiéndolas en la energía y concentración adicionales que necesitaba para dictar mis conferencias.

Para que tú también hagas de tu reacción de miedo un punto fuerte, debes hacer una lista de todos los recursos de los que se sirve tu cuerpo para reaccionar ante el estrés, la ansiedad y el miedo. Después piensa en cómo usarías tú estas reacciones para tu propio beneficio. Utiliza esta tabla como ejemplo:

Síntoma	Qué significa	Cómo convertirlo en punto fuerte
Respiración entrecortada	Los nervios que rodean tu caja torácica y tu torso permanecen en alerta, haciéndote sentir como si alguien se hubiera sentado en tu pecho. En realidad, tu respiración es la adecuada y una gran cantidad de oxígeno está entrando en tu cuerpo.	«Mi cuerpo está recibiendo todo el oxígeno que necesita. La respiración acelerada abastece a los músculos y el cerebro con sangre oxigenada. Gracias a eso, podré pensar con más claridad y reaccionar con más rapidez ante los estímulos.»
Pulso acelerado	Las hormonas del estrés provocan que tu ritmo cardíaco se acelere y que tu corazón bombee más sangre.	«Mis músculos reciben una gran cantidad de sangre, abasteciéndome de la fuerza y la energía que necesito.»
Nudo en la garganta	Los músculos de la garganta se encogen cuando te pones nervioso.	«Genial, estoy un poco nervioso. Es algo incómodo, pero no me va a matar. Me preocuparía no sentirme al menos un tanto nervioso. Esto significa que tengo los pies en la tierra.»
Sudor	El cuerpo se prepara para la batalla: para esforzarse en la lucha o huir. El sudor se encarga de mantener el cuerpo a una temperatura constante.	«Genial, ¡mi cuerpo está listo para este acontecimiento deportivo llamado «vida»! Esto no debe preocuparme. Si me preocupara por lo que piensan los demás, contaría un chiste sobre mi sudor y lo utilizaría para echarnos unas risas.»

Síntoma	Qué significa	Cómo convertirlo en punto fuerte
Tensión facial	Los nervios y los vasos sanguíneos de la cara y el cuello suelen ser los primeros en tensarse cuando se experimenta ansiedad.	«¡Qué bien! Quería recibir una señal que me recordara cómo tengo que relajar mis músculos faciales.»
Hormigueo en las extremidades	La sangre se extiende por brazos y piernas para prepararte para luchar o huir.	«Genial: tengo tanta energía que puedo usarla para mostrarme más animado. La usaré para gesticular o caminar mientras doy la conferencia.»
Sequedad en la boca	Los fluidos se distribuyen por las extremidades en la lucha o la huida, lo que te hace notar la boca reseca.	«Bien, ya tengo una excusa para beber un poco de agua. Mientras le doy un trago a la botella puedo reorganizar mis pensamientos.»

Ejercicio n.º 5: Desarrolla una estrategia ante la reacción de miedo

¡Ya casi estás listo para enfrentarte a tu miedo! Pero primero debes desarrollar una estrategia. Una cosa es que sepas cómo activar tu reacción de miedo, cómo desactivarla y cómo usarla en tu propio beneficio, pero otra es que sepas cómo utilizar estas estrategias en la vida real. Para ello, necesitas un plan estratégico. Debes saber exactamente cómo puedes actuar para enfrentarte a tu miedo en determinadas situaciones. ¿Qué harás? ¿Cómo lo harás? ¿Cuál será tu estrategia?

¿Tensarás y relajarás tus músculos? ¿Te retirarás un segundo a tu rincón feliz? ¿Cómo reaccionarás cuando ocurra?

Además de tu estrategia de relajación, tendrás que probar otros *minimizadores de miedo* e incorporarlos a tu estrategia ante la reacción de miedo. Escríbelos en tu libreta antimiedo. Aquí tienes algunos de los trucos que han usado mis pacientes en diversas situaciones en las que experimentan una gran reacción de ansiedad. Escoge algunos de ellos y añade otros propios.

Relaja la mandíbula. Hacerlo te ayudará a relajar todo tu cuerpo. Por ejemplo, cuando estaba nervioso por mi primera aparición en televisión, me relajé haciendo gestos raros con mandíbula y el labio inferior para estirar los músculos faciales. ¡Siempre funciona!

Haz estiramientos. Son muy útiles para relajar tus músculos justo antes de vivir una situación dominada por la ansiedad.

Relájate. Te permitirá expulsar la energía que le sobra a tu cuerpo.

Gesticula con las manos. Algunas personas procuran tener cuidado con los gestos que hacen con las manos, ya que piensan que hacerlos les da un aspecto poco profesional. Sin embargo, está comprobado que cuando restringimos los movimientos, constreñimos el pensamiento y el lenguaje. Es mejor ser capaz de pensar con claridad que forzarte a ti mismo a pegar los brazos al cuerpo.

Concéntrate en alguna cara conocida entre el público. Te ayudará a estar más relajado en tus intervenciones y presentaciones, además de hacerte sentir más cómodo.

Concéntrate en la persona con la que estás y no en ti mismo. Te servirá, sobre todo, en la cama. Por ejemplo, deberías olvidarte de tus genitales y empezar a pensar en los de tu pareja.

Tensa y relaja los glúteos y otros grupos de músculos. Nadie notará que lo haces, y ayudará a inducir la reacción de relajación.

Relaja los músculos faciales. Tus labios, tu lengua y tus ojos están bajo tu control, pero a veces resulta más fácil centrarse en un solo músculo que en todo el cuerpo.

Presta atención a lo que está ocurriendo en ese momento. Puedes, por ejemplo, concentrarte en lo que está diciendo alguien. Así dejarás de pensar en tu reacción de miedo. Centra tu atención en lo que dice esa persona y en su boca y sus labios mientras lo dice. Esto te dará pistas que te ayuden a recordar la información.

Visualízate teniendo un gran éxito. Esto es lo que yo suelo hacer. Antes de introducirme en un contexto de miedo, me visualizo a mí mismo realizando aquello que me da miedo hacer y, además, realizándolo con tranquilidad y seguridad en mí mismo.

Visualízate controlando el miedo con facilidad. Antes de introducirte en un contexto de miedo, visualiza ese momento en el que vas a notar sequedad en la boca y temblor en las manos sin que te preocupe lo más mínimo. Esto contribuirá a que te sientas cómodo en caso de enfrentarte a la reacción de miedo en la vida real y, asimismo, te aportará predictibilidad.

Ejercicio n.º 6: Desestresa tu vida

Somos muchos los que estamos sometidos a un fuerte nivel de estrés, lo que significa que hormonas del estrés están siempre presentes en nuestro cuerpo. En vez de activarse para luego desactivarse, nuestro sistema de miedo siempre está encendido: que tus músculos están tensos, tu presión arterial es más alta de lo normal, tu ritmo cardíaco y tu respiración van acelerados… Estás nervioso o tenso (o en el límite) la mayoría de las veces, por lo que es muy fácil darte un empujoncito para caer al vacío.

Para poder tener el control sobre la reacción de miedo en determinadas situaciones, te ayudará mucho mantener bajos los niveles de estrés. Si te encuentras más relajado y sereno en todo momento, dejará de resultarte tan difícil relajarte en pleno proceso de enfrentamiento ante el miedo.

Para desestresar tu vida, habrás de realizar alguna de estas estrategias; cuantas más, mejor.

- **Haz ejercicio.** Realiza ejercicios aeróbicos tres o cuatro veces a la semana y haz mantenimiento una o dos veces a la semana. No es necesario que los hagas muy seguidos o que sean sesiones muy largas. Sé creativo. Sube y baja la escalera del trabajo durante el descanso de la comida. Intenta moverte como parte de tu rutina diaria. Sigue moviéndote aunque estés allí.

- **Dedícate medio día a ti mismo durante tus días libres.** Muchas personas viven tan ocupadas y tan pendientes de su agenda, que pasan inmediatamente de una cosa a otra sin ni siquiera tener tiempo para ser conscientes de su estado físico. Están incomunicados con su propio cuerpo. Para evitar esto, deja libre de planes al menos medio día a la semana. Haz un hueco en tu agenda y empléalo, simplemente, a desconectar. Por supuesto que puedes leer, cocinar o hacer cualquier cosa que te apetezca, pero sin tener que cumplir con ninguna lista de cosas pendientes.

- **Sé bueno contigo mismo.** Hazte la pedicura o date un masaje cada cierto tiempo o bien, toma un baño de burbujas cada semana (o cada noche). Ve al cine, lee o busca otras maneras de aflojar el ritmo. Necesitas relajarte y evadirte con regularidad.

- **Distribuye tu tiempo y prioriza las tareas.** Puedes hacer muchas cosas en un solo día, pero debes saber que puede resultar contraproducente intentar abarcar demasiado. Realiza primero las tareas fáciles de tu lista de cosas pendientes para experimentar una sensación de logro. Organiza las tareas según si es necesario realizarlas en el mismo día, en la misma semana o en un mes. El hecho de priorizar garantiza un éxito más productivo y te motiva para seguir haciendo cosas de la lista.

- **Dedícate algunos momentos a ti mismo.** Concédete pequeñas pausas de cinco minutos a lo largo del día para poder desconectar: sin conversaciones, sin ruidos y sin estímulos visuales.

¿Te sientes más relajado ahora?

¡Espero que sí! Ya has logrado mucho con este paso del programa. Confío en que ya estés notando los resultados durmiendo mejor o bien, estando un poco menos nervioso de lo normal. Puede que, incluso, te hayas dado cuenta de que ahora te tomas algunos problemas con más tranquilidad que en el pasado. Acuérdate de anotar todos esos cambios y mejoras que estás experimentando en tu libreta antimiedo. De este modo podrás releerlo todo para ir comprobando tu evolución.

Ella cambió su vida

Cindy recurrió a mí aquejada de los fuertes dolores en la espalda y el cuello que la invadían todas las noches. Ya había acudido a varios médicos, quienes descartaron una patología. Sin embargo, uno de ellos le dijo que probablemente sus síntomas tenían un origen psicosomático, lo que indicaría un trastorno físico producido o agravado por de-

terminados factores emocionales. Este facultativo fue el que recomendó a Cindy que acudiera a mi consulta.

Cindy estaba convencida de que los médicos pasaban algo por alto, por lo que estaba a punto de probar con la acupuntura. Yo no intenté convencerla para que no probara otros tratamientos, pero sí que coincidí con ese médico en que sus síntomas podían ser psicosomáticos. Al fin y al cabo, Cindy sólo sufría los dolores por las noches, y no por las mañanas. Sospeché que algo le ocurría concretamente en ese momento del día, provocándole una gran tensión física y mental que desembocaba en esos síntomas. Ésta fue la razón por la que emprendí la búsqueda de los pensamientos que le estaban generando ese dolor de espalda y cuello.

El objetivo: El objetivo de Cindy era fácil: quería deshacerse de esos dolores.

La recompensa: Si Cindy descubría el origen de sus dolores y lograba solucionarlo, se sentiría mejor, más realizada y estaría mucho más feliz.

El programa: Le pedí a Cindy que anotara todos sus pensamientos a lo largo de la semana. También le propuse que, a cada hora, dedicara un minuto o dos para realizar el ejercicio de la pantalla de cine que está incluido en el Paso 3 (Ejercicio n.º 1). Cuando estuvimos leyendo su libreta antimiedo al cabo de una semana, comprobamos que, a medida que iba avanzando el día, sus pensamientos se hacían más y más negativos. Éstos son algunos ejemplos:

«¿Seré capaz de llegar a tiempo al colegio para recoger a los niños?».

«Mis compañeros van a pensar que me estoy escaqueando en el trabajo».

«Maldita sea, tengo que preparar la cena y no tengo ni idea ni de qué voy a hacer».

Cindy llegaba al trabajo antes que todos sus compañeros para poder irse antes también, y así recoger a los niños del colegio y poder estar en casa con ellos. Su supervisor estaba al tanto de sus horarios y los había autorizado, pero varios compañeros de trabajo no lo sabían. Cindy sospechaba que sus compañeros la veían como una vaga, ya que, según ella, no tenían idea de lo pronto que llegaba al trabajo e incluso pensaban que no hacía las ocho horas estipuladas.

Cindy no era consciente de todos estos pensamientos. ¡Ni siquiera sabía que ella misma pensaba estas cosas de sus compañeros de trabajo! Estas palabras, simplemente, daban vueltas en algún rincón de su mente inconsciente como si de un mensaje subliminal se tratara.

Todos esos pensamientos le producían ansiedad, inquietud y frustración. Todas esas emociones le creaban una gran tensión muscular que desembocaba en dolores de cabeza, de cuello y de espalda durante las últimas horas del día. Cindy hizo un gran esfuerzo para reconstruir sus pensamientos negativos (Paso 3), relajar sus músculos (Paso 4) y mejorar la comunicación con sus compañeros de trabajo (Paso 5).

El resultado: El cuello y la espalda de Cindy dejaron de ocasionarle problemas, por lo que finalmente pudo dejar de tomar analgésicos.

10

Paso 5: Vive tu sueño

En los primeros cuatro pasos, lograste superar los obstáculos mentales que, hasta ahora, te habían tenido estancado, impidiéndote avanzar hacia tu objetivo. Espero y deseo que, llegados a este punto del plan, ya estés gozando de la sensación de libertad, esperanza e ilusión que te ofrece un futuro muy próximo.

En este paso del programa, te ayudaré a superar algunos de los obstáculos físicos que se interponen en tu camino y te impiden conseguir tu sueño. Para que seas consciente de ellos, quiero que te imagines varios casos.

En el Caso n.º 1, imagínate que recibes una carta muy importante. La envía la NASA, y reza: «¡Acabas de ganar un viaje a la luna!». Te enteras de que la NASA te ha escogido a ti de entre millones de estadounidenses para llevar a cabo una campaña publicitaria. Es la oportunidad de tu vida, siempre has querido viajar en un cohete espacial. ¡Tienes que aprovecharla! Al final de la carta, sin embargo, una frase subrayada llama tu atención. Dice así: «El cohete despegará dentro de dos semanas».

¿Cómo te sientes? No sé tú, pero si yo leyera una carta así, me pegaría un susto de muerte. No sé si aprovecharía la oportunidad... ¡Seguro que me acobardaría!

Ahora pongámonos en el Caso n.º 2. Recibes la misma carta, sólo que esta vez la NASA te informa de que esta misión tendrá lugar dentro de un año, por lo que, en este tiempo, esta agencia espacial te ofrece un entrenamiento previo a viajar al espacio. Recibirás una formación especializada en la que aprenderás a reparar naves y pilotarlas, además de entrenar con varios simuladores. El día del despegue tendrías muy claro qué tendrías que hacer, qué ocurriría y cómo gestionarías las emergencias que podrían ir presentándose.

¿Cómo te sientes ahora? ¿Un poco nervioso, aunque también ilusionado?

Yo me sentiría igual.

He mencionado estos dos casos porque mucha gente vive pensando que sí sería capaz de enfrentarse al Caso n.º 1. Están seguros de que encontrarían el valor, por ejemplo, para evitar la ansiedad que puede provocar hacer un brindis en una boda, a pesar de que nunca antes hayan hecho ninguna manifestación de este tipo ni hayan hablado en público y ni siquiera se hayan preguntado cómo hacerlo. Es posible que también piensen que les resultaría fácil empezar a escribir un libro, aunque nunca hayan escrito nada más extenso que una reseña en secundaria. No entienden por qué nunca llegan a escribir ese libro aunque siempre esté en su lista de cosas pendientes, igual que tampoco comprenden por qué se ponen nerviosos cuando tienen treinta invitados para cenar en casa, a pesar de que en casa siempre comen en *petit comité* y platos preparados.

Así, cuando les falta el valor para intentar llevar a cabo tales proezas, se castigan diciéndose cosas como: «No sé cómo puedo ser tan vago», «No puedo creer que me haya tenido que tomar un Xanax para hacerlo» o «No sé por qué lo dejo siempre para más tarde si nunca lo hago».

Lo que no saben es que la *mayoría* de la gente no tiene el valor para enfrentarse al Caso n.º 1 en la vida real. Cuando vemos que alguien acomete una hazaña extraordinaria, es porque, para ellos, esa hazaña se parece más a la del Caso n.º 2.

Por ejemplo, como he comentado con anterioridad, mi hermano es policía en Washington, D. C. En junio de 2004, durante el velatorio de Ronald Reagan en el Capitolio, miles de personas —desde gente de a pie hasta mandatarios de todo el mundo— acudieron para mostrarle al expresidente sus últimos respetos. Aquella semana, el lugar estuvo muy concurrido y se incrementaron las medidas de seguridad.

A mitad de semana, un avión entró en el espacio aéreo restringido de la ciudad, lo que causó el pánico entre la población. Matthew me explicó que había gente corriendo por todos lados y que pensaban que el avión se dirigía a la Casa Blanca, al Capitolio o a cualquier otro edificio gubernamental. Yo le pregunté si estaba nervioso y él me respondió, con calma, que en absoluto, ya que estaba preparado para preservar el orden y mantener la tranquilidad en situaciones de emergencia. También me dijo que había recibido formación en protocolos de actuación y que sabía cómo debía actuar en ese tipo de situaciones, y que la gente tomaría su ejemplo si él permanecía tranquilo y sereno.

Para todas aquellas personas que estaban atemorizadas, se trataba del Caso n.º 1. Nunca habían visto un avión entrando en el espacio aéreo restringido, lo cual les infundaba una gran sensación de incertidumbre y miedo. «¿Y si son terroristas?» «¿Qué tengo que hacer en caso de que sean terroristas?» «¿Adónde iremos si es un ataque terrorista?»

Matthew, por otro lado, sabía exactamente lo que tenía que hacer. Él no tenía esa sensación de incertidumbre, puesto que le habían explicado cómo comportarse. Se había entrenado para ese día, por eso él no estaba aterrorizado. Estaba tranquilo y, para él, éste era el Caso n.º 2.

Del mismo modo, unos padres primerizos me dijeron que se pusieron muy nerviosos cuando tuvieron que poner a su bebé en la silla del coche por primera vez. Esto les ocurrió porque no lo practicaron antes de tenerlo. No habían hecho ningún curso previo, ni se habían leído ningún libro ni habían visto ningún vídeo de YouTube al respecto. Se trataba del Caso n.º 1.

Estoy convencido de que el miedo surge cuando intentamos hacer algo que no habíamos hecho antes, sobre todo cuando intentamos hacer algo sin haber leído nada sobre él previamente. En este último paso del plan, aprenderás a hacer que tu Caso n.° 1 se convierta en tu Caso n.° 2. Así, cambiarás la incertidumbre por seguridad y harás posible lo imposible, para así poder alcanzar tus sueños y conseguir mucho más.

¡Cambia tu vida en dos semanas!

El Paso 5 incluye dos ejercicios. Uno de ellos no te llevará mucho tiempo. El otro consistirá en poner en práctica todo lo que has aprendido hasta ahora. Dependiendo del objetivo que te hayas marcado, puedes alcanzarlo en muy poco tiempo (en los próximos días o semanas). Si se trata de un sueño complejo (como un cambio de profesión) quizá tarde más. Reserva mucho espacio en tu libreta antimiedo para realizar este paso.

☐ **Ejercicio n.° 1:** Crea tu *plan de acción antimiedo*. Usa los planes de acción que aparecen en el apéndice como ejemplo. **Tiempo estimado:** 30-45 minutos.

☐ **Ejercicio n.° 2:** Lleva a cabo tu plan, modificándolo cuando sea necesario. **Tiempo estimado:** mínimo 2 semanas.

Ejercicio n.° 1: Elabora tu Plan de Acción Antimiedo

Hasta ahora, puede que pensaras que tener una vida diferente era un propósito utópico, irrealizable, algo al alcance de sólo unos pocos.

Me gustaría que vieras este propósito como un músculo que se debilita si se descuida y que se fortalece a base de ejercicio y tesón.

Tu *plan de acción antimiedo* te ayudará a ejercitar y fortalecer ese músculo: es bastante parecido a cualquier plan de entrenamiento utilizado por deportistas como, por ejemplo, los corredores. La mayoría de ellos siguen un plan de entrenamiento para prepararse antes de correr una maratón, dado que no deciden de la noche a la mañana recorrer los 42 kilómetros y 195 metros de esta prueba atlética. No; empiezan por una distancia que sí pueden recorrer y luego, poco a poco, van añadiendo más hasta que consiguen completar la maratón. De este modo adquieren sin prisa, pero sin pausa, la fuerza y la resistencia que necesitan para llevar a cabo la carrera de un modo óptimo.

Tú seguirás un plan parecido que contribuirá a que te pongas en forma —mental y físicamente— para perseguir tu objetivo final y diseñar la vida que te mereces. Será la culminación de todo el trabajo que has realizado hasta ahora. Aquí te doy varios consejos que te ayudarán a diseñar tu plan. En el apéndice que aparece al final de este libro, encontrarás, también, varios planes de acción antimiedo que pueden servirte como ejemplo. Sigue estos consejos junto con los planes de acción antimiedo para crear tu plan personalizado.

Haz un croquis de tu plan en un papel. Como ya he dicho, escribir a mano te aporta un mayor sentido de la responsabilidad y te ayuda a organizarte y a ver qué piezas importantes te faltan y cuáles están repetidas. No lo hagas de cabeza; hazlo siempre sobre el papel.

Piensa en pequeño. Mi primera experiencia televisiva no salió tan bien como me esperaba, y fue así porque yo tenía unas expectativas demasiado grandes desde hacía mucho tiempo. Intenté aprender a actuar en directo del mismo modo en que mucha gente pretende que aprendan los niños a nadar. Me tiré de cabeza a la televisión de ámbito nacional sin apenas preparación. Tras aquella apoteósica experiencia, ¡me percaté de que lo que tenía que hacer era dar pasos más pequeños y realistas! A partir de esta experiencia, empecé a recibir clases de oratoria, comunicación y autopresentación, y también comencé a practicar hablando frente a un espejo y frente a algunas personas.

Aun así, piensa en la historia que te he contado sobre David. Piensa en lo fácilmente que parecía progresar y enfrentarse a su miedo de acercarse a las mujeres. Imagina qué habría ocurrido si, durante su primera sesión, le hubiera sugerido que le pidiera una cita a la mujer más guapa con la que nos cruzáramos. Le habría dado miedo, ¿verdad? Y ese miedo habría reforzado su convicción de que no era bueno en su relación con el sexo femenino.

Paralelamente, cuando mi amiga Erica quiso superar su miedo a hablar en público, no se dispuso a hacer una conferencia ante cuatrocientas personas. No, empezó por algo pequeño, y su primer paso fue pasivo: leyó mucho sobre técnicas para hablar en público. Más tarde, practicó delante del espejo y, luego, delante de su marido. Cuando hablaba, lo hacía frente a pequeños grupos de gente y en contextos en los que se sentía cómoda. También empezó con presentaciones fáciles, como sesiones de ruegos y preguntas, a partir de las cuales desarrolló su estrategia para realizar intervenciones más elaboradas.

Lo mismo ocurre contigo. Tienes que crear varios miniobjetivos, que te podrán conducir a cumplir tu objetivo final. Cada uno de ellos debe llevarte lo suficientemente lejos de tu área de comodidad como para sentirte un poco nervioso, aunque no tan lejos de la misma como para que sufras un ataque de pánico. Es probable que te sientas un poco incómodo —algo perfectamente asumible— pero no deberías, sin embargo, estar al borde de un ataque de pánico.

En una escala del 1 al 10 —en la que un 1 signifique «un poco» y el 10 «tengo tanto miedo que me va a dar un infarto»—, cada miniobjetivo tendría que representar un 2 o un 3. Si un miniobjetivo tuviera un valor superior a un 6, significará que no has cumplido suficientes miniobjetivos en tu plan de acción. Habrás construido el camino de piedras con demasiada separación entre sí, y cuando intentes saltar de una a otra, ¡seguramente te caerás al agua!

Piensa en lo primero que originó tu miedo. Piensa en los fracasos y las adversidades que sufriste en el pasado. ¿Qué aprendiste de ellos? ¿Qué los provocó? ¿Qué tipo de miniacciones podrías incorporar a tu plan de acción que te ayudaran a superar esas adversidades?

Anticípate a los momentos de adversidad. Si vas a

abandonar una relación sin perspectivas de futuro, una parte de tu plan de acción se centrará en encontrar la manera de superar tu miedo a estar solo. Es posible que quieras anticiparte a lo que es posible que sientas en determinadas situaciones de dificultad, preguntándote cuándo vas a estar dispuesto a dar marcha atrás, cuándo te derrumbarás, qué harás cuando se acerque la fecha de vuestro aniversario, cómo te las apañarás en vacaciones, cómo te mantendrás ocupado para no recaer y llamar a tu ex en esos momentos... Desarrolla una estrategia para esas circunstancias tan difíciles e incorpórala en tu plan de acción.

Comparte tu plan con tu Grupo de Apoyo al Cambio. Comunícales cada miniobjetivo que te marques. ¿Constituirá cada miniobjetivo una de las piedras que formen tu camino? ¿Están esas piedras situadas a la distancia adecuada las unas de las otras? ¿Deberías añadir más miniobjetivos para hacer que tu plan sea más realista y así mejorar tus probabilidades de alcanzar el éxito?

Establece plazos para conseguir cada miniobjetivo. Esto contribuirá a aumentar tu sentido de la responsabilidad y a evitar que abandones el proceso.

Algunas técnicas que te serán de utilidad

Aquí tienes varios procedimientos, estrategias y técnicas que puede que quieras incorporar a tu plan de acción:

- **Ejercicios de relajación.** Ya has aprendido unas técnicas de relajación en el Paso 4. Plantéate incorporarlas a tu plan de acción. Por ejemplo, si tienes miedo a hablar en público, pondrás en práctica tu estrategia de relajación (si es posible) en la sala que será el escenario de tu intervención. Tendrás que hacer esto varias veces hasta que te sientas cómodo en esa sala, y deberás volver a practicar antes de realizar la intervención.

- **Visualización.** Antes de llevar a cabo cualquier objetivo, sea de mucha o poca importancia, podría ayudarte que te vieras enfrentándote a aquello que temes y superándolo. Si te atemoriza enfrentarte a tu jefe por cualquier asunto espinoso del trabajo, visualízate primero efectuando ese encuentro y obteniendo resultados positivos. Asimismo, imagínate a ti mismo solucinando distintos problemas con soltura y tratándolos con naturalidad. Esto te ayudará a anticiparte a la adversidad e intentar salir airoso ante ella.

- **Representación.** Pon en práctica aquello que te da miedo situándote frente al espejo, en una habitación vacía o con un amigo. Por ejemplo, en el caso de que tengas un conflicto con un compañero de trabajo, practicarías una conversación susceptible de darse en el futuro.

- **Recompensas.** Plantéate recompensarte a ti mismo por los pequeños éxitos que consigues a lo largo del camino: esto te ayudará a seguir motivado. También te ayudará a comprobar la evolución que has experimentado. Es fácil obsesionarse con los fracasos o con aquello que cuesta mucho conseguir y sentirse después derrotado. Las recompensas contribuirán a fortalecer todas esas referencias experienciales positivas que vivirás a lo largo del camino. Éstas son algunas de las recompensas que mis clientes se han dado tras haber conseguido sus pequeñas victorias: una sesión de manicura o pedicura, una cena en un buen restaurante, una película en el cine, un viaje, unas vacaciones...

- **Investigación.** El conocimiento es uno de los mejores antídotos del miedo que existen. Por ejemplo, como ya expliqué al principio de estas páginas hace unos cuantos años, a mi padre le diagnosticaron un cáncer de próstata. Yo les propuse a él y a mi madre que obtuvieran toda la información que les fuera posible e, incluso, les recomendé que se leyeran un libro juntos antes de acudir a la consulta del cirujano. Fue efectivo: me aseguraron que toda la información que habían encontrado les había sido de utilidad, empezando porque había minimizado su ansiedad con respecto al diagnóstico.

Ejercicio n.º 2: Lleva a cabo tu plan de acción antimiedo

Cuando tengas el plan escrito en un papel, ¡es el momento de ejecutarlo! A medida que vayas realizándolo, sírvete de los siguientes consejos:

Sé flexible y adapta tus objetivos a las circunstancias. Puede pasar. No importa con cuánto cuidado diseñes tu plan de acción antimiedo: caerás al agua inevitablemente. Por ejemplo, hace muchos años, yo trabajé con Ed, un paciente que tenía fobia social. Lo llevé a un supermercado para pedirle que escogiera a la persona menos amenazante que encontrara y que se acercara a ella para preguntarle la hora. Decidió acercarse a una viejecita; al fin y al cabo, las viejecitas suelen ser muy poco amenazantes.

Pues bien, Ed era un hombre muy corpulento, ya que medía un metro noventa y pesaba 100 kilos y además, era afroamericano. A lo que no me había anticipado cuando le pedí que hiciera este ejercicio fue a los prejuicios que tienen algunas personas en cuanto a los hombres afroamericanos, sobre todo ante un hombre tan fornido como Ed.

Así, Ed le preguntó la hora a aquella viejecita. Ella dio media vuelta y se dirigió en seguida al responsable de seguridad para informarle de que mi paciente estaba amenazándola. Lo siguiente que nos pasó a Ed y a mí fue que el hombre de seguridad nos interrogó. Ed se excusó diciendo que sólo estaba pidiéndole la hora y, finalmente, conseguimos salir airosos del asunto. Ed fue superando poco a poco su fobia, pero esta historia demuestra que, a veces, todos tus esfuerzos también pueden fracasar. No existe ningún plan de acción que esté hecho a prueba de fallos. Por ello, muéstrate abierto a adaptar el tuyo cuando sea necesario.

Si dejas las cosas para otro momento, busca una

solución. Un motivo que suele llevar a muchas personas a dejar las cosas para otro momento es que se marcan unos objetivos desproporcionados, con lo cual se sienten desbordadas a la hora de alcanzarlos. Por ello, vuelve a comprobar una vez más tu plan de acción antimiedo. ¿Están las piedras de tu camino demasiado separadas?

Otro factor que contribuye a postergar la acción es el mero hecho de dudar, algo que provocamos cuando pensamos demasiado pero no actuamos. Después de todo, pensando es como nos angustiamos y acabamos dejando para mañana cosas que nos importan. Tienes que pensar que esto es como tirarte a una piscina de agua fría en pleno verano, así que tápate la nariz y zambúllete. Tírate de cabeza. No lo pienses… ¡Hazlo!

Por último, también puede que te ayude a sopesar la ansiedad y la decepción que te produce estar estancado y la fantástica sensación de bienestar y satisfacción que te aporta conseguir pasar a la acción. Vuelve a abrir tu libreta antimiedo. Traza una línea vertical que divida en dos una hoja en blanco. En un lado de la página, escribe cómo crees que habrá cambiado tu vida al cabo de una semana, de un mes y de un año a partir del momento en el que pasas a la acción. En el otro, escribe cómo será tu vida dentro de una semana, de un mes y de un año en caso de que no hicieras nada.

¿Qué resultados prefieres obtener?

Involucra a tu grupo de apoyo. ¡Éste es el momento clave para involucrarles! Infórmales de tu plan de acción antimiedo. Háblales de tus progresos. Cuéntales que estás a punto de abordar cada uno de los pasos. ¡El simple hecho de que tu grupo te llame, te envíe correos electrónicos y te pregunte personalmente sobre tus progresos te ayudará a encontrar el valor para seguir adelante!

Ve apuntando tus éxitos. ¿Recuerdas la tendencia a la negatividad de la que te he hablado en páginas anteriores? No dejes que erosione la confianza que tienes en ti mismo. Cuando veas entorpecido tu plan de acción antimiedo, te obsesionarás con tu fracaso y dejarás de avanzar; por eso es tan importante recordar continuamente todos y cada uno de tus logros: porque éstos son los que alimentan tu autoestima. Cada vez que des un paso adelante en tu plan, márcalo en tu libreta antimiedo y escribe unas líneas explicando lo positiva que te ha resultado la experiencia. Luego, si en algún momento sufrieras una crisis de autoconfianza, vuelve a leer esas notas para tener presente lo lejos que has conseguido llegar.

¡Sal afuera y empieza a vivir!

Ahora ya sabes todo lo que tienes que saber para cumplir tu sueño. Nadie te frena, nadie se interpone en tu camino. Tú puedes hacerlo. ¡Claro que puedes! Si necesitaras más inspiración o ayuda de ahora en adelante, puedes consultar mi página web: JonathanAlpert.com.

Ha llegado el momento. Bienvenido al resto de tu vida. ¡Sal afuera y vívela!

Él cambió su vida

Cuando tenía dieciocho años, Mike fue diagnosticado de leucemia y atravesó tratamientos muy agresivos, que incluían dosis diarias de quimioterapia. Al principio, el pronóstico era desalentador. Hubo un momento en el que el médico incluso dudó de sus posibilidades de supervivencia. Sin embargo, Mike no murió. Tras muchos meses sufriendo terribles tratamientos, ¡Mike venció al cáncer!

Aun así, todavía, a la edad de veintitrés años, seguía viviendo con miedo. Le preocupaba que el cáncer se reprodujera, se preguntaba angustiado si se volvería a poner enfermo, si la enfermedad se habría erradicado del todo, si los análisis saldrían bien o mal, si tendría cáncer en ese momento, si le quedaría mucho tiempo de vida y si todo eso se terminaría algún día.

Por esta razón, cuando empezó a estudiar en la universidad, lo hizo sin ningún tipo de ilusión. Trabajaba en un restaurante, pero tampoco le apasionaba esa labor. Pasaba mucho tiempo en casa, y su vida social y sentimental era casi inexistente. Mike estaba deprimido y desorientado. Su vida era monótona y rutinaria. Le daba miedo interesarse por algo porque no quería perderlo después. Pero eso no era vivir: era dejarse llevar.

El objetivo: Mike quería vivir la vida al máximo cada día. Quería hacer algo que le apasionara y mirar hacia el futuro con optimismo y seguridad.

La recompensa: Mike volvería a tener su vida, retomaría el control y encontraría la felicidad.

El programa: En la primera sesión, lo ayudé a entender sus pensamientos y creencias. Cada vez que se sentía débil, le pedía que describiese sus puntos fuertes (Paso 2). Cada vez que pensaba con negatividad o que tenía dudas, le recordaba su actual estado de salud (Paso 3). Cuando se sentía perdido y sin rumbo, le recordaba la persona joven y extraordinaria que era y todas las adversidades que había superado en la vida.

Le dije que todo era posible, incluso lo imposible, y que él ya lo había comprobado venciendo al cáncer. Mike, después de todo, ya estaba familiarizado en la lucha contra la adversidad.

Su actitud empezó a mejorar. Se sentía fuerte y pudo reflexionar sobre todo lo que había conseguido en la vida en sólo veintitrés años. Se dio cuenta de que su existencia era un regalo y que su historia era un ejemplo de esperanza y superación. Cuando hablaba de aquel viaje extraordinario que le había tocado hacer, su actitud cambiaba por completo y los ojos, como platos, le brillaban. Yo estaba totalmente convencido de que Mike tenía un don.

—Podrías ayudar a mucha gente —le dije.

Él se emocionó al escuchar estas palabras. Ya no era el Mike apático que había conocido. Se había convertido en un joven entusiasta que quería hacer cosas verdaderamente especiales en la vida y que quería convertir lo que antes había sido una limitación en uno de sus puntos fuertes. Le desafié a que lo hiciera (Paso 5).

El resultado: Mike es enérgico y ambicioso. Ha hecho algunas entrevistas en los medios de comunicación para crear conciencia y dar apoyo a los enfermos de cáncer. Además, piensa a lo grande: se está planteando hacer una ruta en bicicleta desde California a Nueva York para recaudar fondos para la investigación de tratamientos contra el cáncer. Hace poco, le envié un correo electrónico para preguntarle cómo le iban las cosas. Ésta es su respuesta:

«He cambiado mi vida, estoy más motivado y entusiasmado con mi labor de apoyo a los enfermos de cáncer. No hay día que me levante y no piense en cómo contagiar mi éxito y mi experiencia a todos los que me rodean. Con la ruta en bicicleta que estoy planeando, mi intención es realizar paradas en varios hospitales oncológicos para visitar a los ingresados. Mi deseo es poder llenar a esos enfermos de motivación para que luchen por sus sueños y lo intenten todo por sobrevivir».

11

Cambia tu vida para siempre

En las sesiones finales con mis pacientes, suelo releer notas de las primeras sesiones. Esto les da la oportunidad de reflexionar sobre todo lo que han conseguido. Suelen quedarse impactados con el cambio que evidencian entre el principio y el final de la terapia. Acostumbran a sorprenderse por los resultados que obtienen y que nunca imaginaron alcanzar, ya que no se explican cómo podían estar tan estancados y tan negativos.

Por lo general, es en la última charla cuando los clientes me dicen que no tenían ningún tipo de esperanza para cambiar. Me confiesan que, aunque yo me mostrara tan seguro de poderles ayudar, pensaban que serían un caso imposible y la excepción que confirma la regla.

Esta sensación es mucho más frecuente de lo que te puedes imaginar. Es un miedo muy común; un miedo derivado de esa conducta negativa de la que ya hemos estado hablando en varios puntos de este libro.

Puede que tú también estés sintiendote así, y que la primera vez que cogiste este libro dudaras de su efectividad, pero mírate ahora. ¡Constata hasta dónde has llegado!

Espero que ahora sepas que sí es posible. Acabas de hacer algo grandioso: has hecho realidad un sueño que se te antojaba una utopía. Espero que te sientas genial por lo que acabas de conseguir.

En el transcurso de este programa, no solamente has alcanzado un objetivo muy importante, si no que también has aprendido muchas lecciones esenciales para ti mismo. Aquí están:

- Todo el mundo tiene miedo. Ello no sirve de excusa para no hacer lo que realmente quieres en la vida.
- Eres capaz de llevar a cabo muchas más cosas de las que te imaginas.
- Nada puede impedirte que vivas la vida que realmente quieres vivir, excepto tú mismo.
- Un rechazo no debería hacerte sentir rechazado. Un fracaso no te convierte en fracasado. Una derrota no te convierte en perdedor. Es mejor que te rechacen, que fracases o que pierdas a que permanezcas estancado sin intentar cambiar tu vida.
- Si abandonas, el miedo aumentará. Si te enfrentas a él, disminuirá.
- El miedo no es un motivo para detenerse, estar estancado o rehuir de lo que quieres. ¡Es una señal para que sigas adelante!
- Tú eres más importante y más fuerte que tu miedo.

- Tú puedes controlar tu reacción de miedo y convertirla en un punto fuerte.
- Lo que antes pensabas que era imposible sí que es posible.

¿Qué sientes al cambiar tu vida? Espero que ahora estés teniendo la mejor sensación del mundo, la del logro. Dedica un momento a saborearlo.

Pero todo esto aún no ha terminado…

Es posible que, al principio, compraras este libro porque querías superar un miedo en concreto; puede que quisieras superar el miedo a hablar en público o el miedo al fracaso, por ejemplo. Y lo has conseguido. ¡Eso es fantástico!

Sigue adelante. Ahora que ya has tachado un miedo de tu lista de miedos, es el momento de que empieces a superar otro. Recuerda: la idea de cambiar tu vida es como un músculo. Cuanto más lo ejercites, más se fortalecerá. Cuanto menos lo uses, más débil será. Si abandonas ahora, retrocederás. En vez de cambiar gradualmente tu vida, darás pasos hacia atrás y tendrás que volver a empezar desde cero. No habrá manera de quitarte lo que ya has conseguido, pero sí podrías verte paralizado por el miedo en algún otro aspecto.

¡Y yo no quiero que eso te ocurra! No quiero que vuelvas a ser tu viejo yo. No: quiero que seas como Lisa, una de mis muchos pacientes que han cambiado su vida. Aquí tienes su impresionante historia.

Lisa descubrió cómo cambiar su vida

Un domingo por la mañana, en agosto de 2011, recibí una llamada. Era Lisa. Estaba eufórica y lloraba de alegría, y estaba tan emocionada que le costaba incluso pronunciar las palabras.

—¡Lo he conseguido! ¡Lo he conseguido! —me dijo, con la voz entrecortada.

Acababa de completar el triatlón de Nueva York. Había recorrido 1.500 metros nadando en el río Hudson, 40 kilómetros en bicicleta por toda la ciudad y había corrido la 10K. Tenía todos los motivos del mundo para estar así de eufórica y orgullosa.

Estaba en la cima del mundo y se sentía prácticamente invencible. Sin embargo, tan sólo seis meses antes, Lisa era un desastre.

Cuando acudió a mi consulta en febrero, su matrimonio de siete años estaba rompiéndose. Su vida sexual era inexistente. Se sentía frustrada en su trabajo como auxiliar administrativo. Discutía mucho con su pareja y con sus compañeros de trabajo. Era incapaz de controlar a sus dos hijos de dos y cuatro años. Estaba en baja forma, y no sabía lo que le depararía el futuro. Estaba deprimida y angustiada. Solía aplacar la ansiedad a base de comida basura. Su salud estaba resintiéndose y sus niveles de estrés estaban por las nubes. Se sentía una desgraciada.

En pocas palabras, tenía miedo y la situación tenía visos de ir a peor.

Durante la primera sesión, le pregunté a Lisa qué era lo más importante para ella. Me contestó que no lo sabía, pero eso no me sorprendió. Lisa, en aquel entonces, estaba totalmente obsesionada con todo lo que no funcionaba en su vida: su matrimonio, su trabajo, su salud, sus hijos… Ni siquiera podía imaginarse cómo sería una vida mejor, así que le puse unos deberes relacionados con el Paso 1 de este programa. Le pedí que reflexionara sobre cómo quería que transcurriera su existencia si no se sintiera estancada y desbordada por todos sus problemas.

—¿Cómo tendría que ser tu vida para que tú fueras feliz? —inquirí.

Me propuse que Lisa se alejara mentalmente de todo aquello que le parecía insoportable y desalentador, y también que dejara de lado el papel de víctima. Quería que empezara a pensar en aquello que podía hacer, quería que soñara.

Lisa volvió a la semana siguiente con sus deberes hechos, pero dejando algo muy claro.

—Lo he hecho, pero sólo porque tú me lo has pedido. Sé que nunca seré capaz de hacer todas esas cosas —me confesó.

Su lista era fascinante. Quería mejorar la comunicación con su marido para conseguir salvar su matrimonio. También anhelaba volver a estar en forma y trabajar en algo que le gustara.

—Concretamente, ¿qué podrías hacer *tú* para mejorar la comunicación en casa? ¿Qué podrías hacer *tú* para volver a estar en forma? Y ¿cuál es el trabajo con el que *tú* siempre has soñado? —le pregunté, esperando que se implicara.

A la semana siguiente, volvió con respuestas.

—Siempre he soñado con correr una maratón o hacer un triatlón. Y, en cuanto a mi matrimonio, quiero ser una buena confidente, quiero ser tolerante. Quiero sentirme a gusto.

Lisa era muy trabajadora. Era infatigable. Yo sabía que llegaría a tener éxito y se lo comuniqué. En las sesiones siguientes, la enseñé a mejorar la comunicación con su marido. Le expliqué que primero tenía que cubrir sus necesidades para no sentirse molesta o enfadada con él. Así fue como cogimos impulso para que ella pudiera llevar a cabo su cambio. Yo sabía que Lisa sentía la necesidad de llevar un rumbo fijo: necesitaba marcarse un objetivo. Cuanto más hablábamos, más hacía evidente su pasión por la nutrición y el deporte. Me confesó, además, que siempre había soñado con tener una tienda de nutrición deportiva.

—Pero nunca lo conseguiré, claro —se lamentó.

Yo lo veía de otra manera. Yo sabía que lo conseguiría, pero tenía que demostrárselo.

Abrir una tienda no era una tarea fácil, pero tampoco era imposible. Además, me di cuenta de que tenía que ponerse en forma si quería abrir un establecimiento de ese tipo.

Lisa necesitaba aspirar a alcanzar un objetivo como, por ejemplo, una carrera o un acontecimiento deportivo similar, algo que le demostrara que cualquier cosa era posible. Le pedí que se marcara un objetivo y lo hizo: eligió el triatlón de Nueva York, que se celebraría el 7 de agosto de 2011. Ambos marcamos esa fecha en el calendario. Tenía seis meses para prepararse, por lo que sabíamos que tampoco iba a ser una tarea fácil, así que ideamos un plan que incluía un plan de entrenamiento de tres sesiones por semana. También consistía en que ella hablara con su marido para que éste le prestara todo su apoyo. Asimismo, tuvo que modificar sus horarios para poder entrenar.

Lisa era muy disciplinada. Se levantaba casi todas las mañanas a las cinco para salir a correr, ir en bici o acudir al gimnasio. Arreglaba a los niños antes de que se fueran al colegio y se iba a trabajar a las nueve. Fue muy perseverante y trabajadora. Estaba nerviosa, pero también ilusionada. Se orientó respecto a los resultados. ¡Había dicho adiós al miedo!

Había llegado a un momento de su vida en el que todo se había derrumbado y ella tenía que encontrarse a sí misma, no sólo para superar sus problemas, sino también para perseverar física y emocionalmente. Encontró un punto fuerte que nunca había sabido que tenía: su habilidad para definir su sueño, crear una estrategia y ponerlo todo en práctica para alcanzar su objetivo. El triatlón le aportaba un propósito en el que centrar sus expectativas, una sensación de logro y una gran seguridad en sí misma. Era algo extraordinario, y probablemente no se alejará mucho de tu propio proceso.

Cómo cambiar tu vida aún más

Actualmente, Lisa sigue enfrentándose a sus miedos sin disponer de mi ayuda. Ha conseguido cambiar totalmente su vida. Es un ejemplo para ti.

Al igual que ella, quiero que ejercites ese músculo del que anteriormente hemos hablado. Acabas de tachar un objetivo de tu lista, por eso ahora es el momento de que lo intentes con otro, y otro, y otro. Sigue marcándote objetivos y alcanzándolos hasta que se convierta en algo natural para ti. Así, en seguida pensarás: «Por supuesto que puedo hacerlo. Puedo hacer cualquier cosa. Ya lo he demostrado» en vez de: *Pero nunca lo conseguiré.*

Sigue las pautas siguientes:

Sí: Relee la lista de sueños que creaste en el Paso 1. Escoge otro objetivo de la lista y… ¡ve a por él! Completa los cinco pasos del programa una y otra vez, de modo que consigas tachar cada vez más objetivos de la lista.

Sí: Ve añadiendo nuevos objetivos a tu lista de sueños cada cierto tiempo. A medida que vayas consiguiendo cambiar tu vida, irás agregando otros objetivos a tu lista, ya que al principio de tu proceso de transformación habrás prescindido de algunos de ellos porque pensabas que serían imposibles de alcanzar. Cuantas más veces realices el programa de cinco pasos, más te darás cuenta de que no existe nada que esté fuera de tu alcance.

Sí: Visita mi perfil de Facebook en la dirección Facebook.com/JonathanAlpert: encontrarás información, consejos e historias y a otras personas que están haciendo lo mismo que tú: cambiar su vida.

Sí: Ayuda a otros a cambiar su vida. Enseñarles las técnicas a otras personas te ayuda a reforzarlas en tu cabeza.

Sí: Mantén una actitud positiva.

Sí: Sigue pensando por qué puedes, debes y vas a conseguir cualquier objetivo que te propongas.

Sí: Pasa de marcarte los objetivos basándote en lo que **no** quieres a marcártelos basándote en lo que **sí** quieres. Acuérdate de lo que te dije en cuanto a la diferencia entre inspiración y desesperación: la desesperación puede ayudarte a emprender cosas, pero la inspiración te ayudará a realizarlas.

No pasa nada si tu objetivo inicial estaba relacionado con algo que no quieres en la vida, como una relación sin perspectivas de futuro, un trabajo que no te llena o un problema de ansiedad. Ahora que ya has alcanzado este propósito inicial y que has forjado tu confianza en ti mismo, es el momento de que tu mente empiece a cambiar. Se trata de un cambio muy importante en la actitud, ya que es más satisfactorio ir hacia adelante persiguiendo un objetivo positivo que ir hacia atrás huyendo de algo negativo. Siempre te quedará una sola opción: puedes hacer las cosas por inspiración o por deseperación. Cuando las haces por inspiración, los resultados son más sólidos y duraderos, y tus objetivos también parecerán más fáciles de conseguir. Así, experimentarás una gran sensación de logro.

No: No muestres un exceso de seguridad ni asumas que sólo puedes hacerlo en tu cabeza, porque seguro que conseguirás realizarlo. Ahora mismo, sin embargo, todavía eres un novato a la hora de enfrentarte a tu miedo. Utiliza el libro y ve avanzando de un paso a otro hasta que empieces a cambiar tu vida con naturalidad. Sabrás cuándo habrá llegado el momento porque habrás dicho adiós al miedo desde el principio y sin pensarlo dos veces.

No: No te derrumbes ante la presión. Ser diferente puede causar que seas impopular, sobre todo entre aquellas personas que te rodean y que están acostumbradas a tu yo habitual. Aun así, hacer ciertas cosas para encajar sólo te hará obtener los mismos resultados que antes obtenías, y tú sabes que eso es lo que te ha guiado hacia este libro. Tú quieres cambiar tu vida; de lo contrario, no lo habrías comprado ni te lo estarías leyendo. Sí, tener el valor para ser diferente puede resultar angustioso, pero no va a matarte. Confía en mí: yo no me he muerto y estoy condenado a ser único. Para ti será lo mismo.

No: No te castigues por haber perdido el tiempo. ¿Y qué si te tienes que estar veinte, treinta o más años sin llegar a cambiar tu vida? Yo siempre digo que pueden pasar treinta años hasta que uno se hace a la idea. Piénsalo. Durante tus primeros dieciocho años vas al colegio y después vas, durante unos años más, a la universidad. Luego pruebas con varios trabajos, y antes de que te des cuenta ya habrás llegado a los treinta, llevarás unos años en el mismo trabajo y querrás empezar a vivir tu vida.

Y lo más importante: te has enfrentado a tu miedo y has cambiado tu vida. Deja de vivir en el pasado. Céntrate en el presente. Sigue hacia adelante.

No: No te acomodes en la mediocridad. Si tu vida no te parece satisfactoria, probablemente no lo sea. Aspira a algo mejor incluso cuando pienses que no puedes conseguirlo o que no lo necesitas.

Da la bienvenida a tu nueva vida

Cuando mis pacientes se acercan al final de su terapia, me gusta contarles la vieja historia de un crucero que se embarranca en mitad del mar. Se encuentra varado y todos los de a bordo, pasajeros y tripulantes, están muy asustados y se esperan lo peor.

El capitán y su tripulación intentan reparar el motor del barco para que éste vuelva a funcionar pero sin éxito. Su desesperación llega a ser tal que proceden a preguntar a los pasajeros si alguno de ellos sabe cómo arreglar la avería.

Por fortuna, uno de ellos sí que sabe: es un joven ingeniero, que procede a revisar el motor; una vez hecho, coge un pequeño martillo y lo golpea. Milagrosamente, ¡empieza a funcionar de nuevo! Todo el mundo lo celebra y le agradece su fructuosa intervención.

El ingeniero, entonces, le da al capitán del barco la factura. Éste se queda sin palabras.

—¿Cien mil euros? ¿Por golpear el motor con un martillo?

—Puedo desglosarte la factura si así lo deseas —replica el joven.

El capitán accede a ello.

El ingeniero le entrega al capitán una factura desglosada en la que pone lo siguiente: «1 euro por golpear el motor y 9.999 por saber en qué lugar golpearlo».

Estoy contándote esta historia por una razón muy importante: antes de que empezaras a leer este libro, tú eras como el capitán del barco. Sabías que el motor se había detenido, pero no sabías cómo arreglarlo. Ahora, sin embargo, te has convertido en el ingeniero. Ahora dispones, a diferencia del común de los mortales, de un conocimiento especializado muy poderoso, ya que fue éste el que permitió al ingeniero hacer que aquel barco varado volviera a ponerse en marcha. Y es este conocimiento el que permitirá que tú hagas lo mismo.

Ahora ya sabes dónde debes golpear. No importa lo que te haga estar embarrancado, ahora sabes perfectamente cómo liberarte, ahora sabes cómo hacer que el motor que está cambiando tu vida siga funcionando.

Este conocimiento es muy poderoso, dado que te permite hacer posible lo imposible.

Disfruta de cada momento

Pondré fin a este libro describiendo algunos pensamientos sobre la fugacidad de la vida y lo preciosa que es.

Durante un momento, reflexiona sobre la antigüedad

del universo. Ha estado ahí miles de millones de años. Luego piensa en esos millones de años que tardó en convertirse en el que ahora llamamos nuestro planeta. Las Montañas Rocosas, en Estados Unidos, por ejemplo, ¡existen desde hace ochenta millones de años!, un lapso de tiempo que resulta inconcebible para muchos.

Ahora piensa en el número de años que vive un ser humano de media. Puede que sean ochenta años o noventa, o incluso cien cuando la persona es afortunada. Es mucho tiempo, pero cuando lo comparas con todo el tiempo que tardó en crearse la Tierra, con sus montañas y sus ríos, sólo es un parpadeo. Pero ¡vaya parpadeo!

Dura poco. No pierdas el tiempo. Aprovecha al máximo todo el tiempo que pasas aquí. No mires atrás. Sigue adelante. Sé tú mismo.

¡Cambia tu vida! Sueña en grande. Haz posible lo imposible. Vive cada momento como si fuera el último.

Apéndice

En este apartado encontrarás los *planes de acción anti-miedo* que he ido creando para algunos de mis pacientes a lo largo de los años. Puedes usarlos como fuente de inspiración para obtener ideas a la hora de crear tu propio plan. También encontrarás algunos ejercicios adicionales y consejos que pueden serte útiles para superar los desafíos que se te presenten a medida que vayas siguiendo el programa.

Ejemplos de planes
de acción

▼

El objetivo: **Una mujer sueña con conocer a un hombre sensible, divertido, que no la engañe y no tenga miedo al compromiso. Le preocupa que ello no sea posible porque sospecha que todos los hombres son unos cretinos.**

El plan: Controla tu tendencia a la negatividad. Que hayas salido con algunos hombres que resultaron ser unos cretinos no significa que todos sean iguales. Ten en cuenta que cuanto más tiempo sigas pensando así, más te costará encontrar a alguien que reúna todos los requisitos que estás buscando. Además, debes reconocer que hay más personas fieles y de buen corazón buscando una relación que cretinos buscando relaciones. La estadística y las probabilidades están a tu favor.

1. Oblígate a recordar ejemplos de hombres que desmientan tu tendencia a la negatividad. No es necesario que sean hombres con los que te gustaría salir; incluso pueden ser familiares.

2. Averigua cuáles son tus objetivos, creencias y valores con respecto a las relaciones. Para ello, haz una lista de lo que estás buscando. ¿Qué cualidades son importantes para ti? Piensa dónde te ves dentro de un año, de dos y de cinco..., y luego anota esas predicciones.

3. Haz una lista de las cualidades que ese hombre ideal debería tener. ¿Cómo sería su personalidad?

4. Ten claro dónde buscar. Puedes intentar conocer gente en los bares de copas, pero es probable que las personas que encuentres allí no estén buscando pareja. En lugar de salir para conocer a alguien, puede que sólo hayan salido a ver el partido o a pasar el rato con los amigos. Por otro lado, con los encuentros a través de Internet puedes hacer búsquedas muy específicas y las citas rápidas dan buenos resultados. También puedes participar en actividades que te gusten para asegurarte de que conoces a gente con gustos afines; se trata de situaciones mucho más relajadas que cualquier cita formal o las que están organizadas por una agencia matrimonial.

5. Empieza a conocer a posibles candidatos organizando citas con aquellos que se ajusten a tu lista de cualidades. Imagina que eres un empleador y que estás haciendo entrevistas de trabajo para encontrar al candidato perfecto para el puesto.

———————

El objetivo: **Una madre que sueña con tener más tiempo para ella misma, pero lo ve como algo imposible porque cuida de sus hijos y tiene dos trabajos.**

El plan:

1. Piensa en lo que es posible, no en lo que es imposible.

2. Haz una lista de las responsabilidades que tienes diaria, semanal y mensualmente.

3. Analiza esa lista. ¿Es realmente necesario hacer todo lo que has anotado o podrías agrupar o reducir esas tareas?

4. Haz una lista de las cosas que haces de manera habitual.

5. ¿Hay momentos en los que puedes hacer varias tareas a la vez? Por ejemplo, ¿podrías leer un libro, resolver algún asunto burocrático o pagar facturas mientras esperas a que tu hijo termine alguna actividad?

6. Procura que tus hijos participen en actividades que puedan llevar a cabo de manera autónoma, lo que te permitirá tener tiempo para ti misma.

7. Procura que los niños te ayuden con las tareas, dependiendo de la edad que tengan. Seguro que tú ya podías planchar fundas de almohada y sacar la basura desde pequeña. Así es como mis padres me enseñaron a ser responsable. Que realicen tareas simples como sacar la basura, pasar la aspiradora o quitar el polvo, no sólo aligerará tu carga de trabajo, sino que también aportará a tus hijos el sentido de la responsabilidad.

8. Plantéate repartir las tareas con tu pareja.

9. Coordina tus horarios con algún amigo o vecino para turnaros con el coche y el cuidado de los niños; de este modo, tú podrás disponer de un poco de tiempo para ti.

El objetivo: **Un hombre quiere hacer un gran brindis en la boda de su mejor amigo mostrándose seguro de sí mismo e incluso divertido.**

El plan:

1. Intenta moderar tus expectativas sobre ti mismo. No eres un orador profesional y nadie espera que pronuncies de manera improvisada un discurso brillante. Eres, ante todo, un amigo, así que ten en cuenta que los brindis que salen del corazón siempre son los más emotivos y memorables.

2. Escribe el brindis antes de hacerlo. Así podrás organizar tus pensamientos y conseguirás un discurso con comienzo, desarrollo y conclusión. Si necesitas ideas, piensa en algún brindis que hayas oído y que te marcara. ¿Por qué te gustó? ¿Fue divertido? ¿Te emocionaste? Piensa en todo esto mientras escribes el tuyo. También puedes preguntarte por qué los novios son especiales para ti. ¿Qué es lo que te gusta de ellos? Puedes compartir alguna anécdota (siempre que sea apropiada para el evento, por supuesto).

3. Corrígete. Lee el brindis en voz alta y comprueba cuánto tiempo tardas. La gente no presta atención durante mucho tiempo, así que el brindis también debe durar poco. Limítate a preparar sólo dos o tres minutos de discurso.

4. Visualízate en el momento de hacer el brindis. Piensa en tu público y en que lo pronuncias mostrando una gran seguridad en ti mismo.

5. Practica con antelación. Puedes hacerlo solo, delante de un espejo o con un par de amigos.

6. En la boda, preséntate a los demás invitados y explica cómo conociste a los novios. Dirígete a ellos y mantén el contacto visual. También puedes gesticular para reforzar algunos momentos del discurso y hacer pausas para enfatizar algún punto, así como para recuperar el aliento. Muéstrate cercano y humilde; tampoco es necesario que parezcas un gran humorista. No obstante, se trata de un acontecimiento feliz, así que acuérdate de sonreír. Y recuerda que debes levantar la copa y pedir que todos se unan a brindar por los novios y decir: ¡Salud!

El objetivo:

El novio quiere bailar con la novia el día de su boda a pesar de que le aterroriza bailar.

El plan:

1. Cambia tu actitud. No todo el mundo estará mirándote, aunque a ti te lo parezca. La gente suele mirar a la persona que más anima la pista de baile en vez de a quien no destaca o no baila muy bien. Asimismo, suele prestar mucha más atención a la novia que al novio.

2. Analiza tus expectativas. ¿Son realistas? ¿Esperas parecerte a Patrick Swayze en *Dirty Dancing*? ¿Qué es más realista, querer ser como la gente normal, que no se dedica al mundo del espectáculo, o un bailarín profesional?

3. Observa a otros bailarines, ya sea en la vida real, en televisión o incluso en Internet, y verás que todos bailan de un modo un poco distinto. También te darás cuenta de que bailar es sentir el ritmo y moverse al compás, sólo eso. No lo harás ni bien, ni mal, porque cada persona interpreta la música de una manera diferente, así que debes sentirte a gusto y darle tu toque personal.

4. Práctica, práctica y más práctica. Toma lecciones para sentirte cómodo con otros principiantes. Asimismo, puedes practicar en casa, con un amigo o delante de un espejo. Incluso podrías practicar con la ayuda de uno de esos videojuegos de clases de baile.

5. Baila con tu novia en algún rinconcito privado antes de la boda.

6. El día de la boda deja que los buenos bailarines te inspiren en vez de sentirte intimidado por ellos, y copia sus movimientos si lo considerases oportuno.

El objetivo:

Una mujer quiere perseguir el trabajo de sus sueños a pesar de su mala situación económica.

El plan:

1. Define el trabajo de tus sueños. Sé específica; por ejemplo, ¿en qué consiste? ¿Trabajarías sola o en equipo? ¿Tendrías que viajar o sería trabajo de oficina? ¿Te interesa un trabajo metódico o más creativo? Pregúntate ese tipo de cosas y definirás todos los aspectos del trabajo de tus sueños y las características que esperas encontrar.

2. Rodéate de personas que puedan ayudarte a alcanzar el trabajo de tus sueños. Deben ser personas que te inspiren, te apoyen y te animen. Busca a alguien que te guíe y te aconseje.

3. No tienes que reinventar la rueda. Puedes preguntar a otras personas cómo lo consiguieron y, aunque tu situación no sea exactamente la misma, quizá consigas algunos buenos consejos escuchando cómo otros lo han conseguido.

4. Pregunta a alguien que tenga ese trabajo ideal. Averigua qué es lo que hizo para conseguir el trabajo. Para ello hazle preguntas que puedan aportarte información de valor. No te limites a preguntar qué es lo que le gusta de su trabajo y lo que hace en el día a día, pregunta también qué tareas le suponen un mayor desafío, qué le gustaría cambiar de él y si tiene alguna queja.

5. Haz contactos, contactos y más contactos. Cada persona que conozcas dentro del sector puede ser una pieza clave para conseguir el trabajo de tus sueños.

6. Inscríbete en un programa de prácticas o de prácticas de observación en una empresa que te guste.

7. Envía tu currículo. Aunque la empresa no ofrezca puestos vacantes, pregunta en qué puesto y momento podrías resultar útil.

El objetivo:
Una mujer quiere ser ella misma en las reuniones sociales y no pasar desapercibida.

El plan:

1. Antes de poder ser uno mismo hay que conocerse bien. Piensa en tus convicciones, creencias, pasiones, valores y puntos fuertes y anótalos. Debes tener claro qué es aquello que toleras y lo que no soportas. Es importante que sepas de dónde vienes y hacia dónde te diriges.

2. Asume cómo afecta a tu vida diaria que te ocultes tras una máscara. ¿Eres tímida, nerviosa o insegura? ¿Crees que no estás a la altura o lo que te da miedo es destacar?

3. Para expresar tus sentimientos, practica escribiendo lo que piensas y cómo te sientes en tu *libreta antimiedo*. Incluye lo que piensas de ti misma, las situaciones que afrontes en tu vida diaria y la gente con la que puedas encontrarte a lo largo del día.

4. Aprende a expresarte con claridad practicando con las personas en quienes confías.

5. No te preocupes tanto por lo que la gente piense de ti. Cuanto más te preocupes, más te esforzarás por cumplir sus expectativas y más te costará cumplir las tuyas propias.

6. Deshazte de las comparaciones sociales. Así sólo conseguirás estar resentida y dejar de ser quien eres en realidad.

El objetivo:

Una madre quiere superar su miedo a retomar los estudios.

El plan:

1. Averigua por qué tienes miedo. ¿Te da miedo lo desconocido? ¿El fracaso? ¿El éxito? O puede que tengas miedo al cambio y al cambio de horarios y de hábitos que requiere el hecho de volver a estudiar.

2. Sea cual sea tu miedo, enfréntate a él. Todos los cambios producen estrés, incluso un cambio positivo como es retomar los estudios. El mejor antídoto contra el miedo es familiarizarse con el factor que produce ese estrés; por eso, infórmate sobre el centro de estudios y los programas que oferta y averigua sus características. De ese modo, tomarás una decisión firme y te familiarizarás con lo desconocido.

3. Cambia tu punto de vista. En lugar de centrarte en los aspectos negativos y los retos a los que vayas a enfrentarte, piensa en los beneficios que obtendrás si vuelves a estudiar (el título, las oportunidades laborales que te brindará y los contactos sociales y profesionales que llevarás a cabo).

4. Conoce el centro de estudios. Muchas facultades celebran jornadas de puertas abiertas para los futuros estudiantes. Plantéatelo como una oportunidad para conocer el programa y reunirte con personas afines.

5. Solicita asistir a una clase como oyente. De este modo, comprobarás en un entorno real cómo serán tus clases.

6. ¡Pídele a tu *grupo de apoyo al cambio* que te ayude!

El objetivo:
Un hombre quiere superar su miedo a pedir un aumento de sueldo.

El plan:

1. Haz una lista que explique de forma clara y convincente qué planes has llevado a cabo para ahorrar costes o aumentar los ingresos de la empresa. Escribe también tus puntos fuertes y por qué eres un activo valioso para la empresa.

2. Investiga cuál es el salario estándar para tu puesto.

3. Anticípate a que tu jefe se muestre reticente y planea cómo reaccionar ante esta situación. Recuerda que vuestros objetivos son opuestos: el tuyo es obtener dinero, mientras que el suyo es ahorrar dinero.

4. Considera la posibilidad de negociar otras cosas en lugar del aumento de sueldo. Por ejemplo, puedes pedir una paga extra, más vacaciones o formación a cargo de la empresa.

5. Visualiza la conversación por adelantado. Piensa en cómo tu jefe podría reaccionar y en lo que tú podrías decirle.

6. Practica con alguien de confianza.

7. Ve a por todas. Y si todo esto no da resultado, estate preparado para preguntar cómo puedes conseguir un aumento de sueldo.

El objetivo:
Una mujer quiere superar el miedo a comprar un coche nuevo.

El plan:

1. Consigue información sobre diferentes modelos y decide cómo quieres que sea tu coche nuevo.

2. Fija un presupuesto y respétalo.

3. Piensa que una visita al concesionario es una oportunidad para conseguir una oferta más atractiva.

4. Ten en cuenta que el vendedor va a recurrir al chantaje emocional, diciéndote cosas como: «Un todoterreno es más seguro que un utilitario» o «Estarías genial al volante de un descapotable con asientos de cuero».

5. Averigua el precio de venta del distribuidor y compáralo con el precio del concesionario.

6. Deja que el vendedor sea el primero en hablar de precios.

7. Recuerda que no tienes la obligación de comprar, incluso aunque hayas probado el coche durante unas horas.

8. Estate preparado para salir de allí sin sentirte culpable.

9. Consulta con la almohada antes de decidir si compras o no y vuelve a pensarlo al día siguiente.

El objetivo: **Un hombre quiere superar el miedo a estar siempre desempleado.**

El plan:

1. Evita acostarte de madrugada y levantarte tarde.

2. Pon el despertador y prepárate para empezar el día a las nueve de la mañana. Esto te permitirá seguir el horario del mundo laboral y no desconectar.

3. Sé emprendedor. En tu nuevo trabajo, tú eres el director de marketing y tú eres el producto.

4. Haz inventario de tus puntos fuertes y anótalos. Asegúrate de que aparecen en tu currículo y en tu carta de presentación.

5. Prepara una lista de diez contactos o más y redacta un correo electrónico en el que les adjuntas tu currículo. Pídeles que te tengan en cuenta para cualquier puesto de trabajo del que tengan noticia y que compartan tus datos con sus contactos.

6. Haz un horario diario. Por ejemplo, de nueve a diez de la mañana responderás correos. De diez a once, mirarás en los buscadores de empleo. De once a doce, enviarás currículos. Al mediodía haz una pausa para comer y así sucesivamente.

7. Considera trabajar de voluntario y recuerda mantener la calma.

El objetivo: **Una mujer quiere compartir con su pareja las tareas domésticas.**

El plan:

1. No le des órdenes, aunque debes tratarlo con amabilidad y compostura, tal como a ti te gustaría que te tratasen.

2. Anímale preguntándole qué tareas le gusta realizar.

3. Define limpiar. ¿Entiendes por limpieza lo mismo que tu pareja? ¿Tus expectativas son razonables?

4. Felicítale cuando empiece a hacer alguna tarea. Los estímulos positivos le animarán a seguir actuando así.

5. Dile lo *sexy* que está haciendo tareas domésticas. Así asociará el sexo a las tareas de la casa y eso siempre puede resultar útil.

Un hombre quiere superar su miedo a acercarse a las mujeres.

El plan:

1. De ahora en adelante, piensa en cualquier situación que implique acercarse a alguien como una oportunidad; una oportunidad para conocer a una persona que podría interesarte. Cualquier indicio de ansiedad no es más que el modo que tiene tu cuerpo de reaccionar ante esa oportunidad. Además, recuerda que la única diferencia entre estar nervioso y emocionado está en el cerebro y en cómo tú interpretes las señales fisiológicas.

2. Ve a un lugar público como, por ejemplo, un supermercado, un parque muy concurrido o una avenida. Observa a los demás y relájate.

3. Modera tus expectativas y olvídate de conocer al próximo amor de tu vida o a una posible cita.

4. Sonríe a personas con quien nunca querrías tener una cita, en particular a las que no te atraigan físicamente o que no pertenezcan al rango de edad que te interese, y observa cómo reaccionan. La sonrisa suele ser contagiosa, y nuestro instinto natural nos induce a devolverla.

5. Continúa diciéndoles «hola» o pidiéndoles indicaciones, sin presión ni expectativas.

6. Siéntate en un banco del parque y convierte ese saludo en algo más. Prueba a hablar del tiempo o algo parecido. Puedes hacer algún comentario que no requiera respuesta. Se trata de ir adquiriendo seguridad gracias a una pequeña conversación, así que no te preocupes por si la otra persona te responde o no.

7. Seguidamente, entabla conversación con la persona que hay a tu lado. Haz preguntas abiertas como, por ejemplo, si le gusta el parque.

8. Después, busca un lugar que ofrezca la oportunidad de conocer gente. Y nada de bares, es preferible un lugar como una librería. Si lo piensas, en las librerías tienes la oportunidad de hablar de cualquier cosa bajo el sol: viajes, negocios, cocina, deporte, política, religión, autoayuda y mucho más. En resumidas cuentas, hay muchas posibilidades de entablar conversación sobre una gran variedad de temas. Otra posibilidad es hacer algo que disfrutes, así que, si te gusta correr, apúntate a un equipo de atletismo o, si te gusta cocinar, asiste a clases de cocina.

El objetivo: Una mujer quiere superar el miedo a irse a vivir con su pareja.

El plan:

1. Escribe cuáles son tus motivos. ¿Lo haces para ahorrar dinero y por conveniencia o es por amor y el siguiente paso es el matrimonio?

2. Debes tener en cuenta que es posible que la dinámica de vuestra relación cambie cuando viváis bajo el mismo techo.

3. Decide con tu pareja qué cosas vas a conservar y de qué vas a deshacerte. Aferraros a las cosas que ambos tenéis puede provocar desorden, lo cual podría dar lugar a estrés y también podría dar a entender que la mudanza es temporal.

4. Buscad juntos un nuevo hogar en vez de mudaros a casa de alguno de los dos. Así evitaréis que surjan disputas territoriales.

5. Hablad sobre vuestras expectativas.

6. Decidid cómo vais a repartir las tareas domésticas antes de la mudanza y elaborad un plan.

7. Acordad la organización de los gastos. ¿Cómo será la división del alquiler, los impuestos, la comida y otros gastos? Podéis dividir todo a partes iguales o, para que sea equitativo, contribuir cada uno de manera proporcional al salario.

———————————

Ejercicios extras
y consejos

▼

He observado que hay algunos miedos y problemas que se repiten en todos mis clientes. Y también veo esos mismos miedos en la sociedad en general. A continuación, he recopilado algunas recomendaciones específicas, consejos y ejercicios que te servirán de ayuda con estos problemas tan habituales.

Consejos para las personas que tienen miedo al compromiso:

▶ **Acepta lo que no puedes controlar.** Recuerda que mientras existan las relaciones habrá algunas que funcionen y otras que no. Ten presente que hay cosas que sí están bajo tu control, y que ésas son las cosas que puedes hacer para fortalecer tu relación.

▶ **Define qué es para ti una relación saludable.** Si quisieras abrir una cafetería, ¿lo harías fijándote en una que esté a punto de cerrar o en una que esté en pleno auge? En lugar de centrarte en las relaciones que no hayan funcionado, fíjate en las que sí lo han hecho.

▶ **Si vas a casarte, hazlo comprometiéndote con el matrimonio al ciento por ciento, sin pensar en el divorcio como una opción.** Las parejas cuya relación resiste al paso de los años están plenamente comprometidas con la relación y hacen todo lo necesario para que funcione.

▶ **Ten presente que es normal no estar de acuerdo en todo.** Las discusiones no indican el fin del amor, pero es importante analizar esas situaciones objetivamente. «¿Merece la pena ganar una batalla para después perder la guerra?» Debes aceptar que, posiblemente, tu pareja no cambie ninguna de sus costumbres y seguramente te moleste que queme las tostadas, pero al final, ¿es realmente importante?

▶ **Céntrate en lo que os une, no en lo que os distancia.** Estáis juntos por las cosas que tenéis en común, no por vuestras diferencias.

▶ **Deja que se enfríe el ambiente cuando discutáis u os peleéis.** Los problemas no suelen resolverse en caliente, así que es preferible que lo dejéis correr y acordéis retomar la conversación cuando estéis más tranquilos. Analiza qué esperas conseguir con la disputa. ¿Quieres herir a tu pareja o llegar a un acuerdo? Es mejor que evites usar expresiones categóricas como «siempre» o «nunca», porque no suelen dar pie a una conversación constructiva.

Consejos para las personas que tienen miedo al cambio:

▶ **Acepta que todo beneficio a largo plazo tiene un precio.** Por el contrario, produce estrés a corto plazo, pero lo bueno es que no dura para siempre. Con el tiempo, irá desapareciendo.

▶ **Ten presente que a largo plazo tendrás una recompensa.** Cuando el estrés del cambio empiece a resultarte demasiado incómodo acuérdate de los beneficios a largo plazo. Para ello es recomendable leer una y otra vez la «Lista de Recompensas».

▶ **Una vez al día imagínate haciendo lo que quieres.** Utiliza esa imagen para deshacerte del miedo a los cambios.

Consejos para sobrellevar la depresión de los domingos:

▶ **Recapacita y piénsalo objetivamente.** ¿Por qué te pone nervioso tener que volver a trabajar? ¿Tienes problemas de verdad o está todo en tu cabeza?

▶ **Distingue la realidad de la ficción.** Concéntrate en lo que está bajo tu control, en lugar de en lo que no depende de ti.

▶ **Empieza a prepararte para el lunes desde el viernes.** Al final de cada semana de trabajo, prepárate para la siguiente. Puedes hacerlo organizando el espacio de trabajo, terminando tareas pendientes y elaborando una lista de cosas por hacer.

▶ **Relájate tanto como puedas.** Cuando te organices el fin de semana, no hagas excesivos planes y, por supuesto, no dejes las actividades más estresantes para el domingo.

▶ **Planifica el domingo acorde a tu estado de ánimo.** Si sueles deprimirte los domingos, planea una actividad divertida, como una cena especial o salir con los amigos. No obstante, si sueles estar nervioso, disfruta de algo relajante, como ver una película o leer.

▶ **Equilibra tus hábitos de sueño.** Si te levantas a las seis de la mañana entre semana y los fines de semana duermes hasta tarde, puede que no estés cansado cuando llegue el momento de acostarse el domingo. Lo mejor es que te levantes tarde el sábado y el domingo intentes no sobrepasar la hora a la que te levantas habitualmente.

▶ **Deja de mirar la hora.** Dale la vuelta al despertador para no estar pendiente de que se acerca el momento de regresar al trabajo y no te preocupes: te despertará en el momento adecuado.

▶ **Da gracias.** Antes de dormir recuerda tres cosas positivas del trabajo o del día que te espera y, de ese modo, te quedarás dormido con ganas de retomar las cosas que disfrutas del trabajo en lugar de angustiándote por las cosas que no te gustan.

Consejos para los perfeccionistas:

▶ **Comete algunos pequeños errores adrede.** No seas tan ordenado. Comete errores de escritura. Así te darás cuenta de que equivocándote no se acabará el mundo.

▶ **Fíjate en las características positivas de las cosas y en los hechos en sí.** No te centres sólo en los aspectos negativos o en los errores que salten a la vista.

▶ **Establece metas razonables.** Deben ser unas metas flexibles que puedan ir cambiando con el tiempo.

▶ **Deja de pensar que todo es blanco o negro.** Debes aceptar que hay más opciones que ser «perfecto» o «defectuoso». Busca el punto intermedio.

Consejos para aquellos que tienen miedo a jubilarse:

▶ **Identifica el miedo subyacente.** Pregúntate cuál es el origen de ese miedo. ¿Te da miedo llegar a fin de mes sin unos ingresos fijos? ¿Temes no saber qué harás con el tiempo libre? ¿O lo que realmente te da miedo es la convivencia con tu pareja ahora que pasaréis más tiempo juntos? ¿Qué imagen tienes de la jubilación? ¿Cuáles son tus expectativas? Piensa en cómo te gustaría que fuera.

▶ **Si estás casado, puedes hablarlo con tu pareja y planearlo juntos.** Debes tener presente que está bien pensar de manera distinta y que esas diferencias pueden solucionarse. Además, debes aceptar la idea de que está bien pasar algo de tiempo separados. Lleváis años pasando tiempo separados por vuestras respectivas carreras, así que podéis seguir haciéndolo.

▶ **Reduce la incertidumbre financiera.** Puedes hablar con un asesor financiero para que te asesore sobre cómo manejar tu situación económica, los gastos y las inversiones.

▶ **Mantente activo física y mentalmente.** Esto te mantendrá en forma y te ayudará a organizarte el día.

▶ **Recuerda que no perderás las habilidades, los conocimientos y la experiencia que has acumulado en tus años de trabajo.** Sigue habiendo espacio para ellos. Puedes dedicarte a la enseñanza o al asesoramiento personalizado.

▶ **Hazte voluntario e involúcrate con alguna causa.** De ese modo llenarás el vacío que provoca la jubilación y sentirás que formas parte de algo.

Consejos para las personas cuyo trabajo les impide conciliar el sueño:

▶ **Concéntrate en las cosas que puedes controlar en lugar de en lo que está fuera de tu alcance.** Centra tus pensamientos en las cosas que puedes hacer en vez de en las que no.

▶ **Haz una lista de las cosas que tienes que hacer al día siguiente cuando llegues a casa del trabajo.** Ponla en la entrada con las cosas del trabajo y déjala allí.

▶ **Apaga todos los dispositivos electrónicos relacionados con el trabajo al menos una hora antes de acostarte.** Es mejor que olvides el trabajo y hagas algo relajante como leer o ver la tele. También puedes hacer ejercicios de relajación muscular progresiva o cualquier otra técnica de relajación.

▶ **Piensa en tres cosas del día que te hayan hecho sentir bien.** Podría ser una buena conversación con un amigo o que te haya gustado la comida, no importa lo insignificante que parezca. Después, piensa en tres cosas que tengas ganas de hacer al día siguiente.

Consejos para superar el miedo a la seguridad aeroportuaria:

▶ **Entiende que los empleados de seguridad están haciendo su trabajo.** Piensa que compartís el mismo objetivo: que tú viajes del punto A al punto B de la manera más segura y eficiente.

▶ **No permitas que el aeropuerto determine tu viaje.** No es más que un medio de transporte, así que no pienses que las medidas de seguridad actúan en tu contra.

▶ **Pon de tu parte para asegurarte de que tu paso por seguridad se produzca sin incidencias.** Colabora con el cumplimiento de sus instrucciones: ten preparada la tarjeta de embarque y la identificación, viste de manera sencilla, procura no llevar metales, quítate el cinturón y los zapatos y ten presente qué elementos están permitidos a bordo.

▶ **Organiza tu viaje con tiempo de sobra y prevé los retrasos.** Además, ten en cuenta que el aburrimiento produce irritabilidad, así que lleva algo con lo que ocupar el tiempo, como un libro, música o videojuegos.

Consejos para las personas que tienen miedo a sufrir un atentado terrorista:

▶ **Acepta la idea de que en esta sociedad vivimos rodeados de incertidumbre.** No podemos determinar en qué piensan los terroristas ni cuándo volverán a actuar, así que céntrate en lo que sabes, no en lo que no sabes.

▶ **Distingue la realidad de la ficción.** Coge una hoja de papel y haz dos columnas. Anota en un lado las cosas que sabes que son ciertas y, en el otro, lo que podrían ser rumores y exageraciones. Después, tacha la segunda columna y céntrate sólo en los datos reales.

▶ **Elige un medio de comunicación en el que confíes y olvídate del resto.** Debes evitar los medios que tratan de fomentar el miedo.

▶ **Concédete una cantidad determinada de noticias.** Decide cuánta información quieres recibir y delimita el tiempo que dedicas a ver las noticias. Por ejemplo, podrías ver las noticias sólo por la mañana y por la noche; al fin y al cabo, si ocurre algo grave te enterarás en su debido momento.

▶ **Mantén la disposición y la rutina del día a día.** Recuerda: uno de los factores que provocan ansiedad es la incertidumbre, así que pon de tu parte para hacer que tus días sean predecibles.

▶ **La impotencia alimenta el miedo: sé proactivo.** Puedes colaborar como voluntario o hacer aportaciones económicas a los damnificados, de manera que ayudes a quien lo necesita.

Consejos para las mujeres embarazadas que tienen **miedo a la maternidad:**

▶ **Habla con amigas y familiares que tengan hijos para saber cómo lo llevan.** Haz todas las preguntas que se te ocurran, incluso las que te dé miedo preguntar. Por ejemplo, pregunta si alguna vez han pensado que no podrían hacerlo o si alguna vez han deseado no haber tenido hijos.

▶ **Infórmate sobre cuánto cuesta criar a un hijo y elabora con tu pareja un plan económico para hacer frente a los gastos adicionales.** Si os quedáis cortos de dinero, podéis pedir ayuda a vuestra familia y amigos y ver qué gastos podéis recortar para ahorrar dinero.

▶ **Distingue entre los nervios habituales de una futura mamá con los que pueden resultar un tanto irracionales.** Analiza los que sean irracionales y busca alguna prueba que los respalde. Si no encuentras ninguna, busca puntos de vista alternativos. Por ejemplo, «cuando nazca el niño, no podré viajar» podría sustituirse por «organizarnos para viajar será todo un reto para nosotros, pero puedo informarme sobre destinos que los niños disfruten y tener una estancia agradable».

▶ **Comparte esas preocupaciones con tu pareja, ya que puede que ésta sienta lo mismo.** La mayoría de los padres primerizos sienten, al menos, cierto nerviosismo, e incluso tienen dudas. Debéis apoyaros mutuamente.

Consejos para las personas que mantienen una relación a distancia:

▶ **Define la relación y cuál es el objetivo común.** ¿Tenéis una relación exclusiva o sólo os estáis conociendo? Sería conveniente que hables con tu pareja sobre vuestras necesidades personales, lo que ambos esperáis de la relación y lo que está aportandoos realmente.

▶ **Reservad algunos momentos para hablar.** Debéis tener contacto a diario para consolidar vuestra conexión emocional. Sed imaginativos, creativos y sexys, y utilizad Skype y cámaras web. Es preferible que habléis directamente, siempre que sea posible, en lugar de utilizar la mensajería instantánea, que posibilita los malentendidos.

▶ **También debéis programar las visitas.** Así estaréis siempre pendientes de veros, ya que ésa es la pieza clave de las relaciones a distancia. Saber que os veréis los fines de semana y algunos días festivos os reconfortará. Además, podéis planear juntos las vacaciones para que la relación se revitalice y avance, lo que evitará la rutina.

▶ **Simulad que hacéis cosas juntos.** Por ejemplo, podéis ver un programa de televisión o una película al mismo tiempo y después hablar de ello.

Consejos para los ciudadanos que piensan que la calle es suya:

▶ **Cambia de mentalidad.** Has creado en tu cabeza una idea de cómo deben actuar los demás: mantenerse a la derecha, caminar a un ritmo determinado y no detenerse. En el mundo ideal, la gente seguiría esas directrices, pero no existen unas normas universales. La gente puede caminar a su antojo. Acéptalo.

▶ **Piénsalo con perspectiva.** Piensa que la diferencia entre un peatón respetuoso y uno enfurecido es que el segundo tiene una visión negativa de los demás, es demasiado susceptible, tiende a generalizar y tiene reacciones desproporcionadas. Cuando un peatón enfurecido piensa que va a llegar muy tarde o empieza a maldecir, está dando rienda suelta a su enfado y así sólo consigue reforzar los pensamientos negativos, que aparecerán automáticamente.

▶ **No te lo tomes como algo personal.** En vez de pensar «¡Qué despacio va!», «¡Qué pesado!», busca una posible explicación. Puede que se haya perdido o que no te haya visto.

▶ **Observa toda la acera.** Camina con la cabeza alta y mira hacia adelante para tener una visión completa de todos los ángulos.

▶ **Mantente alejado de las aglomeraciones de gente siempre que puedas.** Ten en cuenta que cuanta más gente haya, más despacio tendrás que caminar, así que utiliza una ruta alternativa que sea menos transitada.

▶ **Ten un mínimo de empatía.** Recuerda que la gente a la que maldices puede ser la pareja de alguien, y pregúntate si te gustaría que trataran así a tu pareja en una situación similar.

Consejos para los fumadores que quieren dejar de serlo:

▶ **Olvídate de los programas que garantizan resultados en dos días.** No existe ninguna píldora mágica ni programa que proporcione resultados inmediatos y duraderos. Dejar una adicción requiere dedicación, compromiso y esfuerzo: los mismos ingredientes que necesitas para alcanzar cualquier meta.

▶ **Busca una solución para el estrés transitorio.** Debes saber que es posible que empieces a comer más, y que el hambre aumente inmediatamente después de dejar de fumar. Fumar acelera el metabolismo, así que cuando lo dejas, éste vuelve a su ritmo normal. Este efecto forma parte del proceso de dejar de fumar, pero es algo temporal.

▶ **Recuérdate a ti mismo la decisión que has tomado.** La decisión de soportar el estrés y el malestar temporal que genera el síndrome de abstinencia con el fin de estar más sano.

▶ **Haz una lista de recompensas.** Anota todas las razones por las que quieres dejar de fumar, como estar más sano, ahorrar dinero y tener un aliento más fresco, y revísala todos los días.

▶ **Marca una fecha límite.** Haz una marca en el calendario y consigue que tus amigos y familiares te apoyen y te motiven.

▶ **Busca alguien que esté a tu lado.** Alguien que te recuerde la decisión que has tomado y que te dé un tirón de orejas cuando sea necesario.

▶ **Deshazte de todos los cigarrillos, cerillas, mecheros y ceniceros.** Como lo estás dejando, ya no los necesitas, por lo que tenerlos cerca sólo sirve para recordarte que fumes.

▶ **Ten presente que las primeras dos o tres semanas son las peores.** Es entonces cuando el síndrome de abstinencia será más fuerte, pero recuerda que ese momento tan difícil no durará siempre y que puedes sobreponerte. Ése será el momento perfecto para darte algún capricho y comer piruletas, chicles, zanahorias o apio, para mantener la boca ocupada y deshacerte de la fijación oral que produce el tabaco.

▶ **Anticípate a los momentos difíciles.** Las situaciones estresantes pueden aumentar las posibilidades de sufrir una recaída, así que anticípate e idea un plan para sobrellevar el estrés. Por ejemplo, puedes pedir apoyo o empezar con una afición nueva que te distraiga de la necesidad de fumar.

▶ **Crea hábitos nuevos.** Ocupa tu antigua pausa para fumar con actividades nuevas, como dar un paseo o tomar un tentempié saludable. Si has asociado el acto de fumar con beber, limita el alcohol y come frutos secos en vez de fumar. Y, si solías fumar después de comer, procura hacer otra cosa para reemplazar esa costumbre. Por ejemplo, levántate, friega los platos y lávate los dientes.

▶ **Coloca notas en los lugares clave, por casa y por la oficina, para recordar tu objetivo.** Puedes poner algo como: «Ya no soy fumador, me siento sano, limpio y fuerte».

▶ **Pon el dinero que sueles gastar en tabaco en una alcancía o en el banco.** Úsalo para darte algún capricho por tus progresos. Ir al cine, a cenar o a tomar algo por la ciudad te motivará para que disfrutes de tu nueva vida sin humos.

Consejos para los
adictos a las redes sociales:

▶ **Aprende la diferencia entre un amigo virtual y un amigo real.** Haz una lista de las ventajas e inconvenientes de cada uno.

▶ **Pregúntate por qué te conectas en realidad.** Si lo haces para relacionarte, es preferible que establezcas contacto personalmente o que utilices el teléfono. Cuando hagas una publicación, pregúntate si seguirías haciéndola si supieras que nadie contestaría. Si la respuesta es no, entonces aléjate del teclado.

▶ **Aborda el verdadero problema.** Si estás nervioso, angustiado o tienes problemas con tu pareja, busca ayuda para solucionar el problema real en lugar esconderte en la red.

▶ **Identifica los factores que desencadenan esa necesidad.** ¿Te sientes solo? ¿Te aburres? Pues haz una lista de posibles soluciones para dejar de sentirte así.

▶ **Pasa menos tiempo conectado.** La abstinencia total resulta imposible debido a la extrema necesidad que tenemos de Internet, pero debes marcarte unos objetivos razonables. Por ejemplo, si pasas diez horas al día conectado, redúcelas a dos. Anota en la agenda los horarios disponibles, a intervalos cortos pero regulares, y así no padecerás el síndrome de abstinencia ni la ansiedad.

▶ **Organiza el horario de modo que rompas con la rutina.** Por ejemplo, si lo primero que haces por la mañana es consultar el correo electrónico, espera hasta después de desayunar. Y si normalmente te conectas al salir del trabajo, déjalo para después de cenar.

▶ **Rompe con tu patrón de comportamiento introduciendo en tu vida real cosas que normalmente harías en línea.** Por ejemplo, en vez de enviar tarjetas de felicitación en línea, envía tarjetas por correo ordinario.

Consejos para los
adictos a hacer ejercicio:

▶ **Pregúntate por qué.** Pregúntate de qué huyes. Plantéate si puede deberse a causas que subyacen a la depresión, como la ansiedad y la falta de confianza en uno mismo y a nuestro aspecto físico.

▶ **Cambia de mentalidad.** Entrenar más no siempre es lo mejor, es preferible entrenar de manera inteligente.

▶ **Diviértete y haz ejercicio en grupo.** Así reducirás la necesidad de ser perfecto.

▶ **Contrata a un entrenador.** Trabaja con un entrenador personal que pueda ayudarte a desarrollar una rutina de ejercicio sana y a establecer metas realistas.

▶ **Busca el equilibrio también en los demás aspectos de la vida.** Asegúrate de no estar canalizando esa adicción al ejercicio en tu vida profesional, familiar o en otros aspectos.

▶ **Planea cosas que hacer fuera del gimnasio.** Dedica el tiempo libre a hacer cosas que no estén relacionadas con hacer ejercicio, como ver películas, leer o salir con los amigos.

———